I0067210

Jürgen Zirbik

Führen mit GMV

Mit gesundem Menschenverstand erfolgreich und souverän führen. Ein ernsthaft satirischer Blick auf das Phänomen Chef

1.Auflage, August 2016
275 Seiten
ISBN: 978-3-944240-15-2

2016 © friendship verlag
Schnieglinger Str. 166
40425 Nürnberg
www.friendship-verlag.de

Titelgestaltung: Jürgen Zirbik
Bildnachweis Titel: Graphic Stock

Alle Rechte vorbehalten. Insbesondere das Recht der mechanischen, fotografischen oder elektronischen Vervielfältigung, der Einspeicherung und Verarbeitung in elektronischen Systemen, des Nachdrucks in Zeitschriften und Zeitungen, des öffentlichen Vortrages, der Verfilmung oder Dramatisierung, der Übertragung durch Rundfunk, Fernsehen und Video, auch einzelner Bild- oder Textteile sowie der Übersetzung in andere Sprachen.

Inhalt

Führen aus Leidenschaft 6

Führungs-Dilemma 8

Narzissten und Psychopathen? 19

Gesunder Menschenverstand 28

GMV von Anfang an 49

Führungs-Optimierung 51

Was ist gute Führung? 57

Die Basis für Führung mit GMV 62

Dimensionen von Führung 65

Wertesysteme 71

Führung und Psychologie 95

Gesetze des Handelns 108

Psychologische Ebenen 124

Führen und Identität 131

Chancen für gute Führung 135

Führungs-Chance 143

Führungskompetenzen 143

Fachkompetenzen 144

Persönliche Kompetenzen 152

Führung und Kommunikation 163

Kommunikationsformen Führung 184

Führungs-Stile **233**

Autoritärer Führungs-Stil 234

Kooperativer Führungs-Stil 235

Delegativer Führungs-Stil 237

Netzwerk-Stil 237

Führungs-Tipps **241**

Für Führung entscheiden 241

Lernen am Vorbild 241

Priorität eins: Selbstführung 243

Priorität zwei: Leadership 244

Stärken stärken 245

Bewährtes nutzen 249

Der Autor 254

Bücher des Autors 255

Glossar 257

Quellenangaben & Literatur 266

Führen aus Leidenschaft

Dieses Buch ist für und nicht gegen Chefs geschrieben. Auch wenn es im ersten Teil anders aussieht. Tenor: Führung ist häufig schlecht. Dazu gibt es Studien, Praxisbeispiele, meine Coaching-Erfahrungen und noch mehr Studien. Ich will das relativieren: es gibt gute und kompetente Führungskräfte und es gibt inkompetente und schlechte. Letztere überwiegen, wenn man Befragungen und Studien glauben darf. Mit gesundem Menschenverstand (GMV) betrachtet, stellen wir fest: der Erfolg von Unternehmen erfolgt oft trotz der Führer. Denken Sie spontan an zehn Chefs: wie viele sind gut, wie viele schlecht? Sehen Sie.

Aus den Negativbeispielen können wir lernen. Der einfache GMV-Ansatz nutzt den Grundsatz „machen Sie einfach das Gegenteil" – die Kopfstandmethode[1] auf Führung angewendet. Der Führungsfokus liegt nicht auf den großen Bossen, obwohl auch die vorkommen – als Beispiele für eine verkommene Kultur in der Wirtschaftswelt: VW-Skandal, Deutsche Bank, MAN, Siemens. Damit wollen wir uns nicht lange aufhalten. Klar ist, dass viele Chefs im mittleren Management nicht auf idealem Gelände für gute Führung unterwegs sind. Der Nachwuchs im Chefgeschäft erst recht nicht. Irgendwie scheint die Wirtschaftswelt von krimineller Energie durchzogen zu sein – eher von oben nach unten als umgekehrt. Daraus können wir ebenfalls lernen. Sie finden auch positive Beispiele gelungener Führung. Zum einen entlehnt aus dem schönen Buch „Führen mit Hirn" (hat viel mit gesundem Menschenverstand zu tun) und anhand einiger Beispiele aus meiner Coaching- und Trainingspraxis. Also, tief durchatmen und den Teil „Führungsdilemma" konstruktiv aufnehmen. Ziel ist es, Ihnen Ideen für gute Führung zu geben und Hilfsmittel und Werkzeuge zu benennen, die Ihnen dabei helfen. Denn, so meine Erfahrung, gute Führung basiert auf einfachen Dingen. Die haben viel mit Persönlichkeit und Haltung zu tun, mit Werkzeugen und Kompetenz, mit Integrität und Verantwortung. Fertig.

Darin liegt die große Führungschance. Es ist wie im Sport. Wenn Sie bisher nicht oder wenig trainiert haben, werden Sie in den ersten Wochen nach Trainingsstart schnell besser, egal, was Sie trainieren. Das gilt auch für Führung, denn die Kriterien, die im Sport gelten, treffen auch auf Führung zu: In welchem Club spielen Sie? Welche Liga?

---

1 Die Kopfstandtechnik ist eine Kreativitätstechnik zur Problemlösung bzw. Ideenfindung. Sie basiert auf einer Umkehrung der ursprünglichen Aufgabenstellung. Die Kopfstandtechnik wird häufig auch Umkehrtechnik oder Flip-Flop-Technik genannt. Quelle: Wikipdia

Wie arbeitet der Vorstand? Wer ist der Trainer? Wer sind die Mitspieler? Wo steht das Team aktuell? Wie ist das Image? Warum wollen Sie dort Spieler, Trainer oder Vorstand sein? Chef sein ist wie Profisportler sein, schließlich ist das ein Job und kein Hobby. Leider wird es oft wie ein Hobby betrieben – vor allem nebenbei. Weil Führung für viele Chefs ein Nebenjob ist, geht Führung in vielen Fällen schief.

Wenn Sie Führungsbücher, Studien oder andere Werke zum Thema lesen, heißt es regelmäßig, alles sei heute anspruchsvoller, komplexer und schwieriger als es jemals war - schneller, globaler oder sonst etwas. Da kann ich nur sagen: „Dann heul doch!" Oder meinen sie 1832 oder 1945 war es einfacher? Führung ist Führung. Die Prinzipien für gute Führung sind heute dieselben wie schon immer. Chefs sollen integer, werte- und erfolgsorientiert sein - und Führung braucht Persönlichkeit. „Eine Führungskraft zu sein bedeutet vor allem: stetige Aufmerksamkeit Mitarbeitern und Geschäftspartnern gegenüber, Ziele zu definieren, sowie Prozesse zu planen und zu steuern. Führungskräfte delegieren die anfallenden Aufgaben und hierfür benötigen sie Vertrauen in ihre Mitarbeiter und deren Fähigkeiten, aber auch das Vertrauen der Mitarbeiter in die Entscheidungen der Führungskraft. Darüber hinaus benötigen sie eine große Portion Selbstdisziplin, denn als Führungskraft sind sie die Person, an der sich jeder Mitarbeiter orientiert. Sie müssen in der Lage sein die Kontrolle über das große Ganze zu erlangen, ohne dabei jedoch zu kontrollieren."[1] Von kriminell sein steht da nichts. Korruption hat nichts mit Globalisierung oder Digitalisierung oder dem 21.Jahrhundert zu tun, sondern mit kriminellen Typen im Management, wie vor 3000 Jahren auch. Die Grundsätze guten Managements, guten Leaderships und guter Selbstführung haben sich nicht geändert – die Menschen leider auch nicht. Nix dazu gelernt.

Ausprägungen in Technik, Kommunikation, Komplexität und Vernetzung sind heute anders als früher. Sie machen in der Regel alles viel leichter. Die Art zu führen ist anders. Die Prinzipien sind gleich und selbst die Aufgaben der Führung haben Konstanz. „Für die Aufgaben wirksamer Führung gilt, ebenso wie für die Grundsätze und die Werkzeuge: Das „Was" von Management ist überall gleich - das „Wie" kann, wird und muss gelegentlich sehr verschieden sein."[2] Führung ist einfach, wenn man sie gelernt hat. Das geht. GMV

Jürgen Zirbik, Ebern/Nürnberg, August 2016

Führungs-Dilemma

In der Saison 2014/2015 gab die Fußballbundesligamannschaft von Borussia Mönchengladbach unter dem Schweizer Trainer Lucien Favre die neue „Fohlenelf". Fußballkenner wissen, was ich meine. Presse und Vereinsmanagement sowie die Branche waren voll der Lobeshymnen. Das Team erreichte überraschend einen Champions League-Platz. Kurz nach dem Beginn der Saison 2015/2016 schmiss der hochgelobte Coach das Handtuch. Er könne der Mannschaft nicht mehr helfen. Sie verloren ein Spiel nach dem anderen und sahen sich im Abstiegskampf wieder – zwischendurch traf man sich auf internationaler Bühne mit den Großen. Nach dem Abgang von Favre übernahm der U 23-Trainer André Schubert das Ruder und legte einen unglaublichen Siegeslauf mit derselben Truppe hin, die noch unter Favre ein Spiel nach dem anderen verloren hatte. War das Sache von Führung?

Im Sport kann ein neuer Chef offensichtlich enorme Potenziale offenlegen – mit demselben Personal. Ausnahmen bestätigen die Regel, wenn in Pokalwettbewerben Drittligisten Bundesligisten aus dem Wettbewerb werfen. Auch da spielen Übungsleiter, also Führungskräfte, eine gewichtige Rolle. Und es ist viel Psychologie im Spiel – gute Übungsleiter wissen damit umzugehen. Im Sport ist es üblich bei dauerhaftem Misserfolg den Cheftrainer zu entlassen – oder er geht von selbst, wenn Verlieren zum Dauerzustand wird. Wie Lucien Favre oder auch Jürgen Klopp. Der meinte, er könne in Dortmund nichts mehr für den Club und die Mannschaft tun und überließ das Feld einem anderen. Das Führungspersonal im Fußball steht unter großem Druck – von allen Seiten – Verein, Spieler, Fans, Öffentlichkeit, Geschäftsführung oder Vorstand. Dabei geht es nur um Fußball und die paar Milliarden, die das Business umsetzt. Manche Cheftrainer überblicken ihre Situation so gut, dass sie selbst wissen, wann es genug ist. Wie ist das mit den Chefs in der Wirtschaft?

Top-Führungskräfte verdienen ähnlich wie Cheftrainer. Verantwortung und Druck sind vergleichbar. Dem Tabellenplatz entspricht der EBIT, manchmal auch die Position im Wettbewerb. Mancher Konzernlenker will unbedingt die Nummer eins in seinem Markt werden und verkalkuliert sich. Das weitere Führungspersonal wie Co-Trainer (Vorstandsmitglieder und weiteres Führungspersonal im Business) oder medizinische Abteilung, Scouts, Spielbeobachter und Führungsspieler haben sich dem System des Chefs unterzuordnen. Der aber hat auch Vorgesetzte, Sportdirektoren,

Präsidenten, Vorstände. Alles wie im Geschäftsleben. Auch dort wird Führung viel Gewicht beigemessen. Gleichzeitig betrachten viele Menschen Führung als etwas Negatives. Manche vom Hörensagen, andere, weil sie täglich schwache Führung oder Nicht-Führung erleben.

„Fragt man eine Gruppe von Managern, was die wichtigste Basis für den Erfolg von Unternehmen ist, dann wird man oft hören:»Herausragende Führung!« (…) Dieses Erklärmodell für Erfolg oder Misserfolg wird auch von anderen Bevölkerungsgruppen geteilt. (…) Bei der Einstellung zu Führungskräften zeigt sich eine psychologische Ambivalenz. Zwar gesteht man den Führungspersonen eine hohe Bedeutung zu, dennoch ist der Ruf von Führungsgruppen wie Politikern oder Managern eher schlecht. Von manchen Menschen wird Führung als etwas geradezu Unanständiges betrachtet, das am besten, wenn überhaupt, ehrenamtlich erfolgen sollte."[3]

Beim Image beginnt das Führungsdilemma. Die Gesellschaft für Konsumforschung (GFK), Nürnberg, befragt regelmäßig die Menschen, welchen Berufen sie Vertrauen entgegen bringen. Feuerwehrleute, Sanitäter, Piloten und Ärzte stehen regelmäßig ganz oben - Banker, Manager und Politiker ganz unten. Irgendwoher muss das schlechte Image kommen. Sicher tragen zu diesem miesen Bild Banker, Politiker, Funktionäre und Wirtschaftsführer bei, die durch kriminelle Machenschaften glänzen. Dass das heute öffentlich wird und die Medien dies mit Vorliebe ausschlachten, verschärft das Image-Desaster.

Aber es gibt nicht nur die schlechten und kriminellen Leader und Lenker. Es gibt auch solche, die weder durch Plus noch Minus auffallen - und diejenigen, die einen hervorragenden Job machen. Im kollektiven Gedächtnis befinden sich jedoch offensichtlich die schwarzen Schafe. Die Masse der mittleren Führungskräfte - im Fußball sind das die Trainer im Nachwuchsbereich und in den unteren Ligen - kommen nicht in die Öffentlichkeit. Sie prägen das Bild von Führung mit. Rund 3,9 Millionen Führungskräfte gibt es in Deutschland, so hat das Wirtschaftsmagazin „Brand eins" ermittelt[4]. Sie wirken zu Millionen Mitarbeitern in den Unternehmen. Insgesamt wird Führungskräften ein bedenkliches Zeugnis ausgestellt. Befragungen und Studien weisen hohes Optimierungspotenzial in der Führung aus. Einmal sind nur 16 Prozent der Angestellten in deutschen Unternehmen engagiert (Gallup-Studie), an anderer Stelle hat mindestens ein Viertel der Mitarbeiter schon einmal wegen schlechter Führung gekündigt. Knapp die Hälfte der Manager jammert eher herum als ihren Job zu machen, so eine weitere Untersuchung. 56 Prozent der Mitarbeiter bewerten ihre Chefs als unterdurchschnittlich, 23 Prozent geben ihnen die schlechtestmögliche Bewertung.[5]

Führungskräfte und Nachwuchsführungskräfte kommen seit 16 Jahren in meine Coachings und Trainings. Da höre ich immer wieder Aussagen wie „So kann man nicht arbeiten", „Ich kann keine Führungskultur erkennen", „Meine Chefs wissen nicht, wo es langgeht", „Mir hört einfach niemand zu" oder „Die da oben haben keine Ahnung. Irgendwie klappt es trotz unserer Chefs. Es gibt offensichtlich „Die da oben" und den „Rest" – und die beiden können nicht gut miteinander. Leute, wir haben 2016! Auch andere Experten machen ähnliche Erfahrungen. „Viele Chefs müssen nachsitzen. Sie sind schlechter als ich gedacht habe", so Personalexperte Jörg Knoblauch.[6]

Führungskräfte haben Gemeinsamkeiten – auch was das Führungsdilemma angeht. Da ist zum einen die Tatsache, dass die meisten Chefs Führung nicht gelernt haben. Wenn sie studieren oder einen Meisterbrief machen, lernen sie nicht, wie Führung geht. Sie erfahren etwas darüber, aber sie bekommen nicht die Zeit, es zu lernen. Lernen braucht Zeit. Die Meisten machen eine Fachausbildung oder ein Fachstudium und sollen dann Unternehmen oder Abteilung, sich selbst und andere Menschen führen. Dazu gibt es Parallelen in der Gesellschaft. Wir lernen alles Mögliche aber nicht Führung. Nicht einmal Lehrer, die ja Kinder und Jugendliche zu Wissen, Bildung und Reife führen sollen, bekommen im Studium eine Ahnung, wie sie das anstellen sollen. Sie studieren ein Fach, beispielsweise Germanistik, Mathematik, Biologie. Dazu kommen ein bisschen akademische Pädagogik (Lehre von Lernen und Erziehung), Didaktik (Lehre von Lernstoff und Stoffaufbau) und Methodik (Lehre der Lehr- und Lernpraktiken). Bezüglich Führung von Menschen und Gruppen werden sie alleine gelassen. Die Fragen zu Organisation (Management), Selbstführung und Leadership (u.a. Motivation, Leistungsförderung, Kultur, Disziplin) bleiben offen. Managern und Führungskräften geht das ebenso. Wobei Manager wenigstens Führungtrainings, Seminare und Coachings machen. Bei Lehrern, Professoren oder Ärzten findet das kaum statt. Strukturiert und fokussiert lernen Menschen Führung beim Militär. Da herrschen allerdings andere Spielregeln als in der Wirtschaft. Nicht unbedingt einfacher, aber anders. In der restlichen Berufswelt ist Führung ein Nebenprodukt der persönlichen Entwicklung, etwa wie „Eltern werden" im Privaten. Dafür gibt es auch keinen Führerschein. „Während man für jedes Handwerk eine mehrjährige Lehrzeit absolvieren muss und selbst das

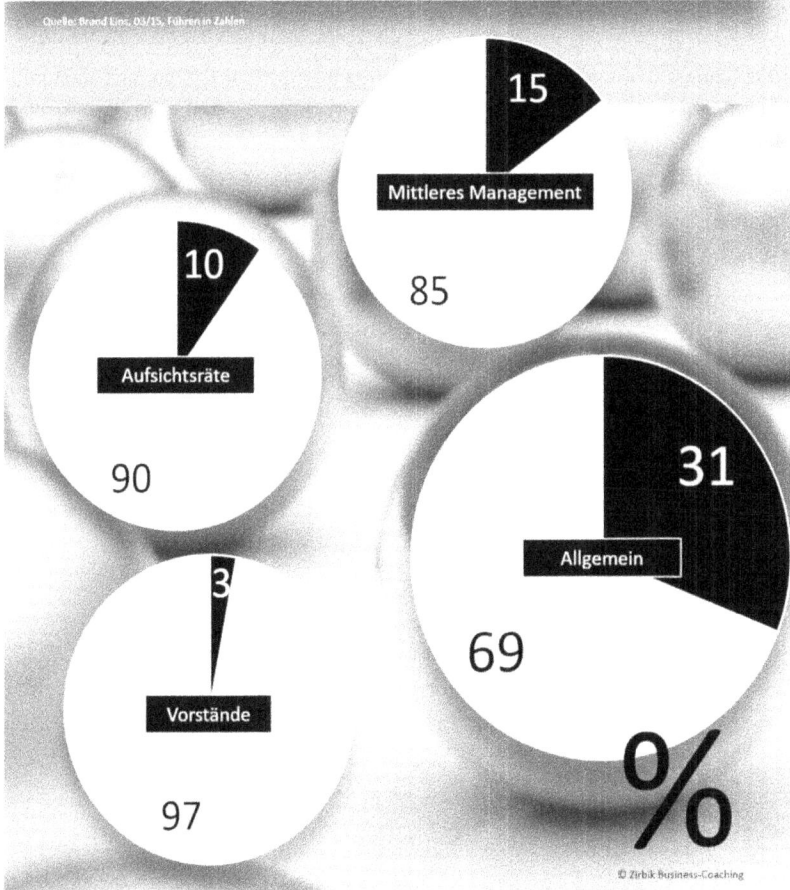

Chef oder Chefin?

Männer und Frauen in Führungspositionen

Quelle: Brand Eins, 03/15, Führen in Zahlen

Mittleres Management
15
85

Aufsichtsräte
10
90

Vorstände
3
97

Allgemein
31
69

%

© Zirbik Business-Coaching

Infografik 1: Führung ist immer noch „männlich"

Fahren eines Gabelstaplers nur mit Führerschein erlaubt ist, gibt es für Menschenführung keinerlei verbindliche Voraussetzung. Das kann offenbar jeder. Wir alle wissen,
dass das nicht so ist. Und doch wird im Arbeitsleben häufig so getan, etwa wenn der
beste Sachbearbeiter zum Chef gemacht wird und an dieser neuen Rolle scheitert.
Doch warum scheitert der eine während der andere an seiner neuen Rolle wächst?
Was sind die unverzichtbaren Basics für Führungserfolg?"[7]

Diese Frage stellen sich Experten und Chefs seit Jahrzehnten. Die Antwort ist wohl
noch nicht gefunden - oder sie wird nicht gehört. Sonst wäre Führung besser. Große
Unternehmen haben Führungskräfte-Entwicklungsprogramme, die aber in der Regel
zusätzlich zum Tagesgeschäft laufen. Keine Konzentration auf Führung. Deutsche
Unternehmen investieren im Schnitt rund 2.800 Euro für die Weiterbildung einer Führungskraft und das an sieben Tagen pro Jahr.[8] Das sind circa 60 Stunden im Jahr.
Wow. Dabei sind die Voraussetzungen für gute Führung einfach. Man muss sie nur
kennen, üben und konsequent anwenden. „Erstens: Man muss Menschen mögen.
Zweitens: Man muss sich selbst kennen und führen können (ohne sich für den Nabel
der Welt zu halten). Drittens: Man muss bereit sein, genau hinzuschauen und zu beobachten, bevor man urteilt und handelt."[9] Man kann Führungskompetenz natürlich
auch akademisch untermauern, wobei ein entsprechender Uni-Abschluss keine Ga-
rantie für einen kompetenten Chef liefert. Sie können in Deutschland Management
und Führungskompetenz in primär begleitenden Studiengängen absolvieren, beispielsweise an der Dresden International University, der katholischen Hochschule
Freiburg, dem Campus M21 München, Nürnberg oder der Hochschule Rosenheim.
Der Branchenschwerpunkt liegt dabei häufig auf dem Gesundheits- und Sozialsektor
oder der Eventbranche. Für andere Branchen finden sich Hochschulen im Ausland,
die einen Studiengang Master of Business Administration (MBA) oder Vergleichba-
res anbieten und bei denen Führung eine mehr oder weniger große Rolle spielt. In den
USA, England oder Kanada gibt es Studiengänge zu Management und Führung länger
als in Deutschland. Studiengänge sind recht akademisch. Führung braucht Praxis. Für
Soft Skills[2] braucht es Übung und für die Entwicklung einer Führungspersönlichkeit

---

2 In der Literatur werden soft skills oft eingedeutscht als „weiche" Fähigkeiten und Fertigkeiten bezeichnet,
die neben der sozialen Kompetenz im engeren Sinne auch Neigungen, Interessen und andere Persönlichkeits-
merkmale wie Belastbarkeit, Frustrationstoleranz u.ä. einschließen. „Weich" bedeutet dabei außerdem, dass
diese Fähigkeiten und Fertigkeiten nicht mit gleicher Verlässlichkeit erfasst werden können wie die „Hard
Skills" (Fachkompetenz), etwa die (kognitive) Leistungsfähigkeit. Quelle: Wikipedia/Soziale_Kompetenz

helfen Mentoren, Vorbilder, Coaching und Zeit. „Es ist noch kein Meister vom Himmel gefallen" – trifft auf Führungskompetenz besonders zu. Konzentration auf gute Führung findet aber nicht statt. Gleichwohl gibt es in Wirtschaft, Lehre, Organisationen und Politik exzellente Lehrer und Leader. Sind die einfach ein Zufallsprodukt wegen angeborenem Führungstalent?

Fatal ist, dass manche Manager und Chefs, der Meinung sind, Führungskompetenz wäre angeboren und sie hätten es von Natur aus „drauf" oder, im Gegenteil, sie hätten nun einmal nicht den entsprechenden Genpool mitbekommen. Deshalb könnten sie auch nicht besser führen. Da könne man nichts machen. Das ist aus zwei Gründen Unsinn. Erstens können die unterschiedlichsten Typen und Charaktere auf ihre Weise Spitzen-Führungskräfte sein oder werden, wenn sie die entsprechende Förderung erhalten und das wollen. Zweitens gibt es aus allen Typen- und Charakterbereichen gute Chefs. „Manche Führungskräfte entsprechen durchaus dem heute geforderten Idealbild des Kommunikators, sind extrovertiert und können leicht Kontakte herstellen, und das hat ihnen vermutlich vieles im Leben leichter gemacht. Sehr viel mehr Manager hingegen sind eher introvertierte Menschen, manche sind im Grunde ihres Wesens sogar schüchterne Leute, aber sie sind genau gleich gut."[10] Talent hilft natürlich schon. GMV. Wie bei einem Fußballer. Ohne Talent reicht es bei großer Anstrengung bis in die zweite Liga. Allerdings kommen faule Talentierte auch nicht weiter. Talent und persönliche, konzentrierte Führungsqualifizierung sind also hilfreich, wenn man Spitzenleistungen im Fußball oder in der Führung bringen möchte, Fachkompetenz hin oder her. So auch die Ergebnisse aus der Studie ‚Engagement Index'[3] des Beratungsunternehmens Gallup aus dem Jahr 2014.

„In die Führungsposition befördert wurden die meisten von ihnen (den Führungskräften, der Autor) auf Grundlage ihrer Fachkompetenz (47 Prozent) und Erfahrung (51 Prozent). Diese Auswahlkriterien halten die Studienautoren jedoch für problematisch. »Verschiedene Gallup-Studien haben ergeben, dass nur ein geringer Teil der Menschen für eine Führungsposition geeignet ist«, sagt Studienautor Marco Nink, Senior Practice Consultant bei Gallup. »Erfahrungen und fachliche Kompetenzen sind zwar

---

3 Studie "Engagement Index": Der Gallup Engagement Index ist Deutschlands umfangreichste Studie zur Arbeitsplatzqualität. Seit 2001 untersuchen die Unternehmensberater, wie hoch der Grad der emotionalen Bindung von Mitarbeitern an ihren Arbeitgeber ist und damit ihr Engagement und die Motivation bei der Arbeit. Quelle: nach: Gallup.de

von Vorteil für eine Position als Führungskraft, dennoch ersetzen sie nicht das nötige Talent.« (…) Das quittieren manche Mitarbeiter offenbar damit, dass sie sich anderweitig nach Alternativen umsehen: Ein Viertel der befragten Arbeitnehmer hat der Studie zufolge schon einmal seine Arbeitsstelle wegen eines Vorgesetzten gekündigt, um das eigene Wohlbefinden zu verbessern. 19 Prozent der Mitarbeiter, die in die Gruppe derer eingeordnet wurden, die innerlich gekündigt haben, sind demnach aktiv auf der Suche nach einem neuen Arbeitsplatz."[11]

Mitarbeiterstudien als Messlatte

Nach der neuesten Gallup-Studie zur Mitarbeiterzufriedenheit (Engagement-Index 2016) sind die meisten Mitarbeiter in deutschen Unternehmen der Meinung, Leistung lohne sich in Deutschland. 87 Prozent der Befragten sagen das. Wesentlich weniger, nämlich 34 Prozent meinen, dass sie mit Leistung im eigenen Unternehmen besser vorankommen. Kein Wunder, dass über zwei Drittel der Beschäftigten (68 Prozent) Dienst nach Vorschrift machen und gerade einmal 16 Prozent engagiert unterwegs sind. Erschreckend ist allerdings, dass nur 16 Prozent sind engagiert und fühlen sich emotional an das Unternehmen gebunden. Wie kommen diese Zahlen zustande? Liegt das etwa an den Chefs?

Führung gut, Leistung gut

„»Viele Beschäftigte haben grundsätzlich den Eindruck: Leistung zahlt sich in unserer Gesellschaft aus – aber offensichtlich nicht unbedingt am eigenen Arbeitsplatz«, so Marco Nink, Senior Practice Consultant bei Gallup. »Wenn Arbeitnehmer jedoch nicht das Gefühl haben, durch eigene Leistung voranzukommen, dann besteht die Gefahr von Resignation und Stagnation. Das heißt: Die eigene Leistung wird runtergefahren«." Als Gründe für die Einschätzung der Mitarbeiter, gelten laut Gallup mangelnde Transparenz, Schwächen in der Kommunikation und unklare Leistungseinschätzung. Nur knapp die Hälfte der knapp 1.500 Befragten der Gallup Studie 2015 sagt, dass er in den letzten sechs Monaten mit seinem Chef über seine Leistung im Job gesprochen hat. Dabei haben gehaltvolle Gespräche nachweislich eine förderliche Wirkung auf die emotionale Bindung der Leute im Unternehmen. Und das kommt Firmen in vielerlei Hinsicht zu Gute. Fehlt das, kostet das viel Geld durch Fehltage, fehlendes Engagement und verweigertes Empfehlungsverhalten.

Sprachlose Führung? Das kostet Milliarden.

Schwache emotionale Bindung, vor allem durch schwache Führung, führt laut Gallup zu Produktivitätseinbußen. Das summiert sich für die deutsche Wirtschaft jährlich auf Kosten von bis zu **99 Milliarden Euro**. Lieber zahlen statt in bessere Führung zu investieren? Offensichtlich. Denn wenn Gespräche geführt werden, dann auch noch oft falsch. „Nur jeder fünfte befragte Arbeitnehmer (18 Prozent) erklärte, dass er mit seinem Vorgesetzten in den vergangenen Monaten ein gehaltvolles Gespräch über seine Stärken und positiven Eigenschaften geführt hat. Der Fokus liegt weitestgehend auf Schwachstellen", so Gallup weiter. (Gallup, März 2016)

Mitarbeiter Engagement Deutschland

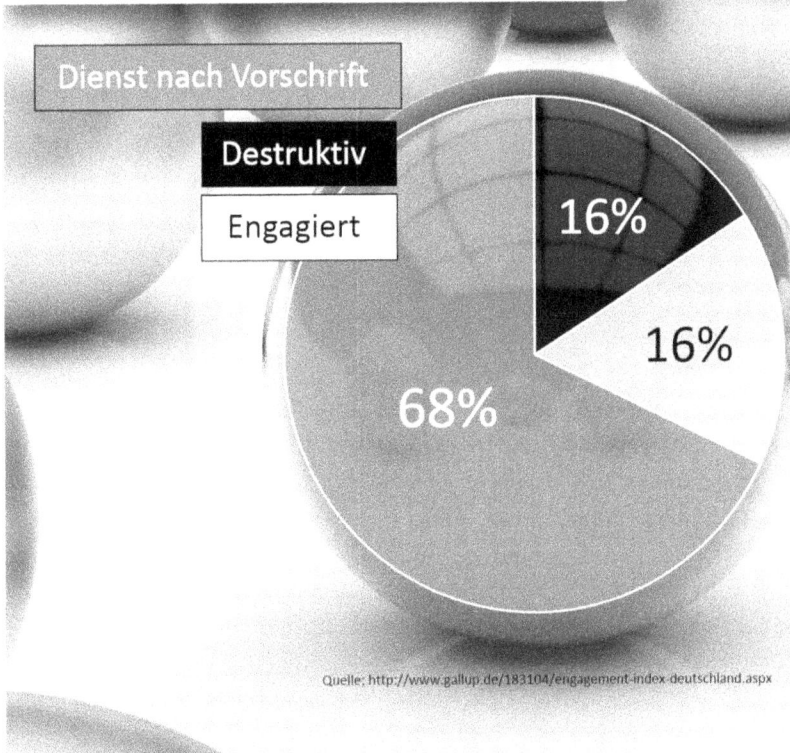

Dienst nach Vorschrift

Destruktiv

Engagiert

16%

16%

68%

Quelle: http://www.gallup.de/183104/engagement-index-deutschland.aspx

Infografik 2: Gallup Studie 2015 - Leistung lohnt nicht – Kommunikation ist dürftig

Bewertung von Leistung zu subjektiv

Die Studie zeigt weiter, dass Mitarbeitern oft objektive Kriterien zu ihrer Leistungseinschätzung fehlen. Zahlen, Daten, Fakten, also Kennzahlen, kommen bei der Bewertung der Mitarbeiterleistung zu selten vor. Nur 42 Prozent der Befragten gibt das an und konstatiert, dass die Chefs auf Basis von Kennzahlen mit Kollegen vergleichen. In diesem Fall ist das hilfreich, denn der Mitarbeiter kann sich einschätzen. Allerdings findet der Vergleich mit Kollegen auch dann statt, wenn Kennzahlen fehlen. Und das ist schädlich und wenig sinnvoll.

Leistung: Fairness ist wichtig

29 Prozent der Befragten sagen, sie würden mit Kollegen im Unternehmen verglichen. Und das, obwohl die Leistung ohne Daten und Kennzahlen ermittelt und erfasst wird. Marco Nink: „Solche Vergleiche durch den Vorgesetzten sind zwar gut gemeint, um dem Beurteilten eine Idee zu geben, wo er mit seiner Leistung steht. Aber letztlich bleibt ein solcher Vergleich subjektiv – und ist daher wenig transparent und fair."

Wie andere Studien zeigen, ist Fairness einer der wichtigsten Werte für Beschäftige. Dass Fairness über subjektive und faktenfreie Beurteilungen nicht herzustellen ist, liegt auf der Hand. Das ist wie in der Schule – Sie erinnern sich? Mit gesundem Menschenverstand können Führungskräfte Fairness fördern und so Motivation und Leistung steigern. Notwendig ist das offensichtlich, wenn man die Ergebnisse der Studien betrachtet.

Auch die Vorgängerstudien zeigen die zentrale Rolle der Führung für gute Mitarbeiter. Unzureichende Führung führt zu schlechten Ergebnissen in den Studien zur Mitarbeiterzufriedenheit und damit höchstens zu befriedigender Leistungsbereitschaft, so die Studienautoren. „Bei 15 Prozent der Beschäftigten in Deutschland ist eine geringe Arbeitszufriedenheit festzustellen. Sie finden das Betriebsklima schlecht, können sich mit ihrer Arbeit nicht identifizieren und gehen gegenüber ihrem Unternehmen auf Distanz. (…) Als Hauptverursacher dieses Trends benennt das Gallup-Institut das Management: Viele Beschäftigte haben das Gefühl, dass ihre zentralen Bedürfnisse und Erwartungen von ihren direkten Vorgesetzten teilweise oder völlig ignoriert werden."[12]

Laut Gallup kostet diese massive Mitarbeiter-Unzufriedenheit durch „Fehltage, Fluktuation und schlechte Produktivität" die Unternehmen jedes Jahr rund 85 Milliarden

Euro. Die Empfehlung von Gallup dagegen anzugehen läuft ins Leere. Die Chefs sollen auf „die Etablierung und Pflege einer wertschätzenden Unternehmenskultur" bauen. Tun sie aber nicht. Die Umfrageergebnisse bleiben mies. Dabei stehen Chefs ganz ordentlich da, so die Studie weiter. „Die durchschnittliche Führungskraft ist 45,8 Jahre alt, männlich (75 Prozent), arbeitet Vollzeit (87 Prozent), verfügt als formale Bildung mindestens über einen Realschulabschluss (88 Prozent) und hat im Schnitt 9,7 Jahre Führungserfahrung. Die Mehrheit (52 Prozent) der Vorgesetzten führt weniger als zehn Mitarbeiter. Die durchschnittliche Wochenarbeitszeit von Führungskräften liegt bei 43,3 Stunden pro Woche."[13] Ich kenne nur Chefs, die nach eigenen Aussagen bei mindestens 60 Stunden pro Woche liegen. Auf Vorstände und Geschäftsführer trifft das zu, so die Ergebnisse im Wirtschaftsmagazin „Brand eins". Vielleicht erwägen deshalb knapp 41 Prozent der Führungskräfte, nicht weiter aufzusteigen und knapp 78 Prozent der älteren Chefs einen freiwilligen Abstieg in der Hierarchie. Allerdings wollen über drei Viertel der deutschen Führungskräfte auch im Rentenalter weiterarbeiten.[14] So schlimm kann es also nicht sein. Schauen wir uns weitere Fakten an und werfen einen Blick auf den Führungskräfte-Monitor 2015 des Deutschen Instituts für Wirtschaftsforschung:

„Eine tatsächliche Arbeitszeit von unter 35 Stunden ist bei Personen in Führungspositionen eher bei Frauen zu beobachten (…). Auch Stundenzahlen im »Normalbereich« von 35 bis unter 41 Stunden werden etwas häufiger von Frauen als von Männern angegeben. Besonders lange Arbeitszeiten von über 50 Stunden werden in Führungspositionen vor allem von Männern ausgeübt. Im Jahr 2013 etwa arbeiteten 7 Prozent der Männer sogar 60 Stunden und mehr in der Woche. In der Tendenz nehmen Arbeitszeiten von 60 und mehr Wochenstunden aber ab und jene mit 41 bis 50 Wochenstunden zu."[15]

Andere Studien weisen auf eine kontinuierlich ansteigende Wochenarbeitszeit von Führungskräften hin. Das kann ich aus der Praxis bestätigen. Für manchen Manager ist ein volles Zeitkonto nicht selten auch Beweis für Leistung und ein gewichtiger Faktor gut dazustehen. Das ist in Bezug auf gute Führung Unsinn. Und Zeit hat, neben der reinen Belastung und damit fehlender Balance, eine ganze Menge mit Selbstorganisation und Selbstverantwortung zu tun, „da Zeitmangel unter anderem daraus resultiert, dass Führungskräfte glauben, vieles »selbst machen« zu müssen."[16] Das basiert auf fehlendem Zutrauen in die eigenen Leute, die auch deswegen zum Dienst nach Vorschrift neigen.

Eine Studie des Unternehmensberaters Towers Watson kommt bezüglich Engagement der Mitarbeiter zu einem freundlicheren Ergebnis. „Der Studie des Unternehmensberaters zufolge leisten in Deutschland »nur« 47 Prozent der Arbeitnehmer Dienst nach Vorschrift."[17] Allerdings finden die Befragten auch in dieser Studie Optimierungspotenzial für bessere Führung.

„»Gute Arbeit bescheinigen deutsche Arbeitnehmer ihrem Top-Management in puncto Außendarstellung: 60 Prozent von ihnen sind der Meinung, dass es den oberen Führungskräften in ihrem Unternehmen gelinge, ein positives Bild der Organisation nach außen zu tragen.« Nach innen sieht das schlechter aus, so ein weiteres Ergebnis der Studie. Bezüglich Mitarbeiterführung kommen die Befragten zu Ergebnissen, die ein anderes Bild der Chefs ergibt. Nur die Hälfte sagt, die Führungskräfte gingen kontrolliert, ruhig und souverän mit den Leuten um. Ebenfalls nur jeder zweite meint, dass die Führungskräfte »kulturelle und individuelle Unterschiede genügend beachten«.

Woran dies liegen könnte, zeigt ein weiteres Ergebnis: Weniger als die Hälfte der Befragten bescheinigt den Mitgliedern ihrer Geschäftsleitung, flexibel an neue Herausforderungen heranzugehen. Jeder zweite Befragte findet zudem, an der Spitze seines Unternehmens gebe es Nachholbedarf in Sachen Effizienz."[18]

Die direkten Vorgesetzten haben nach Ansicht der Befragten Mitarbeiter Defizite in der Entwicklungs- und Motivationsarbeit. Auch sie sind nach Aussagen der eigenen Leute nur wenig effizient in ihrer Führungsarbeit. Gerade bei den persönlichen Faktoren kommen die Chefs bei den Arbeitnehmern nicht gut weg.

"60 Prozent wünschen sich, dass ihr Chef sie mehr bei ihrer persönlichen Entwicklung unterstütze. Zudem glaubt nur ein knappes Drittel, dass Gespräche mit dem Vorgesetzten ihre Entwicklung bisher wirkungsvoll vorangebracht hätten. Ebenso wenige bezeichnen zudem die Entscheidungen ihres Vorgesetzten in puncto leistungsgerechte Vergütung als fair, und nur jeder Zweite findet, sein Vorgesetzter erkenne gute Arbeit häufig an."[19] Die Folge ist, dass das Engagement der Mitarbeiter nachlässt. Knapp die Hälfte der Befragten gibt zu, nur Dienst nach Vorschrift zu machen und nicht das zu leisten, was man zu leisten in der Lage ist. Diese Leute lassen die eigenen Potenziale bewusst ungenutzt. Zum Glück kamen auch positive Ergebnisse heraus. „So sind etwa gut zwei Drittel der Befragten der Meinung, ihr Vorgesetzter behandle sie respektvoll. Und 59 Prozent bestätigen ihrem Boss, dass er ihnen Aufgaben delegiere, die ihren

Fähigkeiten entsprechen."[20] Die Menschen wollen gefördert und gefordert werden, sie legen Wert auf Fairness und Anerkennung, sie fordern Respekt und sinnvollen Einsatz nach den eigenen Fähigkeiten. Das klingt nach gesundem Menschenverstand. Hallo Chefs, so schwer kann das doch nicht sein.

Woran Führung scheitert

In einer Schweizer Studie fanden die Befrager einiges über die Gründe für schwache Führung heraus. Information Factory, Persorama und jobs.ch führten gemeinsam die Studie „Schweiz führt?!" durch. Sie wollten wissen, wie es um Führung in der Schweiz bestellt ist. Sie befragten rund 2700 Mitarbeitender, Führungskräfte und auch Personaler. Die spannende Frage: Wie sehen Mitarbeiter und Personalfachleute Schweizer Führungskräfte – und: wie sehen die sich selbst.

„Im Rahmen der Studie offenbaren sich zwar deutliche Unterschiede zwischen den Befragten. Z. B. schätzen Führungskräfte ihr eigenes Verhalten im Vergleich dazu, wie Mitarbeiter sie wahrnehmen, deutlich optimistischer ein. Aber die Studie zeigt auch, dass sich die Umfrageteilnehmer in wesentlichen Punkten durchaus einig sind: Bei der Frage, warum Führung scheitert, stimmen Mitarbeitende und Führungskräfte überein: Führungskräfte kommunizieren nicht offen und ehrlich mit den Mitarbeitenden. Der Meinung sind 58% der Mitarbeitenden und 68% der Führungskräfte. Offene Kommunikation ist ein kritischer Erfolgsfaktor."

Narzissten und Psychopathen?

Was einen guten Chef aus Sicht von Mitarbeitern und Führungskräften ausmacht, zeigen weitere Studien, teilweise mit überraschenden Ergebnissen. Es ist demnach nicht so, dass ein Chef in jeder Beziehung „normal" sein soll, also einer „von uns". Auch Mitarbeiter ticken in der Bewertung „guter Chefs" durchaus ungewöhnlich. Sie erwarten durchaus, dass der Primus im Haus oder Team „anders" sein soll. In einer Befragung fanden Wissenschaftler heraus, dass gute Chefs durchaus Narzissten, also selbstverliebte Egozentriker, sein dürfen, vielleicht sogar müssen, um als Leader zu taugen. Sie befragten über 1000 Mitarbeiter zusammen mit ihren Führungskräften in einer repräsentativen Studie.

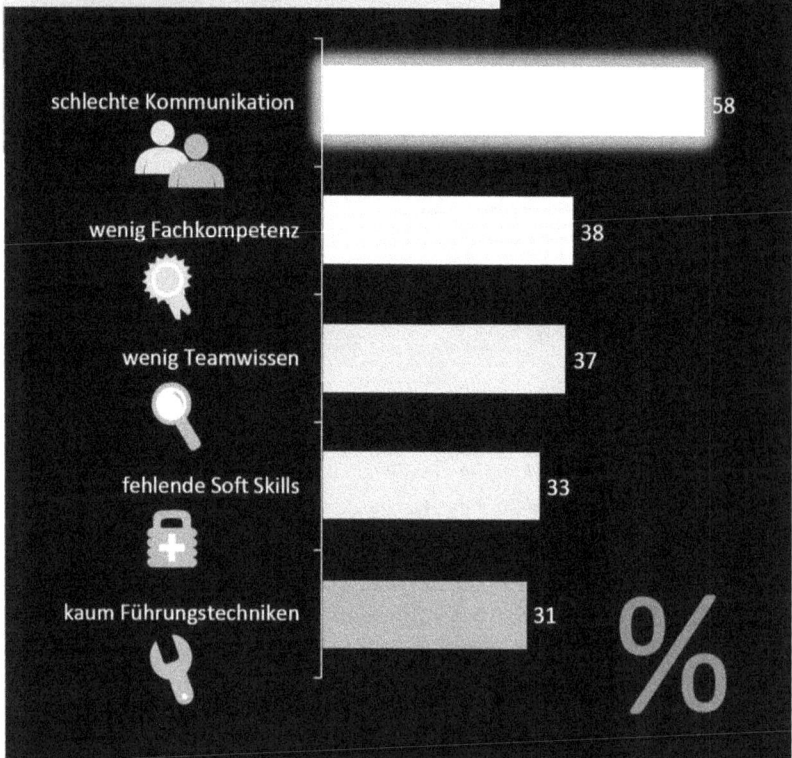

Führung: die fünf Schwächen

Was viele Chefs vermasseln und weshalb Führung scheitert.

Das bemängeln Mitarbeiter an Führungskräften in einer Umfrage in der Schweiz.

Quelle: Umfrage „Schweiz führt?!", Job-Cloud

© Zirbik Business-Coaching

schlechte Kommunikation — 58

wenig Fachkompetenz — 38

wenig Teamwissen — 37

fehlende Soft Skills — 33

kaum Führungstechniken — 31

%

Infografik 3: Ergebnisse einer Umfrage bei Schweizer Arbeitnehmern und Chefs

„Am beliebtesten waren die Chefs, die zwar durchaus narzisstische Persönlichkeits-
merkmale aufwiesen, aber dennoch Empathie und Dankbarkeit zeigen konnten. Die
Mitarbeiter fanden, dass diese Chefs am meisten motivierten, sie bescheinigten ihnen,
ihnen wie ein Coach zur Seite zu stehen und fanden diesen Führungsstil hilfreich.
Diese Mitarbeiter waren motivierter. Und das hatte offenbar einen Einfluss auf die
Arbeitsleistung der Teams. Nicht nur die subjektive Bewertung der Arbeitsleistung
durch den Chef fiel besser aus, auch die Unternehmenskennzahlen lieferten der Studie
zufolge Belege dafür. (…) Man sieht also: Chef-sein erfordert eine Prise Egoismus
und Geltungsdrang. Wirtschaftspsychologen gehen davon aus, dass ein gewisser Narzissmus durchaus auch evolutionär sinnvoll ist."[21]

In einer anderen Studie werden manche Chefs als Psychopathen[4], also krankhafte
Egomanen ohne Empathie (Mitgefühl), beschrieben. Und, so die Wissenschaftler, das
sei völlig in Ordnung und habe Vorteile für das Unternehmen. Da wundert uns doch
gar nichts mehr. „»Ohne den richtigen Funken Wahnsinn findet keine Weiterentwicklung statt. In der Tat ist Größenwahn manchmal für Manager nützlich, damit sie eine
Vision entwickeln können und sich trauen, diese umzusetzen«, sagt der Münchner
Sozialpsychologe und Managementforscher Dieter Frey."[22]

Das gilt besonders für die Super-Chefs, also die Vorstandvorsitzenden, die Sprecher
der Geschäftsführung oder auch die Chefs von großen Verbänden. Uns im Gedächtnis
sind Martin Winterkorn, Steve Jobs, Wendelin Wiedeking (2015 vor Gericht, ehemals
Porsche) oder Josef Blatter (ehemaliger FIFA-Boss, Korruptionsverdacht). Die Liste
grenzwertiger oder ganz offiziell krimineller Bosse lässt sich fortsetzen. Für diese
Leader gibt es nicht nur andere Gehälter, es gelten auch andere Gesetze. Das sehen
Normalmenschen zurecht nicht ein. Der ehemalige Mercedes-Chef Schrempp, einer
der letzten echten Alleinherrscher, setzte mit Chrysler einige Milliarden in den Sand,
BMW ging es mit Rover so - der Verantwortliche in der Führung: Bernd Pischetsrie-
der). Wiedeking wollte als Porschechef VW übernehmen (der Schwanz wedelte kurzfristig mit dem Hund), Ex-Postchef Zumwinkel, Ex-Arcandor-Chef Middelhoff; Ex-

---

4 Psychopathie bezeichnet eine schwere Persönlichkeitsstörung, die bei den Betroffenen mit dem weitgehen-
den oder völligen Fehlen von Empathie, sozialer Verantwortung und Gewissen einhergeht. Psychopathen
sind auf den ersten Blick mitunter charmant, sie verstehen es, oberflächliche Beziehungen herzustellen. Dabei sind sie mitunter sehr manipulativ, um ihre Ziele zu erreichen. Oft mangelt es Psychopathen an langfristi-
gen Zielen, sie sind impulsiv und verantwortungslos. Quelle: Wikipedia

Bayern-Boss Uli Hoeneß und andere sind offiziell verurteilte Kriminelle. Hoeneß in der Daum-Kokain-Affaire: „Kriminelle haben im Fußball nichts zu suchen". Jetzt (Herbst 2016) will er wieder Chef der Bayern werden. Tja, wer zu den ganz Großen in der Führung gehören will, muss so sein, so die Experten. Wenn Sie also nicht schwer gestört und nicht kriminell veranlagt sind, brauchen Sie sich nicht wundern, wenn Sie nicht vorwärtskommen (die Nicht-Kette der Erfolglosen). Das bestätigen führende Wissenschaftler, die sich ständig mit dem Phänomen Chef beschäftigen.

„Wirft man einen Blick in die Statistiken, werden globale Unternehmen aber ohnehin von einem Haufen Verrückter geführt. So bewies der kanadische Psychiater Robert Hare, dass deutlich mehr Psychopathen in Vorständen und Aufsichtsräten großer Unternehmen sitzen, als beim Discounter an der Kasse. Laut Hare sind Psychopathen »Menschen, die schwer gestört sind und fortwährend gesellschaftliche Regeln verletzen«. Sie empfänden kaum Mitgefühl oder Reue und sie manipulieren andere, um ihre Ziele zu erreichen."[23]

Übersteigerter Narzissmus bei Führungskräften unterhalb der Unternehmenslenker speist sich auch aus den Psychopathen, die in den obersten Chefetagen ihr Dasein fristen, und hat nach Experten fatale Auswirkungen. Die immer noch dominierenden hierarchischen Strukturen in den deutschen Unternehmen unterstützen diese GMV-freien Zustände zusätzlich. Sie führen zu einer zunehmenden Entfremdung der obersten Chefs von untergeordneten Führungskräften und Mitarbeitern, oft auch vom Markt, dem Innenleben des Unternehmens und der normalen Welt. Bei Vorgängen wie im VW-Vorstand 2016 verschlägt es auch profilierten Personalberatern wie Heiner Thorborg die Sprache. „Ich bin schon länger im Geschäft und habe durchaus einige Führungskräfte mit eskalierenden Ego-Problemen erleben dürfen, aber die Vorgänge bei Volkswagen erstaunen sogar mich. In Wolfsburg geht es zu wie im alten Rom - das Imperium zerfällt und die Senatoren laben sich an Biberpfoten auf Vogelzungensalat und lauschen der Schalmei."[24] Die Volkswagen AG hat im Mai 2016 mit Milliardenklagen wegen des Abgasskandals zu rechnen, es fehlt eine technische Lösung für den Rückruf des Passats und man liegt mit US-Behörden im Clinch. Die Vorstände aber sorgen sich um ihre Bonuszahlungen. Diese Führungskräfte können wir getrost als Kopfstand-Beispiele nehmen. Machen Sie es einfach anders und Sie sind auf einem guten Weg. Denn „hätte VW eine halbwegs belastbare Unternehmenskultur, würden solche Gespräche nicht stattfinden. Schlimmer noch erscheint der

Mangel an Realitätssinn: Wer in einer solchen Krise als Topführungskraft keinen freiwilligen Bonusverzicht leistet, signalisiert Mitarbeitern, Zulieferern, Kapitalgebern, Regulierern und Staatsanwälten, dass er jegliche Bodenhaftung verloren hat. Von Themen wie Anstand oder Moralgefühl mal ganz zu schweigen."[25] Änderungen sind allerdings nicht in Sicht.

Oberbosse und Kontrolleure zerstören Führung und Kultur

Ein Bild für einen abgehobenen Chef hat sich eingeprägt: Ex-Deutsche-Bank-Chef Josef Ackermann mit dem Victory-Zeichen anlässlich des Prozessauftaktes zum Mannesmann-Prozess 2004. Das wirkte, als würde er das Gericht nicht respektieren. „Was bereits damals für Entrüstung sorgte, entwickelte in den Folgejahren eine faszinierende Dynamik. Die Bankenkrise der Jahre 2008/2009 tat ihr Übriges: Aus einem Sinnbild der Überheblichkeit eines Top-Managers wurde eine Ikone für die Verfehlungen einer gesamten Branche." Ackermann entschuldigte sich später bei der Richterin: „Wenn der falsche Eindruck entstanden ist, ich respektiere nicht das Gericht, tut es mir leid."[26] Das Bild ist Muster für abgehobene, angestellte Top-Führungskräfte. Das Chef-Image bekam einen nachhaltigen Dämpfer.

„Die narzisstische Unternehmenskultur mit ihrer starken Wettbewerbsorientierung, dem Command-and-Control-Denken und der Tendenz zum Group Thinking ist das, was New Work[5] vielleicht am meisten entgegensteht. Denn so findet nur wenig oder keine Anpassung und Innovation statt. Der narzisstische Führungszirkel schottet sich nach außen ab und bekommt weder mit, was im eigenen Unternehmen passiert, noch was im Rest der Welt vor sich geht."[27]

Bankenkrise, Korruption bei Siemens, MAN, Mannesmann und Co. sowie der Betrugs- und Abgasskandal von Volkswagen (und auch weiterer Hersteller) „sind krankhafte Auswüchse von Fehlentwicklungen, die auch am Ende nicht mit noch

---

[5] New Work: Unsere Gesellschaft befindet sich im Wandel von der Industrie- zur Wissensgesellschaft. Dementsprechend verändern sich auch Unternehmensstrukturen und Arbeitsräume: Service-, Informations-und Kreativarbeiter rücken ins Zentrum des weltweiten Wirtschaftens, und während die Work-Life-Balance beschworen wird, verschwimmen die Grenzen zwischen Berufs-und Privatleben. Als kreative Arbeiter werden wir zunehmend selbstständig, auch wenn wir fest angestellt sind. Quelle: https://www.zukunftsinsti-tut.de/dossier/megatrend-new-work/

schärferer Compliance (Gesetzestreue, der Autor), etwa durch Überwachung, zu verhindern sind." Um dem vorzubeugen und die bekannten Auswüchse zu verhindern,
genügen die aktuellen Mittel offensichtlich nicht. Fachleute für Führung schlagen vor,
„sich selbst kontrollierende und beschränkende Organisations- und Führungsstrukturen zu schaffen und unauflösbar festzuschreiben (Checks and Balances). Dazu gehört
dann z.b. auch die zeitliche Begrenzung oder die Abwählbarkeit von Führungspositionen. Es muss alles dafür getan werden, dass sich keine Machtzirkel etablieren und
festsetzen, die dann im Elfenbeinturm an der Realität vorbeiregieren. Haufe Umantis
macht es mit der demokratischen Wahl der Führungskräfte vor, aber auch viele weitere Beispiele (Volksbank Heilbronn, W. L. Gore, Semco usw.) zeigen, dass gerade
dieser Aspekt für New Work von großer Bedeutung ist."[28]

Mit GMV und 30 Jahren Erfahrung betrachtet, werden die bestehenden Führungska-
der in deutschen Unternehmen das zu verhindern wissen. Denn einige von diesen Herren (kaum Damen vertreten) würden recht schnell von ihren Pöstchen verschwinden
und ihre Privilegien verlieren, insbesondere, wenn sie sich ihren Mitarbeitern und
Vorgesetzten zu Wiederwahl stellen müssten. Ich würde das Modell noch um die
Wahlberechtigung von Kunden, Lieferanten und Multiplikatoren erweitern. Das treibt
dann wahrscheinlich 80 Prozent der aktuellen Chefs die Schweißperlen auf die Stirn.

Neben Psychopathie und Narzissmus gesellt sich ein weiterer Freund des Feindes guter Führung hinzu: der Machiavellismus[6]. Hierbei handelt es sich um eine Theorie
einer rücksichtslosen Machtpolitik, die die Erhaltung des Staates und die Staatsraison
über alles stellt. Sie wird umstrittener Weise dem Italiener Niccolò Machiavelli
(1469–1527) zugeschrieben. Auf Unternehmen übertragen stellen so gebürstete Unternehmenslenker den eigenen Erfolg und den des Unternehmens über alles - auch
über Gesetze, Moral, Menschlichkeit und gesunden Menschenverstand. Beispiele eines solchen Verhaltens sind hinlänglich bekannt, Chefs, die dafür stehen, ebenfalls.
Fachkreise bezeichnen die Kombination aus Psychopathie, Narzissmus und Machiavellismus als die „Dunkle Triade der Macht". Sie kann sich kurzfristig sogar positiv

---

6 Der Machiavellismus, der eine Verfälschung und Fehldeutung der staatstheoretischen Auffassungen Ma-
chiavellis (in seinen Discorsi deutlicher formuliert) darstellt, hat sich in der politischen Ideologie in den verschiedensten Formen ausgeprägt. Bereits nach dem Erscheinen von Il Principe (Der Fürst) im Jahre 1532 –
fünf Jahre nach dem Tod von Machiavelli – wurde seine Schrift als das „klassische" Handbuch tyrannischer
Machtpolitik gebrandmarkt. Quelle: Wikipedia

auf ein Unternehmen oder eine Organisation auswirken, „mittel- bis langfristig können sich jedoch sehr negative und »zerstörerische« Effekte zeigen."[29]

Die neue Arbeitswelt

Dagegen soll Empathie, also Einfühlungsvermögen, helfen. Ein Faktor, den Mitarbeiter und Chefs als wichtig für exzellente Führung nennen. Empathie ist allerdings bei narzisstischen Psychopathen oder psychopathischen Machiavellisten eher gering ausgeprägt. In Punkto Führung schreit längst alles nach einem Paradigmenwechsel. Dem kommt entgegen, dass „ein entscheidender Treiber sehr bald dazu führt, dass Unternehmen, die weiterhin auf die »dunkle Triade der Macht« setzen, nicht mehr lange existieren werden: die digitale Transformation. Sie befeuert nämlich die Emanzipation der Mitarbeiter, im Moment vor allem der Wissens- und Kreativarbeiter, jedoch sicherlich bald auch der Facharbeiter."[30] Also Führungskräfte, macht euch auf eine Arbeitswelt, in der gute Führung immer wichtiger wird, gefasst. Je flacher die Hierarchien werden, je offener und transparenter sich die Arbeitswelten darstellen, desto wichtiger werden Chefs. Und zwar Chefs, die mit Transparenz, gelebtem Respekt und Augenhöhe sowie Netzwerken gut können – und die trotzdem oder gerade deswegen gut führen. Die digitale Welt ist der Steigbügelhalter in diesen praktischen Paradigmenwechsel von Führung mit GMV.

Transparenz: Die Leute nutzen das Internet, eigene Blogs und Social Media, um auf Missstände aufmerksam zu machen oder ihren Unmut zu äußern. Das betrifft alle Lebensbereiche und somit auch Unternehmen und Führungskräfte. Mitarbeiter tragen die wahren Zustände von Unternehmen an die Öffentlichkeit. Marketing und PR sowie andere Verfasser von Schönreden-Botschaften verlieren weiter an Glaubwürdigkeit: Jedenfalls dann, wenn sie den Menschen ein X für ein U vormachen wollen.

Respekt und Augenhöhe: „Je weniger Führungskräfte über formale Macht und Wissensvorsprung führen können, desto stärker ist eine Führung auf Augenhöhe gefragt, in der Führung situativ übernommen wird, ohne dass dazu eine formale Autorisierung notwendig ist. Die »Führungskraft« wird zum Coach, Moderator, Katalysator, Vermittler - ist also längst nicht mehr der Entscheider oder gar »Besserwisser«. Experten lassen sich nicht herumkommandieren!"[31]

Vernetzung und Netzwerken: In vielen Berufen kann man dank digitaler Werkzeuge von jedem Ort auf der Welt aus arbeiten. Das bedeutet auch, dass die Ortsbindung an ein Unternehmen nachlässt und die persönliche Bindung abnimmt. Gleichzeitig steigen die Verbindungen in unternehmensunabhängigen Fachnetzwerken und professionelles Netzwerken und Empfehlungsmarketing werden bedeutsamer. Führung geht diesen Weg mit oder verliert. Das Führungsdilemma besteht oft aus Innovationsinkompetenz und Beharren auf alten Privilegien.

Wenn es in Zukunft gut läuft, finden Sie auf der Seite der Führung gesunden und ausgewogenen Narzissmus (Selbstvertrauen, Selbstliebe, Zuversicht, Mut) und nur wenig Psychopathie oder Machiavellismus. Ein bisschen muss das so sein, sagen Psychologen, damit Führungskräfte auch große Visionen entwickeln und sich durchsetzen können. Auf der anderen Seite sind die Faktoren Transparenz, Respekt und Vernetzung Helfer für einen Paradigmenwechsel zu einer Unternehmensorganisation und –führung mit gesundem Menschenverstand. Sie ist geprägt von einfachem und rationalem Denken und (Fach- und Führungs-) Wissen, Erfahrungswissen, Weisheiten, Intuition und Emotionen – also Herz und Verstand. Es gibt Prinzipien, die überall auf der Welt positiv wirken – auch für Führung. Die meisten haben mit der Evolution, also unserer Entwicklungsgeschichte zu tun. Ein Jahr Millionen langer Prozess, der uns heute noch beeinflusst, meistens ohne dass wir das wahrnehmen. Leider werden sie in der Führung vernachlässigt. Der gesunde Menschenverstand sagt, nutze die Prinzipien, die bereits vorhanden sind und die universell wirken. Die Gefahr völlig daneben zu liegen, ist gering. Zu den Prinzipien guter Führung gehören Klarheit und Entscheidungskompetenz, Augenhöhe und Respekt, Offenheit und Transparenz, Humor und Empathie. So soll er sein, der gute Chef. Ganz pragmatisch kommt in Umfragen heraus, was gute Führungskräfte können und tun sollen: planen und organisieren, sagen 45 Prozent, einbinden und motivieren (38%), kommunizieren und erklären (36%), gute Arbeit anerkennen (30%), sowie ein selbstsicheres Auftreten haben (30%). Und das sollen sie nicht: Aufgaben delegieren, ohne den Fortgang zu kontrollieren, so 41 Prozent der Befragten, sich nur auf die eigenen Institution (38%) oder das eigene Fachwissen verlassen (27%).[32]

Mitarbeiter meinen...

Was Chefs können sollten

Planen, Organisieren	45
Einbinden, Motivieren	38
Kommunizieren, Erklären	36
Gute Arbeit anerkennen	30
Selbstsicheres Auftreten	30

© Zirbik Business-Coaching
Quelle: Brand Eins, 03/15,
Führen in Zahlen

Was Chefs vermeiden sollten

41%	38%	27%
Aufgaben delegieren, ohne zu kontrollieren	Nur auf die eigene Intuition verlassen	Nur auf die eigene Fachkompetenz verlassen

Infografik 4: Die Dos und Dont's für Führungskräfte – so schwer kann das nicht sein

Gesunder Menschenverstand

Nach Immanuel Kant hat gesunder Menschenverstand (GMV) zu tun mit „Selbstdenken", „an der Stelle jedes Anderen denken" oder „jederzeit mit sich einstimmig denken". Wenn diese Aspekte in der Führung zu Einsatz kommen, ist viel gewonnen. Leider fehlt es oft schon am „Selbstdenken". Führungskräfte, besonders im mittleren Management, denken oft eher so wie alle anderen im Unternehmen (Gesetz der Masse) oder so wie ihr Vorgesetzter (Gesetz der Macht) – man will ja weiterkommen.

Was üblich ist, wird gedacht, gesagt und gelebt. Eigenes Denken könnte der Karriere schaden oder dem Chef über mir nicht passen. Dann lässt man das – oft zum Schaden für sich selbst, des eigenen Bereichs, der eignen Leute und des Unternehmens. Die Führungskraft, die je nach Situation und Gesprächspartnern, den Anwesenden nach dem Mund redet, ist eher die Regel als die Ausnahme. Das führt unter anderem dazu, dass Führungskräfte manchmal recht kraftlos daherkommen. Sie treffen beispielsweise keine Entscheidungen, denn sie sind unsicher und könnten für eigene Entscheidungen verantwortlich gemacht werden.

Schwache Chefs?

Immer wieder höre ich in Coachings, der direkte Chef verspreche das Blaue vom Himmel. Meistens passiere aber nichts, egal ob es um personelle Verstärkung, fehlerhafte Arbeitsmittel, nicht funktionierende Software, unpassende Prozesse oder Probleme mit einer anderen Abteilung im Unternehmen gehe. Die Chefs der Mitarbeiter oder der ihnen untergebenen Führungskräfte klagen dann in Trainings oder Coachings darüber, dass die Mitarbeiter unmögliche Forderungen stellten, die zwar inhaltlich auch ihrer Meinung nach richtig, aber dem Chef des Chefs nicht zu vermitteln seien oder nicht in das Konzept des Unternehmens passten. Gleichzeitig hätten Mitarbeiter und Untergebene nicht nur Forderungen zu stellen. Gerade wenn es um Informationen ginge, bestünde eine Holschuld. Und außerdem, „Wenn ich die Wünsche und Forderungen meiner Leute in der Abteilungsleiter-Telefonkonferenz ansprechen würde, machte ich mich kaum beliebt", so der entlarvende Hinweis einer Führungskraft in einem Coaching. Warum sagen diese „Super-Chefs" das dann nicht einfach den eigenen Mitarbeitern, sondern erzählen irgendwelches Zeugs, das sie dann nicht einhalten können oder vertrösten auf den berühmten Nimmerleinstag? Wo ist da bitte GMV geblieben? Dem einen oder anderen Chef fehlt schlicht weg der „Arsch in der Hose".

Dabei hat gesunder Menschenverstand wirklich großes Potenzial für gute Führung. Schon Schopenhauer ahnte das, als er proklamierte „Natürlicher Verstand kann fast jeden Grad von Bildung ersetzen, aber keine Bildung den natürlichen Verstand". Das trifft besonders auf Führung zu, denn Fachkompetenz ist nur eine von vielen Facetten guter Führung. Sie ist nicht die wichtigste. Ich kenne Fälle, in denen die gute Führungskraft gar nicht aus dem Fachbereich kommt. Da ist ein Jurist erfolgreicher Chef eines Ingenieur-Unternehmens und ein Finanzbetriebswirt baut als Unternehmer ein Start-up im juristischen Dienstleistungsbereich mit großem Erfolg auf. Auch Minister, die keinerlei Ahnung vom Ressort haben, Ministerposten wechseln, wie andere das Unterhemd, erweisen sich hin und wieder als brauchbare Besetzung. Andere Beispiele sind Wirtschaftler, die Vorstände von Biotechnologie-Unternehmen werden, Ingenieure als Lenker von Weltkonzernen, Controller als Chefs von Autobauern oder Unternehmensberater, die Marktforschungsinstitute leiten. Sie alle können gute Führungskräfte sein oder werden, denn Fachkompetenz ist hilfreich, aber nicht das entscheidende Kriterium für gute Führung. „In die Führungsposition befördert wurden die meisten von ihnen (den Führungskräften, der Autor) auf Grundlage ihrer Fachkompetenz (47 Prozent) und Erfahrung (51 Prozent)."[33] Daneben gibt es eine Reihe anderer Kriterien für Führungseignung, die nicht unmittelbar auf Fachkompetenz fußen. Die international agierende Unternehmensberatung Gallup hat 12 Kriterien guter Führung aus Sicht des Mitarbeiters ausgemacht und dabei spielen Fachkompetenzen eine untergeordnete Rolle.[34]

- Ich weiß, was bei der Arbeit von mir erwartet wird.
- Ich habe Materialien und Arbeitsmittel, um meine Arbeit richtig zu machen.
- Ich habe bei der Arbeit die Gelegenheit, das zu tun, was ich am besten kann.
- Ich habe in den letzten sieben Tagen Anerkennung oder Lob bekommen.
- Mein Chef oder eine andere Person interessiert sich für mich als Mensch.
- Bei der Arbeit gibt es jemanden, der mich in meiner Entwicklung fördert.
- Bei der Arbeit scheinen meine Meinungen zu zählen.
- Die Ziele und die Unternehmensphilosophie meiner Firma geben mir das Gefühl, dass meine Arbeit wichtig ist.
- Meine Kollegen haben einen Antrieb, Arbeit von hoher Qualität zu leisten.
- Ich habe einen sehr guten Freund innerhalb der Firma.

- In den letzten sechs Monaten hat jemand in der Firma mit mir über meine Fortschritte gesprochen.
- Während des letzten Jahres hatte ich bei der Arbeit die Gelegenheit, Neues zu lernen und mich weiterzuentwickeln.

Was Unternehmensberatungen und Trainingsinstitute oder die akademische Welt als gute Führung betrachtet, scheint die Unternehmenslenker selbst weniger zu interessieren, wie andere Studien zeigen. „Was machen gute Führung und eine gute Führungskraft aus? Diese Frage wird im Tagesgeschäft vieler Unternehmen offenbar nicht nachhaltig beantwortet. Umfragen zufolge wird schlechtes Führungsverhalten gegenüber Untergebenen meist toleriert."[35] Eine Studie der Hochschule Osnabrück kommt zu interessanten Ergebnissen:

- Das Führungsverhalten ist bei 85 Prozent der befragten Unternehmen Bestandteil der Personalbeurteilungsbögen. (immerhin)
- 80 Prozent tolerieren schlechtes Führungsverhalten. Sie sehen darin keinen Grund, sich von schwachen Führungskräften zu trennen. (schau an)
- 90 Prozent der Befragten geben dem operativen Ergebnis einen hohen oder sehr hohen Stellenwert. (ok, das ist der Job)
- Nur 17 Prozent der Befragten Unternehmen interessieren sich für die Fluktuationsrate unter den eigenen Mitarbeitern. (hm)

So kann das nichts werden. GMV. „Eine Führungskultur, die motiviert, fördert und einen stabilen Rahmen zur Befähigung von Mitarbeitern schafft, scheint in deutschen Unternehmen nicht durchgehend gefragt zu sein. (...) Die meisten Probleme entstehen durch Führungskräfte, die nicht oder nur unzureichend führen."[36] Eine Langzeitstudie von Proudfood Consulting besagt, dass 85 von 224 Arbeitstagen verschwendet werden und nicht produktiv sind. Demnach werden 79 unproduktive Arbeitstage von Fehlern in der Führung verursacht.[37]

Ein GMV-Grundsatz gilt nach wie vor: „Der Fisch stinkt am Kopf am meisten". Der Personalexperte Jörg Knoblauch[38] nennt die größten Fehler der Chefs beim Namen. Picken wir einige davon heraus. Manche Chefs erwarten, dass man alles genau so macht, wie sie es wünschen, und mischen sich überall ein – Knoblauch nennt das Mikromanagement. Andere haben eine Entwicklungsblockade und meinen „ich habe doch alles erreicht". Dieser Chef braucht keine Weiterbildung, denn er wäre ja nicht hier oben, wenn er nicht wüsste, wie man's macht. Eine besondere Spezies sind die

Ausbeuter. Sie berufen sich auf Markt und Wettbewerb, zahlen sich selbst mehr Geld und drücken die Löhne bei Ihren Mitarbeitern, die sich kaum das Nötigste zum Leben leisten können. Anderen fehlt es an der Kinderstube. Sie erniedrigen ihre Leute regelmäßig. Auch schön: Die Selbstüberschätzer – wir erinnern uns an die Überlegenheitsillusion. Knoblauch: „Leider gibt es auch Chefs, die nicht nur Fehler machen, sondern eine einzige Fehlbesetzung sind. Sie trauen sich ihren Job zwar zu, aber ehrlicherweise müssten sie erkennen, dass ihnen die Dinge über den Kopf wachsen und sie eine Aufgabe dieser Größenordnung nicht (mehr) beherrschen. Solche Chefs sitzen entweder dort, wo ein Unternehmen schnell und stark gewachsen und dabei hochkomplex geworden ist. Oder es sind ursprünglich begabte unfähige Mitarbeiter, die einmal zu viel befördert worden sind." Selbstüberschätzung paart sich oft mit einem weiteren Kardinalfehler, der Entscheidungsschwäche. Knoblauch nennt das die Chef-Falle. Das ist entmutigend und gleichzeitig steckt darin immenses Potenzial. Denn wo viel im Argen liegt, kann man viel optimieren. Diejenigen, die sich um bessere Führung bemühen, haben beste Chancen auf Erfolge. Aber Vorsicht, denn „Wenn die Sonne auf einen Misthaufen scheint, antwortet er mit Gestank" (Deutsches Sprichwort). Wer also an Führung wirklich etwas verändern will, hat mit kräftigem Gegenwind zu rechnen. Denn es geht nicht nur um Führungs- oder persönliche Kompetenzen, es geht auch um Organisations-, Führungsstrukturen und Privilegien, also ums Eingemachte.

Chefs und Entscheidungen

Nicht an der Fachkompetenz muss geschraubt werden, um Führung wirklich zu verbessern. Fachexperten gibt es in den Unternehmen ausreichend. Neben dem Veränderungsbedarf der Strukturen, sind es vor allem weiche Führungskompetenzen und einfache Persönlichkeits- und Charaktereigenschaften, die nach Verbesserung schreien. Mangelnde Konfliktfähigkeit ist nach Befragungen von Personalchefs eine der großen Schwächen vieler Führungskräfte. Denn sehr häufig bestehen die Konfliktlösungsstrategien dieser Chefs aus Negieren, Aussitzen oder Wegducken. Nun treten Konflikte aber immer häufiger auf, weil wirtschaftlicher Druck, Globalisierung und Zusammenarbeit über Länder- und Kulturgrenzen hinweg eine Menge Konfliktpotenzial liefern. Oder wie es eine Führungskraft sehr direkt in einem Coaching ausgedrückt hat: „Mit den Chinesen und Indern werde ich noch wahnsinnig. Die halten sich an keine Vorgaben, kennen die Prozesse nicht, haben ständig neue Leute, die noch von nichts eine Ahnung haben und Termine scheinen ihnen wurscht zu sein. Ich kaaaan sooo nicht arbeiiiten!"

Ich distanziere mich ausdrücklich von Vorurteilen und gebe lediglich die wahre Welt wieder. Chinesische und indische Fachkräfte finden sicher auch Durchdreh-Potenzial bei deutschen Kollegen. Im Übrigen: Solche Schwierigkeiten wollen Mitarbeiter von ihren Führungskräften gelöst bekommen. Es ist auch deren Aufgabe, die Schnittstellenthematik zu lösen oder so zu eskalieren, dass sie ein Chef weiter oben in der Hierarchie löst, wenn man es schon selbst nicht hinbekommt. Chefs sitzen das gerne aus, wie auch in diesem Beispiel „soooo niicht arbeiiten!" aus der Coaching-Praxis. Es herrscht selten eine Klarheitskultur ebenso wenig wie eine Klartext-Kultur. Weichspülen und Aussitzen ist angesagt. Dem schließen sich schwache Chefs gerne an, denn es ist bequem. „In vielen Unternehmen drücken sich die Leute davor, klare Standpunkte einzunehmen. Und selbst, wer eine Meinung hat, hält damit hinterm Berg. Er taktiert lieber und will erst hören, was die anderen sagen, damit er sein Fähnchen nach dem Wind drehen kann. Eher hat man in der Antarktis Mobilfunkempfang, als dass man in solchen Unternehmen Klartext hört. Klartext oder nicht, das zeigt sich im Alltag schon darin ob ein Unternehmen in der Lage ist verbindliche Auskünfte zu geben und verlässliche Zusagen zu machen."[39] Wie soll das Kunden gegenüber gehen, wenn es bei den eigenen Mitarbeitern schon nicht klappt?

Wischiwaschi und Aussitztaktiken führen oft dazu, dass Kunden zum Wettbewerb gehen und die verzweifelnde Führungskraft an Abwanderung denkt. Das sind die Führungsschwächen im Alltag, an denen Mitarbeiter und Fachkräfte verzweifeln. Sie wollen keine Chefs, die alle mögen und die Konflikten aus dem Weg gehen, eben um von allen gemocht zu werden oder die schlicht weg keine Konfliktfähigkeit und –kompetenz besitzen. Klartext ist die Minimalanforderung an eine wirksame und gute Führungskraft. „Ist ein defensives Konfliktverhalten bei „normalen" Mitarbeitern noch verständlich und nachvollziehbar, gelten für Führungskräfte andere Maßstäbe. Wer führen will, muss auch bereit sein, Verantwortung zu übernehmen und Entscheidungen zu treffen. Und wer entscheidet, stellt letztendlich immer die Interessen einer Partei über jene der anderen. Damit läuft er aber Gefahr,»der Böse« zu sein – egal, wie entschieden wird."[40]

Abgesehen davon, dass Entscheidungen damit verbunden sind, dass man als Person dafür verantwortlich gemacht werden kann, wenn etwas schief läuft, wollen viele Führungskräfte lieber „everybodys darling" sein, so zeigen Studien. Viele Chefs sind auf

Harmonie gebürstet. Damit gehen sie Konflikten aus dem Weg oder lassen sie auf die nächst höhere Ebene eskalieren. Ich coache Chefs, die Panik vor bestimmten Mitarbeitergesprächen haben, weil sie genau wissen, dass es wieder kracht und sie sich hilflos dabei vorkommen. Wer will das schon. Allerdings kann fehlende Konfliktbereitschaft und –kompetenz auf Dauer teuer werden und kostet ständig Nerven. Schon wenn es dem Unternehmen gut geht ist das fatal, erst recht in wirtschaftlichen Krisen.

„Wie massiv die Auswirkungen von Konflikten für Unternehmen sein können, zeigt eine Studie des Wirtschaftsprüfungsunternehmens KPMG. So werden zwischen 10 und 15 % der jährlichen Arbeitszeit in den Unternehmen für Konflikte verbraucht (auch weil Konflikte nicht eindeutig und final gelöst werden, der Autor). 30 bis 50 % (!!) ihrer wöchentlichen Arbeitszeit sind Führungskräfte direkt oder indirekt mit Reibungsverlusten, Konflikten oder Konfliktfolgen befasst. Und ein Fall von Mobbing kostet ein Unternehmen im Durchschnitt rund 60.000 Euro."[41]

Harmonie im Team ist ein schönes und wichtiges Ziel, jedoch nicht das entscheidende für erfolgreiche Führung. „Wer nicht in der Lage ist, auch unangenehme Entscheidungen zu treffen, der ist als Führungskraft fehl am Platz. (…) Eine Führungskraft, die über die notwendige Konfliktfähigkeit verfügt, weiß, dass in schwierigen Situationen ein frühes Handeln entscheidend ist. (…) Sie wird sich damit nicht bei allen beliebt machen – aber dafür ist sie Entscheider und nicht Vermeider."[42] Natürlich bedeutet das nicht, dass der Chef mit der Holzhammermethode vorgeht. Er wird oft Kompromisse aushandeln müssen. Die sollten auf der Basis von transparenten Grundsätzen und Idealen angegangen werden. „Es gibt richtige und falsche Kompromisse. Mehr richtige als falsche Kompromisse zu machen ist eines der Elemente, das gutes von schlechtem Management unterscheidet."[43]

Dazu kommt, dass zu wenig oder nichts getan wird, womit wir wieder beim Vermeider sind. Jedenfalls nichts, was Kunden, Mitarbeiter oder Unternehmen weiterbring. Das ist ein allgemeines Phänomen in der modernen, rückständigen Gesellschaft. Das haben viele Führungskräfte übernommen. „So läuft das heute in Politik, Gesellschaft, Unternehmen, Vereinen und Familien: es muss was getan werden – aber es wird nicht gemacht. Es wird nicht gehandelt, nicht entschieden, nicht umgesetzt, nicht realisiert. (…) Was wir heutzutage im Management erleben, ist gepflegte und geschäftige Passivität, gut getarnte in Nicht-Aktivität, das Gegenteil von Action-Management. Es wird heutzutage wahnsinnig viele gelabert, analysiert, geplant, gemeetet – aber bewegt wird nur noch wenig und das dann oft zu langsam und zu kompliziert. Manager wurschteln munter vor sich hin. Aber sie tun nicht (mehr), was getan werden muss."[44]

Das hat massive Konsequenzen, die so weit gehen, dass Unternehmen wegen der schwachen Chefs Pleite gehen. Im ersten Halbjahr 2015 wurden 11.100 Unternehmensinsolvenzen registriert. Das sind acht Prozent weniger als im vergleichbaren Vorjahreszeitraum. Gründe dafür sind laut Creditreform vor allem die „stabil gute Binnenkonjunktur und günstige Finanzierungsbedingungen."[45] An Führungskräften liegt das nicht, wenn man einer Studie Glauben schenken darf, die 125 Insolvenzverwalter befragt hat. „71% der Insolvenzverwalter sahen im Versagen des Geschäftsführers die häufigste Pleite-Ursache. (…) Schaut man sich die Studie genauer an, dann beklagen die Insolvenzverwalter unter anderem einen autoritären Führungsstil, gepaart mit Entscheidungsschwäche. Ein Chef, der stur an seinen alten Konzepten festhielt und unfähig war, bessere Entscheidungen zu treffen, hat nach Meinung der Insolvenzverwalter in fast 60% der Insolvenzfälle wesentlich zur Pleite beigetragen."[46]

GMV fehlt allerorten

Der Geschäftsalltag ist geprägt von Seltsamkeiten, die gesundem Menschenverstand und gute Führung nur schwer möglich machen. Es hat sich eine Abwärtsspirale entwickelt, die dem schnellen Erfolg geschuldet ist. Unternehmer und Führungskräfte sind darin gefangen und kommen nicht gut damit klar. So sind die Burn-Outs, dauerhafte psychische und physische Erschöpfungssyndrome, bei Managern rasant angestiegen. Gleiches gilt für Selbständige und Freiberufler.

Seit 1994 haben sich in Deutschland die Depressionen und Burnout-Syndrome verdoppelt. Der Anteil der Deutschen mit depressiven Symptomen lag 2015 bei 26 Prozent, knapp 75 Krankheitstage pro 1000 Versicherte fielen aufgrund von Burnout-Syndromen im Jahr an. Frauen sind zu über einem Drittel häufiger betroffen als Männer.[47] Diese Entwicklung geht natürlich auch nicht an Führungskräften vorüber.

„36 Prozent der Arbeitnehmer empfinden heute das hohe Arbeitstempo als starke Belastung. Sieben der zehn am häufigsten genannten Belastungen am Arbeitsplatz beziehen sich auf psychische Faktoren. Führungskräfte sind gleich in doppelter Hinsicht von der Burn-out-Thematik betroffen: Als engagierte Arbeitskräfte, die sich nur selten

Pausen gönnen, sind sie oftmals selbst gefährdet - zumal viele Unternehmen inzwischen auch auf den Führungsebenen Personal einsparen und sich der Druck auf die Verbliebenen erhöht hat. Und auf der anderen Seite tragen sie Verantwortung für ihre Mitarbeiter, die sie nicht dauerhaft einer Überbelastung aussetzen dürfen."[48]

Belastungs-Mix für Chefs

Neben den besonderen Belastungen, wie Verantwortung, Erfolgsdruck, Sandwichposition (Verantwortung nach unten, Druck von Oben – die typische Führungskraft im mittleren Management) oder eigene Ansprüche an Leistung und Karriereentwicklung kommt bei den meisten Chefs einfach die Arbeitszeit dazu. „Auf 70 Wochenstunden kommen einer Studie zufolge deutsche Führungskräfte im Schnitt. Macht knapp zwölf Stunden pro Tag, wenn man annimmt, dass wenigstens ein Tag in der Woche frei bleibt. Mit Schlafmangel, Stress, Termin- und Leistungsdruck kommen aber nicht alle Macher zurecht."[49]

Gegen das Ausbrennen der Chefs, dem Burn Out, bieten Dienstleister brauchbare und weniger brauchbare Lösungen für Geld an. Zuerst lassen wir zu, dass es auf allen Sektoren, in fast allen Branchen, dramatisch schlechter wird. Dann reparieren wir die Schäden und Ausfälle mit viel Geld, das wir uns sparen könnten, wenn wir vorher mit gesundem Menschenverstand ansetzen würden: Langfristige Entwicklung zulassen, ausreichend kompetentes Personal für die anstehenden Aufgaben beschäftigen, testen von Software, Technik und Systemen vor dem Einsatz, Machbares Umsetzen. GMV fehlt überall – weitere Indizien dafür:

- Der Druck auf allen Ebenen wächst schnell
- Die Unternehmen kreisen zunehmend um sich selbst
- Es herrscht Abschottungs-Kultur untereinander
- Wachstum überfordert Organisation und Mitarbeiter
- Nahezu alle Beteiligten werden fremdgesteuert
- Führung führt nicht, sie verwaltet das Chaos (oder produziert es)
- Kultur? Ja, die gibt es – nur ist es nicht die gewünschte. Werte?...

Erschwerend kommt hinzu, dass „normales, pragmatisches, logisches, vernünftiges Denken" nicht unbedingt die Kriterien sind, die den Menschen an sich auszeichnen. In gewisser Weise neigen wir dazu, bescheuert zu sein, zu denken und zu handeln.

Das gilt auch für Chefs. Zahlen, Daten und Fakten aus dem ganz normalen Leben sprechen dazu eine klare Sprache. Wir neigen dazu, für Entscheidungen und Handlungen irrationale Kriterien zuzulassen. So gibt es jährlich 140.000 Tote durch Rauchen in Deutschland - weltweit sind es sechs Millionen. (Quelle: Welt.de). Jedes Jahr sterben 350.000 Menschen durch Herz-Kreislauferkrankungen (Quelle: dpa), gibt es 30.000 Tote durch Darmkrebs (Quelle: Integratives Darmzentrum Bonn), sind 75 Millionen Menschen weltweit von Alkohol abhängig (Quelle: Focus.de) und alleine in Deutschland 1.9 Millionen Menschen medikamentensüchtig (Quelle: n-tv).

Coaching-Praxis

Der Mensch ist ein emotionales Wesen, kein rationales. Das unterstreichen psychologische Studien und die Erfahrungen des täglichen Lebens – besonders des Geschäftslebens. In einem Coaching erzählte ein frisch gebackener Abteilungsleiter eines großen Unternehmens, dass er, jetzt nachdem er befördert wurde, daran denke, das Unternehmen zu verlassen. Äh... wie jetzt? Also er wollte den Job schon haben, aber so viel Druck von allen Seiten habe er nun doch nicht erwartet. Im Übrigen wüssten seine Vorgesetzten auch nicht genau, wohin die Reise gehen solle – zumindest sagten sie dazu lediglich Nebulöses. Unterstützung bekomme er als Neuling in seiner Position jedenfalls keine. Er schlafe schlecht und habe keinen Spaß mehr an der Arbeit.

Meine stille Diagnose lautet: Überforderung und menschliche sowie handwerkliche Schwächen, die er zudem nicht erkennen mag. Er selbst hält sich für ziemlich gut – ein Fall von Überlegenheitsillusion (psychologisches Phänomen, siehe Kapitel „Führung und Psychologie). Nun, er hat diesen ersten emotionalen Schock „keiner erkennt mein Genie und ich muss mich an allen Fronten herumschlagen" hinter sich gebracht und sitzt nach wie vor überfordert und gestresst auf der Positionen des Abteilungsleiters. Vorteil für ihn ist, dass er viele Kollegen hat, denen es ähnlich geht. Unser Abteilungsleiter schimpft und schwadronniert mit seinen Kollegen ebenso über seine Chefs, seine Mitarbeiter und das Gesamtsystem des Unternehmens, wie seine eigenen Mitarbeiter über ihn lästern. Das ist Realsatire vom Feinsten. Mit gesundem Menschenverstand ist das einfach zu lösen. Der Mann ist fehl am Platz und sollte anderweitig eingesetzt werden oder seiner eigenen Befindlichkeit folgen und einen

Schritt zurück ins Glied machen oder das Unternehmen verlassen. Das wäre auch besser für ihn. GMV.

Der Abteilungsleiter ist mit seiner Haltung nicht alleine, nicht nur nicht im eigenen Unternehmen, sondern auch insgesamt im Business nicht. Die SIBI-Studie vom Schweizer Institut für Business Intelligenz besagt: "Nur jede zweite Führungskraft identifiziert sich mit ihrem Unternehmen. Zwei Drittel machen sich der Studie zufolge sogar eine gewisse Verlierermentalität zu eigen. Oftmals beschäftige man sich mehr mit Jammern und Schuldzuweisungen als aktiv Vorschläge zu machen, wie Probleme konstruktiv gelöst werden können."[50]

- **49 Prozent der Manager hängen nicht am Unternehmen.** Nur jede zweite Führungskraft identifiziert sich mit ihrem Unternehmen.
- **66 Prozent jammern primär** und suchen eher nach Schuldzuweisungen, anstatt aktiv Vorschläge zu machen, wie Probleme konstruktiv gelöst werden.

Da lobe ich mir einen meiner Klienten, ein Ingenieur, der eine Führungsposition dankend abgelehnt hat. Er ist dem Abteilungsleiter um einiges voraus. Aber auch seine Entscheidung ist vor allem emotional bedingt: Unsicherheit, Ängste und der Rückzug in die bestehende Komfortzone bremsen ihn aus. „Als Führungskraft müsste ich mich um die Leute kümmern, Konflikte lösen, Aufträge heranholen, Kunden bei der Stange halten. Zu dem, was ich gerne mache und worin ich fachlich wirklich gut bin, komme ich dann kaum noch." Ja, gut. Er bleibt erst einmal Fachexperte, fühlt sich wohl dabei, macht einen guten Job und nützt seinem Unternehmen so auf die beste aller Arten. Und er ist nach eigenem Bekunden wirklich zufrieden mit seiner Arbeit. Gehört er zu den Auserwählten? Offensichtlich, denn vielen Angestellten geht es anders.

Kündigung wegen des Chefs

In der Führung ist gesunder Menschenverstand Mangelware. „Knapp die Hälfte (47 Prozent) der Mitarbeiter in deutschen Unternehmen hat einer Umfrage zufolge schon einmal wegen eines Vorgesetzten gekündigt. 20 Prozent gaben an, sie hätten mit dem Gedanken gespielt. Das geht aus einer Umfrage des Nürnberger Beratungsunternehmens Information Factory unter 1000 Beschäftigten, Führungskräften und Personalexperten hervor."[51] Nach einer anderen Studie gibt die Hälfte der befragten „talentier-ten Mitarbeiter" als Kündigungsgrund „mangelnde Führungskompetenz der Vorge-setzten" an.[52] Führungskräfte vergeben Chancen, weil sie zu wenig Ahnung von Füh-rung haben, oder das, was sie wissen, ignorieren. Gute Führung ist hierzulande die Ausnahme. Dabei warten viele Mitarbeiter darauf, endlich ordentlich geführt zu wer-den, wie eine weitere Studie zeigt. Gute Führung steigert die Leistungsbereitschaft, die Motivation und die Stimmung im Team. Sie senkt Fehlerquoten, Fehlzeiten und Fluktuation. Die Auswirkungen der Führungsqualität sind immens und lassen sich so-gar in harten Zahlen belegen. Bis zu 99 Milliarden Euro gehen der deutschen Wirt-schaft jedes Jahr laut Gallup (Studie 2015) unter anderem wegen schlechter Führung verloren. „90 Prozent der Befragten sind der Ansicht, dass ihre Leistung durch einen guten Chef steigen würde. Darüber, ob die Vorgesetzten das allerdings schaffen, ge-hen die Meinungen deutlich auseinander: Zwei Drittel der Führungskräfte glauben, dass sie ihre Untergebenen motivieren und inspirieren – auf der Gegenseite bestätigt das jedoch nur ein Drittel der Mitarbeiter. Fast 70 Prozent der befragten Beschäftigten fühlen sich zudem von ihrem Chef unter Druck gesetzt oder kontrolliert."[53]

Kreis des Versagens

Führungskräfte und Chefs produzieren eher schlechte Stimmung, Demotivation und Leistungsabfall. Das zeigt eine Befragung. Leistungsfähige Leute werden demnach durch Fehler in der Führung zu Versagern. Manager sind zu sehr mit sich und ihrer Karriere beschäftigt und sortieren gute und schlechte Mitarbeiter vorschnell in „in" und „out" Gruppen. So entsteht ein „Teufelskreis des Versagens". Wenn Mitarbeiter Fehler machen oder gar versagen, suchen die wenigsten Vorgesetzten die Ursache dafür bei sich. Doch oft haben sie Anteil an den schlechten Leistungen ihrer Mann-schaft. Nach der Studie des „Institute for Management Development" in Lausanne bestätigen Mitarbeiter negative Erwartungen und die Führungskraft sieht sich in ihrer schlechten Meinung über den Mitarbeiter bestärkt. Der Effekt gewinnt eine Eigendy-namik und wiederholt sich. Jean-François Manzoni und Jean-Louis Barsoux, beide Dozenten Lausanne, stellen in ihrem Beitrag „The Set-Up-To-Fail Syndrome" fest: „Der entmutigendste Aspekt des Syndroms des ‚Zum-Scheitern-Bestimmt-Seins', ist, dass es selbsterfüllend und selbstverstärkend ist."[54] Zu Deutsch: Halten Sie Mitarbei-ter für Versager, sind sie Versager und sie werden immer schlechter.

Leistung steigt mit gutem Chef 90

Wegen eines Chefs gekündigt 47

Fast wegen eines Chefs gekündigt 20

0 10 20 30 40 50 60 70 80 90 100

Mitarbeiter, der gute und der andere Chef.

34 66

Zwei Drittel der Führungskräfte glauben, dass sie ihre Untergebenen motivieren und inspirieren Nur ein Drittel der Mitarbeiter sieht das ebenso.

%

Quelle: http://www.tz-online.de/service/beruf-karriere/aktuell/kuendigung-wegen-chef-jeder-zweite-angestellte-damit-erfahrung-zr-3187013.html

Infografik 5. So wirken Chefs sagen Mitarbeiter – positiv und negativ

Aus der Coaching-Praxis

Eine leitende (leidende) Angestellte berichtet in einem Coaching von der Ignoranz ihres Chefs. Er tue oft interessiert, frage nach Ereignissen, Abläufen oder Kunden. Wenn sie ihm dann drüber erzähle, so die mittlerweile sehr genervte Mitarbeiterin, höre er nicht zu, bearbeite sein Smartphone und schaue an ihr vorbei (Respekt- oder Gedankenlosigkeit von Chefs ist übrigens ein weitverbreitetes Phänomen – viele meinen es nicht einmal böse). Häufig frage er Sachverhalte und Inhalte nach, die sie ihm erst kürzlich erläutert habe. Sie beschränke sich jetzt auf knappe Konversation und gehe dem Chef aus dem Weg. Diese Mitarbeiterin fühlt sich nicht für voll genommen, nicht respektiert. So schnell kann das gehen. Obwohl – das geht schon eine ganze Zeit. Irgendwann reicht es auch dem geduldigsten Mitarbeiter.

Wenn Chefs dauerhaft Grundbedürfnisse ignorieren oder einfach die gute Kinderstube vermissen lassen, vermasseln sie eine ganze Menge. Dabei ist es so einfach. Normaler Umgang, Mitarbeiter als Person respektieren, Interesse zeigen, wenn Interesse und Zeit dafür vorhanden ist. Einfach wirklich zuhören, sich für den Mitarbeiter wirklich interessieren – oder es einfach lassen. Bevor Sie Placebo-Gespräche führen und Interesse heucheln, gießen Sie lieber die Blumen in Ihrem Büro oder telefonieren Sie mit einem Ihrer Chefs und schrauben an der Karriere.

Mitarbeiter-Unzufriedenheit kostet Geld, rund 85 Milliarden Euro im Jahr laut Gallup. Soll an dieser Situation etwas verändert werden, reichen ein paar Workshops oder ein Chief Statisfaction Officer (CSO, die CxO-Manie in deutschen Unternehmen) und Reden des Chefs inklusive neuer Hochglanzbroschüren nicht aus. Es braucht einen Plan, einen strategischen Plan, mittelfristig angelegt, um die Führungskräfte zu stärken und die Führungsqualität dauerhaft zu verbessern. So könnte das aussehen:

- Vereinbarung der Unternehmensführung auf ein Änderungs- und Optimierungskonzept: Wir wollen das!
- Weiterbildung und Business Coaching für die Führungskräfte: Qualifizieren zu besserer Unternehmenskultur – Kernpunkt: Vorbildcharakter entwickeln – auch für die oberste Führungsriege! In der Entwicklung von Unternehmens- und Führungskultur regiert das Top-Down-Prinzip

- Entlasten der Führungskräfte und der Mitarbeiter durch modernes Management, Effizienzsteigerung und funktionierende Systeme (IT, Kommunikation, etc.): Auslastung maximal 85 Prozent für Führungskräfte

Auch die Experten von Gallup sagen, wir benötigen gute und strategische Weiterbildung und professionelles Business Coaching, wenn sich die innere Haltung bei den Leuten ändern soll. Durch Reden und Broschüren, durch mehr Druck und Tempo gelingt das eher nicht. Gerne werden in großen Unternehmen zunehmend Videobotschaften eingesetzt. Hier produzieren sich dann die Unternehmenslenker – leider auch die, die nicht dafür geeignet sind. So berichtete ein Coaching-Klient kürzlich vom Video eines Chefs, das im Konzern international ausgestrahlt wurde. Der Klient meinte sinngemäß, jetzt seien auch die letzten Vorschusslorbeeren verspielt worden. Abgesehen von nichtssagenden PR-Botschaften sei der Chef einfach schlecht rübergekommen. So kann es gehen. In diesem Medium stecken viele Chancen – auch Führungschancen. Wenn es unprofessionell gemacht ist, bewirken sie das Gegenteil. Nicht umsonst machen TV-Profis lange Kamera- und Kommunikationstrainings, bevor sie auf die Zuschauer losgelassen werden. Ich war selbst lange im Fernsehen tätig und habe erlebt, wie intensiv Reporter und Moderatoren arbeiten, bis sie kameratauglich sind. Professionelle Weiterbildung kann hier zielgerichtet eingesetzt werden, um inhaltlich wie kameratechnisch die gewünschte Wirkung in Videos zu erzielen. Aber auch hier, wie insgesamt in der Weiterbildung, Flickschusterei:

„Eine professionelle Personalentwicklung wird in vielen mittelständischen Unternehmen aber eher als eine lästige Zusatzaufgabe gesehen, die die alltäglichen Arbeitsroutinen behindert. Das regelmäßige Trainieren von schwierigen Kommunikationssituationen wie Mitarbeitergesprächen oder Meetings zur Lösung von Problemen und Teamkonflikten ist in Deutschland die Ausnahme. [...] Kommunikationstrainer beklagen das Problem, dass sie in oft nur ein- bis zweitägigen Schulungen Probleme erkennen und Lösungsansätze andeuten können. [...] Somit werden kurze Trainings zur Personalentwicklung oftmals nur in einem Abstand von mehreren Jahren durchgeführt und von den Mitarbeitern eher als eine nette Auszeit wahrgenommen, bei der es vielleicht ein leckeres Essen in einem Seminarhotel gibt [...]."[55]

Mit Blick auf die Trainer und Coaching-Gilde, zu der ich selbst gehöre, ist Kritik angebracht. Zu viele Trainings und Coachings laufen ins Leere, haben einen Wirkungsgrad von unter fünf Prozent. Gründe: Trainings sind zu kurz und wollen zu viel – Lernen und Veränderung brauchen dauerhafte Impulse, Kontrolle und Zeit; sie sind theoretisch, finden nur im „Labor" Seminar statt, ohne Transferunterstützung in die Praxis; Manche Trainer können es nicht besser, andere machen das wider besseres Wissen, weil der Trainermarkt hart umkämpft ist und viele um ihre Existenz fürchten.

„Billige" Fortbildung wird gerne eingekauft. Personaler und Chefs können sagen „wir haben etwas gemacht" und es ist finanziell überschaubar. Diese Art der Fortbildung bringt wenig, was ein Argument für weniger davon ist und sicher kein Anreiz am Konzept etwas zu ändern. Würden Sportler so „trainieren", kämen sie über die Kreisliga nicht hinaus. Das gilt auch für Führungskräfte. So können wir uns Fortbildung und Business Coaching weitgehend schenken oder besser (klingt gut für die Chefs und Controller) sparen. „Wir hatten kürzlich so ein Zwangs-Antistress-Seminar", so eine Führungskraft im Coaching, „was für eine Zeitverschwendung."

Unternehmenskultur Fehlanzeige?

Mitarbeiterorientierte Unternehmenskultur macht Firmen wirtschaftlich erfolgreicher. Das ist die gute Nachricht. Nach einer Studie des Bundesarbeitsministeriums aus 2010 ist das statistisch nachgewiesen. "Demnach ist die Unternehmenskultur für bis zu 31 Prozent des finanziellen Erfolges verantwortlich. Entsprechend bewerteten besonders erfolgreiche Unternehmen am häufigsten das Engagement der Mitarbeiter als den wichtigsten Wettbewerbsfaktor."[56]

In Beratungen und Coaching-Gesprächen mit Führungskräften und Fachkräften kommt immer wieder hohe Unzufriedenheit zum Vorschein. Vor allem mit den Chefs sind viele Mitarbeiter und Führungskräfte unzufrieden. Neben dem Faktor "Intransparenz" (keiner sagt was Sache ist und wie es weitergeht) und dem ignoranten Umgang von Chefs mit ihren Leuten (hört mir nicht zu, lobt nie, kommt nur, wenn er etwas will, etc.) führt Führungsschwäche zu großer Unzufriedenheit. Dass Führung optimierbar ist, ist nachvollziehbar, denn die meisten Führungskräfte haben Führung nicht gelernt. Sie sind Wirtschaftler, Ingenieure, Informatiker oder sonst was... aber keine „gelernten" Chefs. Diese allgemeine Führungsschwäche führt zunehmend dazu, dass das Engagement der Mitarbeiter abnimmt, so auch die Ergebnisse der Studie.

"Die Forscher fanden heraus, dass gut drei Viertel (77 Prozent) der Mitarbeiter im Großen und Ganzen zufrieden mit ihrer Arbeit sind – allerdings mit abnehmender

Tendenz im Vergleich zu einer vorhergehenden Studie. So sank etwa der Anteil derer, die "völlig zufrieden" sind, innerhalb von fünf Jahren von 16 auf 6 Prozent.

Ebenfalls 77 Prozent der Befragten möchten laut der Studie noch mindestens fünf Jahre bei ihrem derzeitigen Arbeitgeber bleiben. Identifikation mit ihrem Unternehmen sowie eine hohe Einsatzbereitschaft zeigten jeweils knapp zwei Drittel. [...] Gestiegen ist der erlebte Arbeitsstress. 62 Prozent stellten eine Zunahme in den vergangenen Jahren fest. In der Vorgängerstudie hatten mit 48 Prozent noch deutlich weniger Beschäftigte angegeben, dass der Stress am Arbeitsplatz gestiegen sei."[57]

Schwache Unternehmenskultur, schwache Führung

In vielen Unternehmen fehlt eine klare und gemeinsam getragene Unternehmenskultur. Das betrifft vor allem das Miteinander, die Kommunikation (intern und nach außen) und die Führung – besonders Fehlerkultur, Transparenz, Klarheit und Offenheit. Hier zählen die „weichen Faktoren", denn sie bestimmen den Wohlfühlfaktor und die emotionale Bindung der Menschen an das Unternehmen. Dabei ist sind Unternehmenskultur und emotionale Bindung alleine mit gesundem Menschenverstand einfach zu bewerkstelligen. Und emotionale Bindung an das Unternehmen ist heute wichtiger denn je.

"Die emotionale Bindung hat direkte Auswirkungen auf die Verweildauer in einem Unternehmen. Denn: Emotional ungebundene Mitarbeiter neigen eher zum Arbeitgeberwechsel. 93 Prozent der emotional hoch gebundenen Mitarbeiter, aber nur 45 Prozent derjenigen ohne emotionale Bindung, planen in einem Jahr noch bei ihrer derzeitigen Firma tätig zu sein." (Quelle: Gallup, 2014)

Führung verschenkt Potenziale

Emotionale Mitarbeiterbindung optimiere das Verhältnis zu aktuellen Kunden und es helfe neue Kunden zu gewinnen, so die Resultate der Gallup-Studie 2013: 86 Prozent der emotional Hochgebundenen würden die Produkte oder Dienstleistungen ihres Unternehmens Freunden und Familienangehörigen empfehlen. Von den emotional ungebundenen Mitarbeitern täten das nur 14 Prozent. Hier geht Geschäftspotenzial verloren. Ob das nun Unwissenheit, Dummheit oder Ignoranz seitens der Führung ist, lasse ich einmal dahingestellt sein. In der Praxis findet sich oft eine Kombination aus allen drei Faktoren, so meine Erfahrungen.

Auch ohne Betriebswirtschaftsstudium weiß man, dass Kundengewinnung durch Empfehlungen das Effizienteste ist, das man bekommen kann – ganz zu schweigen von systematischem Empfehlungsmarketing zwischen den Bereichen eines Unternehmens – aber das findet so gut wie gar nicht statt. Meistens wissen die verschiedenen Abteilungen oder Bereiche einer Firma gar nicht, was im jeweils anderen Bereich läuft. So nerven schon einmal mehrere Abteilungen denselben Kunden mit Akquise, so dass bereits Kunden angefragt haben, ob man das nicht effizienter gestalten könne und es denkbar sei, ein gemeinsames Gespräch mit mehreren Bereichen zu führen. Das ginge nicht, weil die Prozesse und Abstimmungen zu schwierig seien, so die Antwort. Was für ein Armutszeugnis eines sogenannten modernen Unternehmens. Oft wissen Vertriebler gar nicht, dass sie einem Kunden mit entsprechenden Bedarfen ein Systemangebot machen könnten, weil sie nicht im Hinterkopf haben, was das eigene Haus alles zu bieten hat. Miteinander gesprochen wird so und so nicht.

Aus der Coaching-Praxis

Ein technologiebasiertes, mittelständisches Unternehmen hat mehrere Geschäftsbereiche mit angrenzenden Leistungen. Weiter existieren im Gesamtverbund mehrere Gesellschaften mit unterschiedlichen Schwerpunkten und gemeinsamer Grundausrichtung im Geschäftszweck. Teilweise sitzen mehrere Gesellschaften an einem Standort, teilweise im gleichen Gebäudekomplex. Die Vertriebsmitarbeiter der Gesellschaften bieten zeitweise beim selben Kunden parallel an, ohne zu wissen, dass auch eine Schwestergesellschaft oder ein anderer Bereich des eigenen Unternehmens gerade am Kunden dran ist. Sie kennen auch kaum oder gar nicht das Angebotsportfolio anderer Bereiche, geschweige denn von Schwestergesellschaften. Ein Mitarbeiter sinngemäß: „Wenn ich beim Kunden sitze, bekomme ich schon mal zu hören, dass vorgestern der Kollege aus dem Bereich XY da gewesen sei und ob man die Gespräche nicht bündeln könne. Ich komme mir dann einfach blöd vor, weil ich davon keine Ahnung habe und nichts dazu sagen kann. Für den Kunden ist das mehr oder weniger „Eins". Abgesehen davon, dass das Unternehmen effizienter arbeiten und Geld sparen könnte, fühlten sich Kunden besser aufgehoben, wenn die Mitarbeiter besser über das Gesamte im Bilde wären. Das sind sie in der Regel nicht und es wird wenig dafür getan, das zu ändern. Im Gegenteil, Lösungsansätze wie internes Netzwerken bügeln Chefs ab. Begründung: „Das ist in unserem Haus nicht zu machen" - eine Variante von „Das haben wir schon immer so gemacht."

Lösungsansatz „Internes Netzwerken"

Hilfreich ist eine Kultur des verbindlichen, internen Netzwerkens, wie es auch im Kapitel „Führungsstile" beschrieben ist. Ein regelmäßiges und strukturiertes Netzwerktreffen der Beteiligten führt zu Informationsfluss, Transparenz und Querschnittdenken. Diese Netzwerktreffen müssen „von ganz oben" gestützt werden. Vertriebsleute aus verschiedenen Bereichen können übergreifende Systemangebote machen. XY hat einen vertrieblichen Termin bei Kunde A, weitere Bereiche sind ebenfalls mit dem Unternehmen in Kontakt. Welche Fragen können übergreifend von XY geklärt werden? Was kann er an die anderen Bereiche weitergeben? Netzwerktreffen für diesen Zweck planen wir in verschiedenen Unternehmen. Bei international agierenden Unternehmen finden sie online statt. Die technischen Lösungen dafür sind einfach zu machen. Regeln und Struktur solcher Netzwerkarbeit:

Regeln (Ansatz):

- Netzwerkteilnehmer Teilnehmer sind ausgewählt und haben definierte Informations- und Entscheidungskompetenzen. Die Teilnahme ist nicht hierarchisch, sondern funktionell begründet. Vertretungen sind nur in Ausnahmefällen sinnvoll.
- Leitungsposten im Netzwerk wechseln regelmäßig (z.B. jährlich): Führungsteam – Leitung, Organisation, Kommunikation
- Die Treffen finden in einem regelmäßigen Rhythmus statt. Optimal: einmal pro Woche. Noch sinnvoll: alle vier Wochen
- Die Teilnahme an den Treffen ist verpflichtend (Selbstverpflichtung). Wer öfter als drei Mal fehlt, ist raus.
- Die Dauer der Treffen sollte 90 Minuten nicht überschreiten. Das ist Abhängig von der Anzahl der Teilnehmer und
- Der Zweck des Netzwerktreffens ist definiert
- Der Ablauf ist strukturiert: Wer spricht wann und wie lange? Welche Inhalte werden präsentiert? Welche verbindlichen Aufgaben können gestellt werden?

(z.b. Holen Sie Informationen zum Kunden A bis zum nächsten Mal ein und informieren Sie die Gruppe)

- Inhalte (Ansatz): Neuigkeiten aus dem Bereich, der Gesellschaft? Was ist vertrieblich aktuell geplant? Welche Kunden stehen womit im Fokus? Mit welchen Kunden gibt es welche Probleme? Wo hakt es? Wo können wir helfen? Was suchen Sie?

Aus der Praxis

In einem Unternehmen hat eine Führungskraft aus dem mittleren Management internes Netzwerken angeregt. Die Motivation, die dahintersteckt, ist, dass diese Führungskraft immer wieder im Kundenkontakt Anfragen bekommt, die das Gesamtunternehmen über Tochtergesellschaften durchaus lösen kann, sie jedoch nichts von deren Leistungspalette weiß, also die Anfrage auch nicht weitergeben kann. Das Unternehmen verliert Auftragspotenzial, das zudem ohne kostenintensive Akquise erreichbar wäre. Auf der anderen Seite fragen die Führungskraft immer wieder Kunden, warum das Unternehmen mit mehreren Vertriebsteams aus verschiedenen Bereichen „antanzt". Ob man das nicht effizienter gestalten und den Vertrieb geschickt bündeln könne. Ergebnis: Kann man nicht, weil es sich um vollkommen autarke Bereiche oder gar Tochtergesellschaften handelt, die ihre eigenen Strukturen und Prozesse haben und die sind nicht koordinierbar. In einem Coaching haben wir diese Problematik erörtert als Lösung „internes Netzwerken" konkret für diese Unternehmensbereiche entwickelt.

Irgendwie fand man die Anregung der Managerin durchaus bedenkenswert. Das ging sogar bis eine Ebene unter den Vorstand – aber auch nicht weiter. Auf bestehende Strukturen, insbesondere da es sich um eine Matrixstruktur[7] handelt, könne man dieses System nicht setzen. Kurzerhand organisierte die Führungskraft ein regelmäßiges Netzwerktreffen im kleinen Stil selbst. Etwa alle vier bis sechs Wochen treffen sich Abteilungsleiter, Geschäftsführer und andere Führungskräfte zu einem ausgiebigen

---

[7] Die Matrixorganisation ist ein Mehrliniensystem mit gleichzeitiger Verrichtungs- und Objektgliederung. Die Verrichtungsgliederung, das heißt die Gliederung nach Funktionsbereichen wie beispielsweise Beschaffung, Produktion, Marketing bildet typischerweise die vertikale Dimension (Linieninstanz), während die Objektgliederung – beispielsweise die Gliederung nach Märkten, Produkten oder Regionen – die horizontale Dimension (Matrixinstanz) bildet. Quelle: Wikipedia

Frühstück und tauschen sich strukturiert aus. Ergebnis: Aufträge konnten durch Empfehlung an Land gezogen werden und mehrere Kundenanfragen landeten durch Weitergabe bei einem dafür zuständigen Netzwerkteilnehmer. Zusatzeffekt: Durch das regelmäßige Netzwerk-Treffen haben sich die Teilnehmer näher kennen gelernt. Es besteht heute, nach rund vier Jahren regelmäßigen Netzwerkens, ein gewachsenes Ver-
trauensverhältnis. Probleme werden schnell und direkt gelöst; man weiß, wen man zu
welchem Thema um Hilfe bitten kann; Hilfe wird gerne gegeben; manche Kunden
bearbeiten zwei oder drei Netzwerkmitglieder aus unterschiedlichen Gesellschaften
und Abteilungen gemeinsam. Insgesamt steigert dieser Einsatz den Umsatz, die Effizient und die Transparenz und einen geschlossene Auftritt gegenüber den Kunden.
Und die wissen das zu schätzen, wie Kundenbefragungen zeigen.

Unternehmenskultur: Die Lösung ist einfach

Voraussetzungen für gute Führung und Unternehmenskultur: Fachkompetenz und
Führungsqualität sind vorhanden – wer das nicht bieten kann, sollte Golfen gehen.
Gute Führung und eine klare und gemeinsam getragene, die Menschen in den Fokus
stellende Unternehmenskultur, machen Unternehmen attraktiv und erfolgreicher als
diejenigen, die das zwar in Medien und auf Websites propagieren, in der Praxis jedoch
ignorieren. Spreche ich das Thema bei Führungskräften an, rechtfertigen sie meistens
vehement, dass das in ihrem „Hause" ganz anders sei. Man habe regelmäßige Ma-
nagement-Reviews, eine klare Führungskultur und erhalte über die regelmäßig durchgeführten Mitarbeiterbefragungen durchweg gute Rückmeldungen. Sie kümmerten
uns sogar um Gesundheit und Wohlbefinden der Beschäftigten und seien hier führend,
so die Chefs. Mitarbeiter sehen das überraschenderweise ganz anders.

Ein Viertel der Arbeitnehmer sei voll und ganz der Meinung, dass ihr Arbeitgeber sich
für ihr allgemeines Wohlergehen interessiere, so Marco Nink, Senior Practice Consultant bei Gallup. Knapp 60 Prozent der befragten Unternehmen böten Programme
zur Gesundheitsförderung an. Allerdings: Nur 40 Prozent der Beschäftigten nutzten
diese Angebote. „Wir sehen hierbei die Führungskräfte in einer Vorbildfunktion", so
der Gallup-Berater. „Denn erst wenn die Führungskräfte die angebotenen Programme
selbst nutzen oder zumindest aktiv fördern, regt dies auch die übrigen Mitarbeiter zur
Teilnahme an." (Gallup 2014)

Mit gesundem Menschenverstand betrachtet, braucht es einfach die normalen positiven Dinge, um eine leistungsfördernde und gute Kultur zu entwickeln und zu pflegen: Vorbildcharakter der Chefs, Klarheit, gute Führung (das fängt bei der Auswahl der Führungskräfte an), gutes Miteinander, Fehlerkultur, Wertschätzung, Anerkennung, offene und kompetente Kommunikation, Streitkultur, Transparenz, Vertrauen, klare Regeln und Konsequenzen sowie Fairness. Der erste Schritt ist die Hälfte des Weges. Es genügt, wenn sich die Chefs und Führungskräfte von Unternehmen dazu durchringen, das Thema „Kultur" ernsthaft auf die Agenda zu setzen, zu beginnen und Schritt für Schritt konsequent dranzubleiben. GMV.

Tipps für gute Unternehmenskultur

- **Unternehmenskultur ist Chefsache.** Erarbeiten Sie Ihre Unternehmenswerte und -grundsätze selbst. Unterstützen Sie das von oben nach unten ernsthaft. Das dauert etwas, lohnt sich aber. Kultur entsteht immer von innen. Sie ist ja eh schon vorhanden, hat sich in den Jahren entwickelt. Wichtig: Die Chefetage lebt die gewünschte Kultur konsequent vor – bis zum Vorstandsvorsitzenden. **So nicht:** In einem Unternehmen, für das ich gearbeitet habe, gilt die Regel, dass Firmenautos rot sind, wegen der Firmenfarbe. „Und das gilt für alle", so der Chef-Chef. Der Sprecher der Geschäftsleitung fährt selbst eine silberne Limousine…

- **Unternehmenskultur selbst.** Machen Sie kein Marketingprojekt daraus und halten Sie Unternehmensberater, Agenturen, Trainer und Coaches draußen. Holen Sie sich maximal Unterstützung für Moderation, Struktur, Zusammenfassung. Alles andere machen Sie bitte mit Ihren Leuten selbst. Kultur entsteht von innen.

- **Unternehmenskultur Geduld.** Planen Sie mindesten 12 bis 24 Monate für die Entwicklung ein. Manche Dinge brauchen Zeit. Sie müssen reifen und gedeihen. Dazu gehört in jedem Fall „Kultur", dazu gehören Klarheit über Grundsätze und Werte.

- **Unternehmenskultur Pflege.** Bleiben Sie dran. Unternehmen, also Chefs, machen gerne den Fehler, das Projekt Unternehmenskultur mit Tempo, Druck und viel Aufwand (auch finanziellem) durchzupeitschen. „Wir müssen da jetzt mal etwas tun" (Geschäftsführer eines Kunden). Nach einer Kulturhype-Phase lassen viele das Thema aber links liegen. „Wenn der EBIT nicht stimmt, muss die

Kultur eben hinten anstehen" (derselbe Geschäftsführer). Dann können Sie es auch lassen. Das Pflänzchen will gepflegt und gegossen werden.

- **Unternehmenskultur lassen.** Wenn Sie und das Unternehmen, die Führungskräfte und die Mitarbeiter, nicht so weit sind, keine Zeit haben oder sonst ein Hemmnis dagegenspricht, lassen Sie das mit der Kulturentwicklung. Warten Sie bis der richtige Zeitpunkt gekommen ist. Sonst wird das nichts. GMV.

Richtig, Kulturentwicklung und -pflege kosten etwas: Zeit, Planung, Einsatz, Umdenken und Investitionen. In einem 900-Mitarbeiter-Betrieb liegen die Fremdkosten über 12 Monate netto bei rund 40.000 Euro – so in unserem letzten Projekt. Im zweiten Jahr bei etwa der Hälfte, in den Folgejahren bei rund zehn Prozent der Erstinvestition. In größeren Unternehmen sind die pro-Kopf-Kosten wesentlich geringer. Unternehmenskultur lohnt sich in harter Währung: "Reduziert beispielsweise ein Unternehmen mit 2.000 Mitarbeitern den Anteil seiner Beschäftigten ohne emotionale Bindung um fünf Prozentpunkte und erhöht gleichzeitig die Anzahl seiner Mitarbeiter mit hoher emotionaler Bindung um den gleichen Anteil, würden sich seine Kosten durch die geringere Fluktuation um rund 420.000 Euro minimieren."[58]

GMV von Anfang an

Gesunder Menschenverstand in der Führung beginnt bereits bei der Auswahl der Führungskräfte. Chefs machen Chefs, GMV. Und sie sind verantwortlich für deren Qualität. Bei der Auswahl regiert selten der gesunde Menschenverstand, so mein Eindruck. Weiß der Geier, wer oder was regiert, jedenfalls kein GMV. Zwei Beispiele aus der Praxis.

- **Motivation: einer muss es machen:** Der Abteilungsleiter, der kurz nach der Beförderung kündigen wollte, wurde befördert, obwohl klar war, dass er nicht die Idealbesetzung ist. So ist es oft. Oberchefs mögen keine starken und guten Unterchefs. Das liegt daran, dass manche selbst schwach auf der Führungsbrust daherkommen und dass schwache Untergebene angeblich leichter zu führen sind (das ist natürlich Unsinn und unverantwortlich dem Unternehmen gegenüber). Nun, in diesem konkreten Fall regierten Mangel an Alternativen und schwache Gesamtführung, jedenfalls kein GMV. Dazu kommt, dass es manchmal schnell gehen muss – Hektik ist kein guter Ratgeber bei der Personalwahl.

In großen Unternehmen werden Positionen „sobald ihre Neubesetzung erst einmal vom obersten Management genehmigt ist, oft übereilt mit nur mäßig passenden Bewerbern besetzt."[59]

- **Motivation: rette mich.** In einem inzwischen in Insolvenz gegangenen Unternehmen wurden diejenigen Chefs, also Bereichsgeschäftsführer, um genau zu sein, die sich in das schon marode Unternehmen eingekauft hatten. Damit bewahrten sie die Firma zu einem früheren Zeitpunkt vor der Pleite. Die kam dann ein wenig später. Diese Vorgehensweise Führungspositionen zu besetzen ist wenig ratsam. Der eingekaufte Chef wird niemals mit GMV, sondern mit Finanzbedarf zur bestimmenden Führungskraft. Die Frage ist nicht, was er kann, sondern was er hat. Ein vormals inhabergeführtes Unternehmen wurde ab da von drei Geschäftsführern, inklusive des ehemaligen Alleininhabers, geleitet. Mindestens ein Geschäftsführer war nicht als Führungskraft geeignet – und gerade derjenige war für die Finanzen zuständig. Das lustige Trio der Unfähigen katapultierte nicht nur die Firma ins Aus, sondern hinterließ einen Scherbenhaufen bei Mitarbeitern und Lieferanten.

Da lobe ich mir unseren Ingenieur, der eine Beförderung abgelehnt hat. Er verhält sich jetzt schon wie sich Führungskräfte verhalten sollten: reflektierend, „Selbstdenken" (Kant) und konsequent entscheidend. Die Motivation des Vorstandes, ihn zu fragen liegt darin, dass man ihm zutraut, den Job gut zu machen. Das resultiert aus einer Potenzialanalyse des Kandidaten und dem Wissen, dass man ihn etwas anschieben und ihm Zeit geben muss. Die strategische Betrachtung des Unternehmens zeigt auf, dass man auf der angebotenen Führungsposition in fünf Jahren eine ausgereifte Lösung benötigt. Deshalb hat der Vorstand dem Ingenieur, dem aus ihrer Sicht Idealkandidaten, die Position in Aussicht gestellt. Sie haben einberechnet, dass er erst einmal ablehnen könnte. Das hat er getan.

Jetzt wird man neben ihm einen zweiten Kandidaten aufbauen, hält aber an ihm fest und denkt über Möglichkeiten im Rahmen einer Fachkarriere nach. Mit GMV betrachtet liegt die Güte der Führungskräfte eines Unternehmens in der überzeugenden Auswahl nach fachlichen, persönlichen und menschlichen Kriterien und der qualitativ hochwertigen Qualifizierung und Förderung der gewählten Kandidaten. Gute Führung entsteht durch gute Führung und Weitblick, Ernsthaftigkeit und Arbeit. Gute Führung geht nicht sofort. Sie braucht Zeit - GMV.

Führungs-Optimierung

Die Führungsqualität in deutschen Unternehmen wird selbst von Führungskräften nach Befragungen als dürftig beurteilt. Dabei diskutieren Chefs und angehende Führungskräfte, Trainer und Coachs sowie Experten das Thema Führungsqualität und Führungskultur seit Jahren ebenso kontrovers wie ergebnislos.

„Trotz der im europäischen Vergleich guten Wirtschaftslage sehen die Führungskräfte die Kriterien, die ihnen im Kontext „guter Führung" wichtig sind, nicht einmal zur Hälfte verwirklicht (mittlerer Erfüllungsgrad 49,3 Prozent). Sie kritisieren eine seit Jahren bestehende Fehlentwicklung der Führungskultur. Die Situation sei mit einem anfahrenden Zug vergleichbar: Die Gefahr, den Anschluss zu verpassen, nehme kontinuierlich zu."[60] In der gleichen Studie des „Forums Gute Führung" weisen die befragten Chefs dringlich darauf hin, dass hierzulande die Praxis und Anforderungen weit auseinanderklaffen und der typisch deutsche Führungsstil zu wünschen übrig lässt. „Ein Großteil der Führungskräfte sieht den typisch deutschen Führungsstil als einen entscheidenden Nachteil im Ringen um Bindung und Gewinnung von Talenten. Sie vermuten auch bei den Mitarbeitenden ein vergleichbar hohes Kritikpotenzial an der Führungsrealität in den Unternehmen." Da kann es vorkommen, dass Nachwuchskräfte keine Leidenschaft für Führung zeigen oder entwickeln können. Was ihnen an Führung vorgelebt wird, ist nicht nachahmenswert. Außerdem glänzen Chefs immer wieder durch hohe Arbeitsbelastung, erhöhten Stresslevel und wenig positiver Ausstrahlung. Wer hat darauf schon Lust? Wer möchte so werden?

Die eine oder andere Führungskraft sieht Führung aus einer bedenklichen Perspektive, wie Sebastian Purps-Pordigol in seinem Buch „Führen mit Hirn" aufzeigt. „Manche Chefs sind noch der festen Überzeugung: meine Mitarbeiter arbeiten für mich - und handelt entsprechend. Upstalsbooms (Hotelbranche, der Autor) Personalleiter Bernd Gaukler hat eine andere Überzeugung. Als Führungskraft muss man sich bewusst werden, dass man dafür da ist, Menschen zu führen. Das ist kein Privileg, sondern eine Dienstleistung."[61] Eine Sichtweise, die richtig ist und gleichzeitig die Spreu von Weizen trennt. Wer gute Führungskraft werden will, der sollte das beherzigen. Das passt zum GMV-Prinzip® für gute Führung: Sie können nicht führen. Sie können Menschen dazu bringen, sich führen zu lassen.

Coaching-Praxis: keine Lust auf Führung?

Zu guter Führung gehört gute Selbstführung. Dazu wiederum gehört neben Selbstmotivation, Zielsetzung und Balance, dass man sich seiner Selbst bewusst ist und Entscheidungen trifft, die den eigenen Wünschen und Bedürfnissen entsprechen. Oder wie es ein Abteilungsleiter einmal in einem Coaching ausgedrückt hat: „Als Vertriebler war ich gut und glücklich, jetzt bin ich Vertriebschef, bin Durchschnitt und depressiv."

Ein anderer Klient, eine hochqualifizierte Fachkraft, der auf dem Sprung zur Führungskraft ist, nutzt das Coaching, um sich nochmals klar darüber zu werden, ob er überhaupt Chef werden will. Sinngemäß: „Ich mag meine Arbeit und ich bin gut in dem, was ich tue. Wenn ich jetzt vor allem an mich und über mich nachdenke, dann möchte ich den Posten gar nicht annehmen. Kaum finanzieller Anreiz, dafür 30 Prozent mehr Arbeit, Themen, die mich nicht interessieren und Budgetverantwortung. Meine jetzigen Kollegen müsste ich dann kontrollieren und zu Leistung antreiben und zusätzlich Projekte abarbeiten. Außerdem haben wir im Unternehmen kein Führungskonzept. Das darf ich mir alles selbst zurechtschneidern. So wie mein jetziger Chef möchte ich das nicht machen." Demotivation durch fehlende Struktur und negatives Vorbild.

Manche Chefs und Manager, besonders in mittleren Positionen, sind keine guten Führungskräfte, andere machen das hervorragend. Es ist wie überall. Schwache Führungskräfte sind oft deshalb Chefs, weil sie sich nicht getraut haben, die Führungsposition abzulehnen oder sich über- und die Aufgabe unterschätzen. Es grüßt die Überlegenheitsillusion.[8] Manchmal ist es auch so, dass die Jobbeschreibung der Führungsposition nur wenig mit der Realität zu tun hat. Der eine oder andere ist dann überrascht, dass die Anforderungen vielfältiger, höher und schwieriger sind und die versprochenen Trauben hoch hängen. Mancher hat sich wider besseres Wissen befördern lassen. Eigentlich hat man keine Lust auf eine Führungsposition oder bezweifelt, dass man das gut kann und genügend Führungskompetenz besitzt. Oft sind das gute Ingenieure,

---

[8] Nach dem psychologischen Phänomen der Überlegenheitsillusion, halten wir uns für besser als andere. Diese Selbstüberschätzung ist nach Psychologen besonders ausgeprägt bei Menschen, die wirklich von Nichts eine Ahnung haben und bei Leuten, die wirklich große Aufgaben zu bewältigen haben, also bei Führungskräften.

Informatiker, Betriebswirte, Biologen, Ärzte, eben Top-Fachexperten, aber keine guten Chefs. Mittlerweile gibt es aber auch Alternativen. Man muss nicht unbedingt Chef werden, um Karriere zu machen.

„»Die Fachkarriere erlebt im deutschsprachigen Raum derzeit einen Boom«, sagt Franz Biehal, Experte für Spezialistenlaufbahnen bei der Trigon Entwicklungsberatung in Wien. Auch Konzerne wie Bayer, Siemens oder Volkswagen bieten ambitionierten Angestellten, die keine Lust auf Mitarbeiter haben, vorzügliche Aufstiegschancen - mit mehr Gestaltungsfreiraum, mehr Geld und neuen Titeln. Damit brechen sie mit dem althergebrachten Prinzip: »Wer es nach oben schaffen will, muss unter sich Leute führen. Das ging nicht selten schief. Man hatte einen guten Experten verloren und eine schlechte Führungskraft gewonnen«, so Biehal."[62]

Dass sie eher Experte und weniger Führungskraft mit Personalverantwortung und dem ganzen Rest sein wollen, wissen die Betroffenen meistens ganz gut. Wenn sie sich dennoch für Führung entscheiden, befinden sich damit in einer Dauerdissonanz. Dieser innere Widerspruch zwischen dem, was man eigentlich will und dem, was man nun tun muss, führt zu Führungskräften, die zu viel operativ arbeiten und zu wenig führen. Als Chef lassen sie vieles einfach laufen, weil sie sich auch gar nicht als Führungskraft fühlen. Entweder will ein Führungskandidat das und hat gute Motive, Gründe und Ziele dafür, oder er sollte es lassen. Denn sonst gelingt gute Führung nicht. Ausnahmen bestätigen zwar die Regel, denn man kann in eine Führungsposition auch hineinwachsen, doch dazu gehören von vorne herein eine positive Führungshaltung und Wille sowie erlernte Führungskompetenz. Gerade bei Führungsneulingen kommt das zu kurz, obwohl es dringend notwendig ist, wie eine wissenschaftliche Arbeit herausfand.[63]

- Nachwuchskräfte starten in ihrer Führungsposition oft ohne Vorbereitung und Begleitmaßnahmen zu Leadership, also mit Defiziten vor allem im Bereich Selbst- und Personalführung
- Das Übernehmen von Führungsaufgaben benötigt gezielte Aufmerksamkeit und Zeit. Führungskompetenz muss dann im Fokus stehen.
- Das Hineinwachsen in eine neue Führungsrolle verlangt Lernbereitschaft, Flexibilität und Anpassungsfähigkeit. Dafür müssen Unterstützung und Freiräume vorhanden sein.

Mancher beginnt eine Führungsaufgabe ohne darauf vorbereitet zu sein, ohne Zeit zum Einarbeiten zu haben und ohne begleitende Unterstützung. Damit entsteht Überforderung und eine negative Haltung zur neuen Aufgabe. Diese Haltung ist geprägt durch Zweifel an der eigenen Führungskompetenz und dem Führungswillen. Das verstärkt sich, wenn man keine guten Vorbilder kennen gelernt oder gar ein schwaches Vorbild vor Augen hat. Ist man trotzdem Führungskraft geworden und bleibt es auch, wird man mit der Zeit eher „einen schwachen Chef geben". Das kann dazu führen, dass dauerhaft keine brauchbaren Führungs-Vorbilder vorhanden sind. Schwache Chefs produzieren weitere schwache Chefs. Die Katze beißt sich in den Schwanz. Bezüglich der Haltung und Einstellung von Führungspersonal, scheint die Erfahrungsregel zu gelten: Je länger eine Person Führungskraft ist, desto weniger kann sie ihre eigene Führungsqualität selbst beurteilen. Erfahrungsregel Nummer zwei: Je höher eine Person in der Hierarchie steht, desto überzeugter ist sie vom eigenen Genius und umso weniger Kritikfähigkeit ist vorhanden. Es muss ja wohl ausgezeichnete Gründe geben, warum man so hoch aufgestiegen ist. Das Peter-Prinzip lässt grüßen.[9] Das bestätigt eine Umfrage der Initiative Zukunftsfähige Führung (IZF).

„80 Prozent sind sehr zufrieden mit sich und ihrem Führungsstil.»Es überrascht, wie viele gegensätzliche Ergebnisse die Studie liefert und wie weit die Wahrnehmungen von Führungskräften und Nachwuchs auseinanderliegen«, so Menno Harms, Vorsitzender der IZF. Führungskräfte bringen ihrer eigenen Einschätzung nach ganz überwiegend die notwendigen Kompetenzen und Verhaltensweisen mit."[64]

Über 60 Prozent der befragten Nachwuchsführungskräfte geben in dieser Umfrage an, dass der eigene Chef so gut wie nicht kritikfähig ist. Nur jeder dritte Befragte meint, vom Chef gefördert, begleitet und überstützt zu werden. Auch anderes „neumodisches Zeugs", wie flexible Arbeitszeiten oder Work-Life-Balance finden in den Köpfen der saturierten Vorgesetzten eher selten statt. Und nur 20 Prozent der befragten Nachwuchsführungskräfte halten die eigenen Chefs für zukunftsfähig. Die allerdings halten sich für toll und allem gewachsen. Hier zeigen sich die Fehler im System, das zu wenig Wert auf gute Führung legt und sinnvolle Kontrollen der Chefs vermissen lässt.

---

9 Auf Laurence J. Peter und R. Hull zurückgehendes, ironisierendes Prinzip für den Aufstieg in Organisationen. Nach dem Peter-Prinzip steigt jeder in einer Hierarchie so lange auf, bis er die Stufe erreicht hat, auf der er inkompetent ist. Quelle: http://www.wirtschaftslexikon24.com

Und psychologische Phänomene bestätigen und verstärken sich, wie die Überlegen-heitsillusion und der Egozentrismus. Alleine darüber Bescheid zu wissen, kann schon helfen, die negativen Effekte zu mildern oder zu vermindern, zumindest bei Chefs mit Hirn und GMV. Motto: Problem erkannt, Problem gebannt. Zusätzlich helfen Knowhow zu psychologischen Gesetzen des Entscheidens und Handelns sowie Er-kenntnisse aus der Führungs- und Kommunikationspsychologie.

Aus der Trainings-Praxis

In einem Führungs-Nachwuchsprogramm trainiere ich den Teil Kommunikation. Da-ran nehmen meistens 11 bis 14 Mitarbeiter des Unternehmens zwischen 25 und 55 (!) Jahren teil. Schon das ist ungewöhnlich und begrüßenswert, dass auch ältere Mitar-beiter für mögliche Führungspositionen in Frage kommen und gefördert werden. Ne-ben Grundlagenwissen geht es in den Seminaren um praktische Kommunikationshil-fen für den (Führungs-) Alltag. Diese Hilfen klappen auch in privaten Situationen. Ein GMV-Prinzip® ist, dass Werkzeuge und Techniken einfach und wirksam sein müssen, damit sie jeder anwenden kann. Ein sehr einfaches und wirkungsvolles Kommunika-tions-Schema, das die Teilnehmer lernen und üben, ist das AFP-Muster: Absicht – Frage – Pause. So sieht das für Führungskräfte aus – Beispiel Konfliktgespräch kurz und knapp:

- **Kurze Begrüßung:** Betonung liegt auf kurz. Schenken Sie sich den Small Talk. Der wird maßlos überschätzt und zieht alles unnötig in die Länge. Wenn er sich von alleine ergibt, ist das o.k., ansonsten kommen Sie schnell zum Thema, zum Problem. Übrigens: Manche meinen, es gäbe keine Probleme, nur Herausforderungen. Das ist Coaching-Quatsch. Ein Problem ist ein Problem ist ein Problem. GMV.
- **Absicht benennen:** Sagen Sie klar, was Sie wollen, und reden Sie nicht um den heißen Brei: „Heute geht es um Pünktlichkeit. Ich möchte erreichen, dass Sie künftig pünktlich an Ihrem Arbeitsplatz sind …"
- **Sehr offene Fragestellung:** Schließen Sie diesen Einstieg mit einer offenen Frage, einer sogenannten Superfrage, ab und überlassen Sie dem Gesprächs-partner den nächsten Schritt. Der Mitarbeiter soll die Lösung liefern: „Wie ist da der Weg?"; „Wie machen wir da weiter?"; „Und nun?"; „Wie geht es wei-ter?"

13 Kriterien für gute und zukunftsfähige Chefs

Quelle: Allensbacher Archiv, IfD-Umfrage
Initiative Zukunftsfähige Führung (IZF)

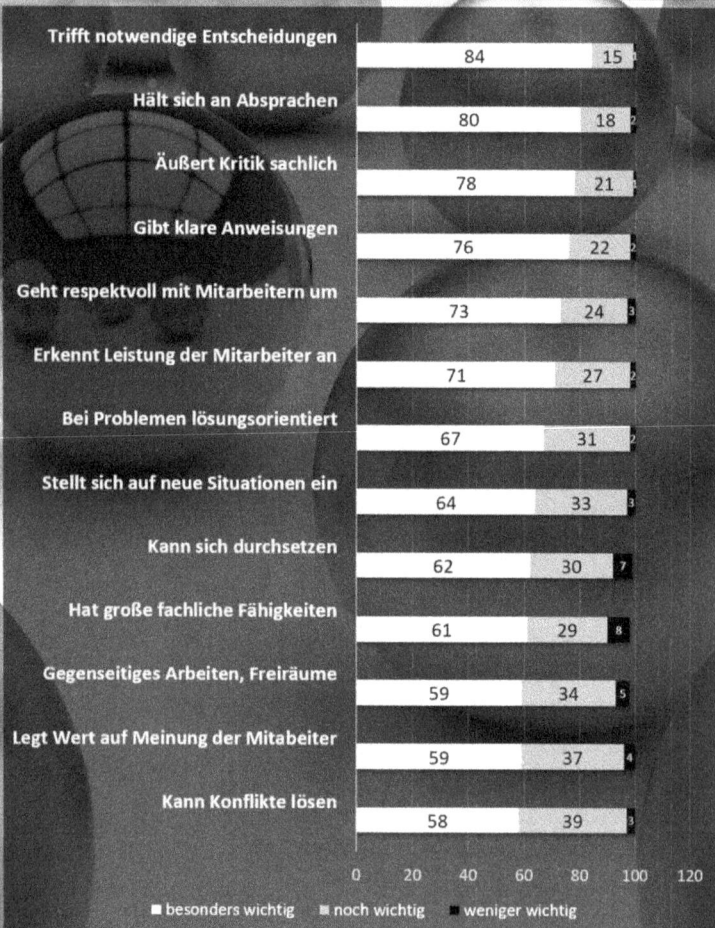

Kriterium	besonders wichtig	noch wichtig	weniger wichtig
Trifft notwendige Entscheidungen	84	15	
Hält sich an Absprachen	80	18	2
Äußert Kritik sachlich	78	21	
Gibt klare Anweisungen	76	22	2
Geht respektvoll mit Mitarbeitern um	73	24	3
Erkennt Leistung der Mitarbeiter an	71	27	2
Bei Problemen lösungsorientiert	67	31	2
Stellt sich auf neue Situationen ein	64	33	3
Kann sich durchsetzen	62	30	7
Hat große fachliche Fähigkeiten	61	29	8
Gegenseitiges Arbeiten, Freiräume	59	34	5
Legt Wert auf Meinung der Mitabeiter	59	37	4
Kann Konflikte lösen	58	39	3

0 20 40 60 80 100 120

■ besonders wichtig ■ noch wichtig ■ weniger wichtig

Infografik 6: Die ersten neun Kriterien sind Soft Skills – na hoppla

- **Pause (!):** Halten Sie dann unbedingt den Mund. Halten Sie auch eine längere Pause aus. Der Gesprächspartner wird weitermachen: Einwände vorbringen, Fragen stellen, sich rechtfertigen oder tatsächlich Lösungen und Wege aufzeigen.
- **Wiederholen:** Kommen Sie im ersten Anlauf zu keinem Ergebnis, wiederholen Sie das Muster AFP.

Die Teilnehmer testen dieses Muster in der Arbeit oder privat. In einem zweiten Seminar oder einem Coaching-Telefonat berichten sie über ihre Erfahrungen. Einer der Teilnehmer hat das Muster beim Autokauf angewendet. Bei seinem neuen Gebrauchtwagen waren Winterräder inklusive, so die Anzeige. Sie waren aber schon soweit abgefahren, dass sie keinen Winter mehr halten würden, so die Auskunft des Verkäufers. Jetzt kam das AFP-Muster ins Spiel: „In der Anzeige stand »inklusive Winterräder« – die hier muss ich ja schon nach wenigen Kilometern austauschen. Ich möchte mindestens Winterräder, die einen Winter halten. Was machen wir da?" Die jetzt entstehende Pause war etwa fünf Sekunden lang (das ist lang!). Er hielt sie aus und der Verkäufer wand sich: „Ja, aber da sind doch wie angezeigt Winterräder dabei. Da kann ich nichts machen." Unser Teilnehmer wiederholte AFP: „Stimmt, und diese Winterräder muss ich schon nach wenigen Kilometern austauschen, wie Sie selbst empfohlen haben. Ich möchte Winterräder, die mindestens einen Winter halten. Wie machen wir da weiter?" Nun, er bekam runderneuerte Winterräder, die gut für zwei Winter waren. Kommentar: „Das gibt´s ja nicht. Das klappt tatsächlich." So ist es.

Was ist gute Führung?

Klären wir die Frage, was gute Führung mit gesundem Menschenverstand ist und was sie bringt. Führung ist kein Selbstzweck, sondern sie soll die Leistungsfähigkeit der Mitarbeiter und den Erfolg eines Unternehmens fördern. „Eine Führungskraft ist nicht dazu da, die fachlichen Probleme zu lösen. Sie muss den Mitarbeiter dazu befähigen, sie selbst zu lösen. Die Entfernung von der sachlichen Ebene schafft uns Zeit für die eigentlichen Führungsaufgaben. Wenn Sie also eine wirksame Führungskraft werden möchten, sollten Sie neben ihrer fachlichen Kompetenz vor allem an Ihrer persönlichen Veränderung (...) arbeiten. Nur dann können Sie Vorbild, Anführer und Entwickler ihre Mitarbeiter sein und ihre Führungsrolle ausfüllen."[65] Gute Führung dient nicht der Profilierung der Führungskraft. Eine schöne Metapher für Führung sind Dirigent und Orchester. Und auch hier geht es nicht um den Dirigenten. Stardirigent Sir Simon Rattle umschreibt das treffend: „Sobald du denkst, es geht um dich, scheiterst du. Wenn man nicht glaubt, dass die Musik das Wichtigste ist, hat man ein Problem."[66]

Sie können das frei auf andere Branchen transferieren. Führung führt im Idealfall zu Mitarbeiter-Motivation, Identifikation mit dem Chef, mit der Abteilung, mit dem Unternehmen, zu Vertrauensaufbau, Einsatz für die Führungskraft, zu sinkenden Fehlzeiten und zu wirtschaftlichem Erfolg. Gute Führung bewirkt Mitarbeiterbindung und hohes Leistungsniveau. Das gelingt nach Studien etwa der Hälfte der Chefs.

„Nur jede zweite Führungskraft schafft es, die Leistungspotenziale ihrer Mitarbeiter wirklich auszuschöpfen. Diese Manager realisieren ein leistungsförderndes Arbeitsklima und erwirtschaften dadurch bessere Geschäftsergebnisse als ihre Kollegen."[67] Was machen diese 50 Prozent der Führungskräfte besser als die andere Hälfte? Die Studie der Unternehmensberatung Haygroup nennt sechs Faktoren[68]:

- Der wichtigste Treiber ist Klarheit: Wissen die Mitarbeiter, was von ihnen erwartet wird und wie ihre eigene Arbeit mit den Unternehmenszielen in Verbindung steht? Zahlreiche Untersuchungen haben belegt, dass diese Dimension des Arbeitsklimas am stärksten mit der Effizienz zusammenhängt. Denn wie sollen Mitarbeiter ein gutes Leistungsergebnis erbringen beziehungsweise ihre Leistung verbessern, wenn sie nicht wissen, wohin die Reise geht und was der eigene Beitrag dazu ist?

- Verantwortung bezeichnet das Maß, in welchem Aufgaben an Mitarbeiter delegiert werden und sie diese auch verantwortlich durchführen können, ohne auf Schritt und Tritt eine Genehmigung ihres Vorgesetzten einholen zu müssen. Höhere Führungskompetenz bedeutet in diesem Zusammenhang die Bereitschaft, auch kalkulierte Risiken einzugehen.

- Standards sind ein Motivationstreiber. Sie zeigen auf, inwiefern Mitarbeiter wahrnehmen, dass ihr Unternehmen großen Wert auf Qualität legt – sowohl bei der Leistung jedes Einzelnen als auch für die Organisation insgesamt. In einem Team mit hohen Standards ist es für jeden plausibel, dass die Messlatte auch für die individuelle Leistung hoch liegt, die Ziele aber für den Einzelnen bei entsprechendem Engagement durchaus erreichbar sind.

- Belohnung ist das Maß dafür, inwieweit die Mitarbeiter überzeugt sind, dass die Vergütung und Anerkennung in direktem Bezug zur individuellen Leistung stehen. Die besondere Rolle der Führungskraft liegt darin, gute Leistung anzuerkennen und dem Team glaubhaft zu vermitteln, dass es sich lohnt, sein Bestes zu geben. Zeitnahes und leistungsbezogenes Feedback, bei dem auch die positiven Aspekte nicht vergessen werden, ist hier von großer Bedeutung.

- Flexibilität reflektiert die Wahrnehmung seitens der Mitarbeiter, ob Vorschriften und Richtlinien wirklich gebraucht oder als purer Bürokratismus empfunden werden. In diesem Motivationstreiber schlägt sich ebenfalls nieder, in welchem Maße sich Mitarbeiter ermutigt fühlen, neue Ideen einzubringen. In Teams mit hoher Leistungsmotivation herrscht hohe Flexibilität.

- Team Commitment zeigt, inwieweit die Mitarbeiter stolz darauf sind, zum Team zu gehören, ob sie davon überzeugt sind, dass jeder im Team mit hohem Einsatz andere unterstützt und auf das gemeinsame Ziel hinarbeitet. Je stärker das Team auf gemeinsame Werte zurückgreifen kann, desto höher ist der Leistungseinsatz und desto größer ist auch der Stolz, zum Team zu gehören.

Mitarbeiter engagieren sich umso stärker, je mehr diese Treiber aktiviert sind. Machen sich Schwächen in mehreren Bereichen bemerkbar, wirkt das auf das Arbeitsklima neutral oder demotivierend. In einer solchen Arbeitsumgebung tendieren die Mitarbeiter dazu, nur das Nötigste zu tun. Darunter leiden die Leistung und Geschäftsergebnisse. Die sechs Motivationstreiber lassen sich durch das „richtige" Verhalten der Führungskraft aktivieren. Führungskräfte, die ein leistungsförderndes Arbeitsklima schaffen, nutzen verstärkt den visionären, partizipativen, coachenden und Zusammenhalt fördernden Stil, so die Experten.

Situatives Führen und Führungsstile

Experten weisen darauf hin, dass es heute nicht mehr den einen Führungsstil gibt, der sich je nach Persönlichkeit und Umfeld als beste Lösung für gute Führung eignet. Das Zauberwort ist „situatives Führen". Dabei handelt es sich um einen „führungstheoretischer Ansatz (…), der davon ausgeht, dass das effektive Verhalten eines Vorgesetzten vom Reifegrad des Mitarbeiters bestimmt wird. Der Reifegrad des Mitarbeiters bestimmt sich als Ergebnis von Fähigkeiten und Motivation. Dabei werden vier Stufen des Reifegrades unterschieden:

- Geringe Reife (Motivation, Wissen und Fähigkeiten fehlen)
- Geringere bis mäßige Reife (Motivation, aber fehlende Fähigkeiten)
- Mäßige bis hohe Reife (Fähigkeiten, aber fehlende Motivation)
- Hohe Reife (Motivation, Wissen und Fähigkeiten vorhanden).

Zusätzlich wird zwischen vier Führungsstilen unterschieden:

- Unterweisung (telling): Der Vorgesetzte sieht seine Mitarbeiter als Untergebene. Er sagt ihnen, was, wie, wann und wo zu tun ist.
- Verkaufen (selling): Der Vorgesetzte argumentiert rational oder emotional, um die Mitarbeiter zur Akzeptanz der Aufgabenstellung zu bewegen.
- Partizipation (participating): Der Führer und die Geführten entscheiden gemeinsam.
- Delegation (delegating): Der Vorgesetzte beschränkt sich auf gelegentliche Kontrollen und überlässt die Aufgabenerfüllung seinen Mitarbeitern.

Abhängig vom Reifegrad der Mitarbeiter wendet der Vorgesetzte die verschiedenen Führungsstile an. Mit zunehmender Reife nimmt die Aufgabeorientierung ab und die Beziehungsorientierung zu.“[69]

Es gibt weitere Führungsstile oder -konzepte, die teilweise ähnlich den oben genannten Stilen im Konzept des „situativen Führens“ sind. Es ist empfehlenswert diese Stile so zu kennen und zu beherrschen, dass Sie sie quasi wie Werkzeuge in Ihrem Werkzeugkasten verfügbar haben, und wissen, wann Sie welchen Führungsstil, wann Sie welches Konzept einsetzen.

Der **visionäre Stil** vermittelt Visionen, Ziele und Herausforderungen. So soll die Unterstützung der Mitarbeiter gewonnen werden. Der visionäre Stil eignet sich besonders bei Veränderungsprozessen, beispielsweise Unternehmenszukäufen oder Zusammenschlüssen. Richtig angewendet, soll dieser Stil das Engagement der Mitarbeiter erhöhen und motivierend wirken.

Mit dem **partizipativen**, also teilhabenden Stil, beteiligen Sie als Chef Ihre Mitarbeiter an Ideenfindungs- und Entscheidungsprozessen. Dieser Stil motiviert, weil Führungskräfte Teams und einzelne Personen ernsthaft in Prozesse einbeziehen. Den partizipativen Stil können Sie dann wirkungsvoll nutzen, wenn die beteiligten Mitarbeiter für die jeweiligen Ideen- und Entscheidungsfelder kompetent sind.

Beim **coachenden Führungsstil** können Sie die Entwicklung von Mitarbeitern fördern. Voraussetzung ist, dass Sie als Führungskraft coachen können. Coaching bedeutet vor allem über professionelle Methoden „Hilfe zur Selbsthilfe" zu geben und Mitarbeiter bei Herausforderungen oder Problemen zu begleiten und Ergebnisse gemeinsam mit ihnen zu reflektieren, um sie weiter zu bringen. Setzen Sie diesen Stil besonders bei Mitarbeitern ein, die beruflich weiterkommen wollen und die Sie fördern
möchten.

Der **Zusammenhalt fördernde Stil** ist auf Aufgaben und die Mitarbeiter ausgerichtet. Dabei werden die emotionalen Bedürfnisse der Angestellten am Arbeitsplatz berücksichtigt. Er sollte ergänzend eingesetzt werden, wenn die Berücksichtigung oder
Klärung von Befindlichkeiten leistungs- und erfolgsfördernd sind. Es geht nicht darum Konflikten aus dem Weg zu gehen, sondern sie zu beseitigen und zu nutzen, um
den Teamgeist zu fördern.

Der **direktive Stil** setzt auf Anweisungen und Kontrolle. Führungskräfte sagen ihren
Mitarbeitern, was wann und wie zu tun ist. Konsequenz: Sie sagen auch, was passiert,
wenn sich die Mitarbeiter sich nicht an Anweisungen halten. Das Muster „Befehl und
Gehorsam" ist in Krisensituationen effektiv, wenn die Voraussetzungen erfüllt sind.
Der Chef muss die richtige Lösung kennen. Es besteht die Gefahr, dass Mitarbeiter
zunehmend passiv werden und auf die Anweisungen warten. Dadurch entgehen der
Firma Potenziale, die in den Leuten stecken. Zur schnellen Krisenbewältigung ist das
passend, strategische Krisenbewältigung klappt damit nicht.

Der **perfektionistische Stil** erfordert einen perfekten Chef. Er muss durch beispiel-
haftes Verhalten und persönliche Glanzleistungen überzeugen. Führungskräfte, die
diesen Stil pflegen, haben hohe Standards und stellen sicher, dass diese Standards
erfüllt werden. Insbesondere, wenn sie die Arbeit selbst erledigen müssen – und das
tun sie häufig. Deshalb ist das allenfalls bedingt Führung. Es ist mehr operatives arbeiten, weniger managen. In motivierten und kompetenten Expertenteams ist der perfektionistische Stil durchaus sinnvoll – zum Beispiel in Forschung und Entwicklung
(F &E). Sonst führt diese Art zu „führen" zu Überlastung der Chefs und zur Demotivation der Mitarbeiter. Dahinter steckt oft die Haltung: „Wenn ich es nicht selbst mache, taugt es nichts."

In der Praxis werden Sie selten in der Lage sein, einen Stil lupenrein einzusetzen,
selbst wenn Sie die Inhalte und Umsetzung der einzelnen Stile beherrschen. Darum

geht es auch gar nicht. Gute Führung ist flexibel und gleichzeitig klar. Ein voller Werkzeugkoffer mit Führungswerkzeugen, wozu auch Stile und Konzepte gehören, ist Voraussetzung für erfolgreiches Führen. Und in allen Werkzeugen, insbesondere an den Führungsstilen, spiegelt sich die Persönlichkeit der Führungskraft. Aus der Erfahrung eigener Führung und vieler Coachings empfehle ich, primär die Persönlichkeit entwickeln, sekundär Führungs-Werkzeuge und –techniken erlernen. „Führung bedeutet letztlich die eigene Persönlichkeit zu entwickeln, Menschen zu bewegen und richtig zu kommunizieren, Vorbild zu sein im Unternehmen und in der Gesellschaft. Und es bedeutet mit sich selbst, mit Mitarbeitern und der Gesellschaft verantwortungsvoll und fair umgehen."[70]

Die Basis für Führung mit GMV

Gute Führung erschafft erfolgreiche Unternehmen und engagierte und loyale Mitarbeiter, schlechte Führung das Gegenteil. Voraussetzungen für gute Führung sind nicht Charisma oder Super-Leader-Fähigkeiten – es sind eher die einfachen Dinge, so meine Erfahrungen. Steve Jobs war charismatischer Unternehmenslenker und Visionär von Apple. Er war eine eher fragwürdige Führungspersönlichkeit. Ex-Mitarbeiterin Erin Caton verriet, dass Jobs nicht nur „der revolutionäre Visionär sein (konnte), für den ihn die Apple-Jünger feierten - sondern auch ein sehr herrischer Chef, der seine Untergebenen unerbittlich in den Boden stampfte (…). Sie selbst war Teil des desaströs gescheiterten Apple-Projekts MobileMe, dem Vorgänger der iCloud. Nachdem der Start des Prestigeprojekts gründlich in die Hose ging, wurde das Team zu Jobs zitiert, der der versammelten Mannschaft die Schuld an der Pleite gab: »Es war die demotivierendste Rede der Welt«, erinnert sich Erin (…). Vor allem, da Jobs ihrer Auffassung nach, selbst Schuld am Debakel trug: Er habe die Warnungen des Teams im Vorfeld ignoriert und darauf bestanden, das halb fertige Produkt zu veröffentlichen." Ein Beispiel für schlechte Mitarbeiterführung. Vision, Charisma und öffentlicher Erfolg sind nicht die allerersten Anzeichen für Führungsqualität. Gute Führung gelingt über einfache Dinge:

- Führungskompetenz (nicht Fachkompetenz!): Management, Leadership, Selbstführung.

- Ein gelebtes und menschenorientiertes Wertesystem: Fehlerkultur, Führungskultur, Unternehmenskultur

- Kernwert Führung - Integrität: Redlichkeit, Ehrlichkeit, Verlässlichkeit
- Kernwert Umgang - Fairness: anständig, korrekt, respektvoll
- Optimieren der Kommunikationskompetenz für alle
- Grundprinzipien: Transparenz, Klarheit und Konsequenz
- Gelebtes Vorbild: Tun, was man sagt. Regeln gelten auch für Chefs.

Führungsfaktor Fairness

Fragen Sie zehn Leute nach Chefs und Sie bekommen 20 negative Beispiele, selbst von Führungskräften. Die schöne Definition: „Führung bedeutet seine eigene Persönlichkeit entwickeln, Menschen bewegen und richtig kommunizieren, Vorbild sein im Unternehmen und in der Gesellschaft", hat viel Wahres und sie erscheint angesichts der Erlebnisse in der Praxis und den Befragungsergebnissen zu Führung nicht über das Akademische hinauszukommen. Fällt Ihnen eine Führungskraft ein, die der Definition im Alltag nahekommt? Ich hoffe doch. Ein guter Chef muss nicht alles einsetzen, was die Definition verlangt. Aber einige Faktoren sollten vorhanden sein, wenn gute Führung gelingen soll.

„Studien zeigen, dass die empfundene Fairness eines Prozesses einen bedeutenden Einfluss auf die Reaktionen der Angestellten auf das Ergebnis hat."[71] Fairness ist nach dem Lexikon der Psychologie „faires, gerechtes und anständiges Verhalten. Im Arbeits- und Geschäftsleben trägt so empfundene Fairness zur Ausgeglichenheit sozialer Beziehungen bei. Subjektiv empfundene Unausgeglichenheit (fehlende Fairness und Gerechtigkeit) führen zu einem unangenehmen Spannungszustand und motivieren ein Verhalten, das diese Unausgewogenheit beseitigt."[72] Fairness ist Grundvoraussetzung für motivierte Mitarbeiter und gute Leistungen. Gut führen heißt neben kompetent sein, vor allem fair sein. Besonders wichtig ist das für junge Führungskräfte, wie Umfragen zeigen. Dieselben Umfragen weisen darauf hin, dass diese Fairness wenig erlebt wird. Auch das ist ein Dilemma, das es aufzulösen gilt. Demnach sind Führungskräfte zu sehr mit sich und ihrer Karriere beschäftigt und sortieren gute und schlechte Mitarbeiter vorschnell in „in" und „out" Gruppen. Fair ist das nicht. So entsteht ein „Teufelskreis des Versagens". Wenn Mitarbeiter Fehler machen oder versagen, suchen die wenigsten Vorgesetzten die Ursache dafür bei sich. Oft haben sie jedoch Anteil an den schlechten Leistungen ihrer Mitarbeiter. Fairness Fehlanzeige.

GMV: Der Fisch ...

Die Erwartungshaltung des Chefs beeinflusst das Denken und Handeln der Mitarbeiter – zu Deutsch: Erwarten Sie als Führungskraft Fehler, bekommen Sie Fehler! Nach der Untersuchung des »Institute for Management Development« in Lausanne bestätigen Mitarbeiter die negativen Erwartungen der Chefs und die Führungskraft sieht sich in ihrer schlechten Meinung über den Mitarbeiter bestärkt. Der Effekt gewinnt eine Eigendynamik und wiederholt sich. Die Studienleiter stellen fest: „Der entmutigendste Aspekt des Syndroms des »Zum-Scheitern-Bestimmt-Seins« ist, dass es selbsterfüllend und selbstverstärkend ist."[73]

Im Umkehrschluss bedeutet das, dass Sie als starke Führungskraft Ihren Leuten unvoreingenommen entgegentreten und ihnen mehr zutrauen sollen. Das hebt nicht nur die Stimmung, es bringt auch bessere Leistungen und erzeugt weniger Fehler. Das ist wissenschaftlich nachgewiesen. „Ihre persönliche Haltung hat einen kaum zu überschätzen den Einfluss auf die Entfaltung des Potenzials ihre Mitarbeiter. (…) In einer Studie konnte aufgezeigt werden: der Glaube des Lehrers in die Fähigkeit seiner Schüler beeinflusste den Glauben an sich selbst. Die eigenen inneren Bilder der Kinder - ihre Selbstbilder - veränderten sich. Als Folge erhielten diese Schüler mehr Zugriff auf das in ihnen liegende Potenzial und entwickelten ein dazu passendes Verhalten. Sie zeigten bessere Leistungen."[74] Erwarten Sie gute Leistungen, bekommen Sie welche, erwarten Sie schlechte, bekommen Sie auch die. Sorgen Sie auch dafür, dass Sie die besten Mitarbeiter bekommen, damit Sie ihnen besonders viel zutrauen können. Wählen Sie kompetente Leute aus – bereits hier beginnt Führungsstärke und auch hier zeigt sich das Führungsdilemma. Denn schwache Chefs neigen dazu, noch schwächere Mitarbeiter einzustellen. In großen Unternehmen werden Stellen teilweise vorschnell und hastig besetzt. Das führt zu Fehlbesetzungen und wirkt sich direkt auf Leistung und Qualität aus. In mittleren und kleineren Unternehmen neigen Chefs dazu eher „schwache" Mitarbeiter einzustellen. Die können ihnen nicht gefährlich werden oder sie übermäßig fordern. „Schwache Führungskräfte suchen sich (…) schwache Mitarbeiter, in der Befürchtung, gute könnten sie in einem Maße fordern, dem sie nicht gewachsen sind oder sie bloßstellen, indem sie die Defizite ihres Vorgesetzten herausstellen. Darüber hinaus dominiert in solchen Konstellationen häufig auch die Angst, ein starker und kompetenter neuer Mitarbeiter werde möglicherweise sogar „am Stuhl des Vorgesetzten sägen".[75]

Besser für alle Beteiligten und das Unternehmen ist, wenn Chefs mit Vertrauen und Verantwortung vorgehen und Mitarbeiter auswählen, die kompetent, kreativ und konstruktiv sind. Dann können sie mit guten Leistungen rechnen. Wenn Jobbeschreibungen dann noch professionell und eindeutig sind, nachhaltige Einarbeitung erfolgt, Führungskräfte klare Vorgaben machen, zum Beispiel nach der Ziele-Wege-Methode[10] Ziele vereinbaren, ist eine gute Basis geschaffen. Wir wissen, dass diese Positiv-Kombination so gut wie nicht eintritt. Trotzdem: Unterstützen Sie als Chef die Einarbeitungs- und Startphase eines neuen Mitarbeiters, indem Sie nichts Wichtiges durchgehen lassen und als Vorbild auftreten. Das hat mehr mit Haltung und Persönlichkeit, also der Einstellung einer Führungskraft, als mit Techniken und Kompetenzen zu tun. Seien Sie Führungskraft – das genügt. GMV.

Dimensionen von Führung

Manche junge Führungskräfte haben Zweifel an der eigenen Führungsqualität. Sie kennen oder vermuten Defizite für kommende Führungsverantwortung. Sie sind meine Hoffnung für künftig gute Führung mit gesundem Menschenverstand. Führungsqualität entsteht aus der Arbeit an Charakter, Persönlichkeit und persönlichen Kompetenzen sowie aus Talent. Eine große Rolle für gute Führung spielen Charakter und Prinzipien und damit Werte, Bereitschaft, Einschätzbarkeit und Fairness. Dann erst folgen Management-und Fachkompetenzen. Fachkompetenzen haben mit Fähigkeiten und Fertigkeiten zu tun und die kann man lernen und sich erarbeiten. Charakter hat mit Persönlichkeit zu tun und muss sich entwickeln können. Da helfen Kultur und Werte sowie Zeit und Erfahrung. Und es hilft ein Überblick darüber, was Führung ausmacht und in welchen Bereichen sie stattfindet. Es geht um die Führungsdimensionen Selbstführung, Management und Leadership.[76]

Schlechte Chefs kommen mit zwei von drei Führungsdimensionen nicht oder nur unzureichend klar. Bei guten Führungskräften ist es umgekehrt. Top-Leute haben alle drei im Griff. Gute Führungskräfte verfügen über Charaktereigenschaften, die Leader

---

10 Die Führungskraft gibt Ziele, beispielsweise Umsatzziele, vor, und umreist einen Rahmen möglicher Wege dorthin. Der Mitarbeiter wählt daraus die Wege zum Ziel weitgehend selbst. In festgelegten Abständen und situativ, beispielsweise auf Wunsch des Mitarbeiters, erfolgen sogenannte Meilensteingespräche. Darin werden Zwischenziele und die Wahl des Weges geprüft und ggf. korrigiert.

grundsätzlich auszeichnen: Visionsfähigkeit, Zielstrebigkeit, Mut, Leistungsbereitschaft, Erfolgs- und Machtwille, Durchhaltevermögen, klare und allgemeingültige Prinzipien, Werte und Kultur, Konfliktfähigkeit und Fairness, Verantwortungs- und Entscheidungsstärke. Damit kommen sie in allen drei Dimensionen von Führung klar.

- Management – **richtet sich an Systeme**: Sie haben Talent für Organisation, Planung und Systeme und Sie können sich dafür begeistern. Sie übernehmen Strukturen und Prozesse, die sinnvoll und hilfreich sind. Sie machen sich Gedanken darüber, welche Management-Strukturen, -mittel und -maßnahmen für wen hilfreich sind. Was optimiert die Arbeit für den Kunden? Was hilft den Mitarbeitern, gute Leistungen bringen zu können? Was steigert Effektivität und Effizienz?

   Sie sind bereit für besseres Management in Unternehmen und in Ihrem Bereich Zeit und Energie einzusetzen. Das ist eine der zentralen Führungsaufgaben. Die Folgen: Effizienz, Motivation bei Mitarbeitern, Harmonie mit Kunden, Übersichtlichkeit, Klarheit, Schnittstellenoptimierung, gute Stimmung, prima Image. Dienst nach Vorschrift, hoher Krankenstand und Fluktuation sind Fremdworte für das Unternehmen. Je größer Unternehmen sind, desto einflussreicher ist Management auf die Effizienz und die Zufriedenheit der Mitarbeiter.

- **Leadership**: Management arbeitet an und mit Systemen, Leadership an und mit Menschen. Dass das die Königsdisziplin ist, sagen Theoretiker und Praktiker. „Der geborene Leader" – das wünscht man sich. Wir haben das eingangs schon geklärt. Die Fähigkeit zur Menschenführung ist nicht angeboren. Talent ist sehr hilfreich, genügt alleine hier ebenso wenig, wie Talent für sportliche Spitzenleistungen ausreicht. Leadership beginnt nicht erst beim Vorstand. Jede Führungsfunktion, beinhaltet Komponenten des Leadership: Meta-Leadership konzentriert sich auf die generelle Richtung; Verbindung durch Visionen und Ziele. Makro-Leadership zeichnet den gemeinsamen Weg vor. Mikro-Leadership setzt angemessen Führungsstile um und balanciert Aufgabe und Beziehungsmanagement aus.

- **Selbstführung**: Wer bitte führt den Chef? Als Führungskraft gestalten Sie unweigerlich in entsprechendem Umfang zur jeweiligen Position Arbeitswirklichkeit. Und Ihre Leute erwarten von Ihnen Führung: Strukturen, Unterstützung,

Fairness, Umgang, Kommunikation, Konfliktlösung, Fachkompetenz, Ressourcenbereitstellung, Forderung, Motivation, Regulation, Lob, Kritik, Ziele, Wege dorthin, Wertschätzung, Respekt, Schutz, Konsequenz…

Um das gut hin zu bekommen, arbeiten Führungskräfte an eigenen Zielen, an Fach- und Führungskompetenzen und an eigener Motivation. Dazu gehören Bereiche wie Leistungsenergie und Belastbarkeit, Reife und Verantwortungsbereitschaft, Charakter und Zivilcourage, Selbst- und Zeitmanagement, Empathie, Selbstvertrauen und –reflexion, Kreativität und Flexibilität sowie Frustrationstoleranz. Experten sehen in guter Selbstführung eine Grundvoraussetzung für Führungskompetenz.

„Um andere Menschen aktiv und effektiv beeinflussen und führen zu können, benötigt die Führungskraft ausgeprägte Self-Leadership-Fähigkeiten. (…) Self-Leadership stellt eine zentrale Basisfähigkeit einer Führungskraft dar. Nur wenn sich Führungskräfte selbst beeinflussen und effektiv führen können, dann können sie als positives Rollenmodell und Vorbild agieren und die Self-Leadership-Fähigkeiten der Geführten entwickeln."[77]

Und denken Sie jetzt nicht, dass Chefs das alles von alleine hinbekommen. GMV. Sie holen sich Unterstützung, Beratung und Hilfe. Intern oder extern.

Special Selbstführung

Die meisten Führungskräfte haben Chefs oder einen Chef über sich, andere nicht. Letztere schlagen sich mit Kontrollgremien herum. Beides bedeutet Verantwortung und beides bedeutet, dass sich Führungskräfte selbst Ziele stecken, motivieren und führen müssen. Selbstführung ist nicht nur Führungskräften vorbehalten, sondern ein eigenes Kapitel für die Persönlichkeitsentwicklung und damit für jedermann wichtig. Denn letztlich ist jeder Chef seines eignen Lebens. Für Führungskräfte ist Selbstführung im Business-Kontext wichtig, denn wer sich nicht selbst führen kann, kann auch keine anderen führen – GMV. Wer sich selbst führt, lebt in eigener Regie. Er richtet an persönlichen Zielen sein Denken, Fühlen und Handeln aus. Er verändert es und entwickelt es weiter. Was er dazu braucht, sind Kompetenzen in den vier Dimensionen der Selbstführung: Kognitive Selbstführung, Emotionale Selbstführung, Verhaltensbezogene Selbstführung, psychische Selbstführung plus meine Ergänzung, die kommunikative Selbstführung.

Die vier Dimensionen der Selbstführung

„Nicht nur bei Führungskräften, fast überall nehmen die Anforderungen zu, die an uns gestellt werden. Mit alten Denkgewohnheiten und Verhaltensweisen können wir ihnen nicht mehr gerecht werden. Wir führen nur noch aus, statt auszufüllen und zu gestalten. Was uns fehlt, sind Strategien, die uns helfen, unsere persönlichen Ziele und Bedürfnisse nicht aus den Augen zu verlieren. Um diese zu entwickeln, müssen wir uns dem Thema Selbstführung stellen. In der Selbstführung gibt es vier wesentliche Kompetenzdimensionen.

1. Dimension: Kognitive Selbstführung

Kognitive Selbstführung beruht auf der bewussten Auseinandersetzung mit den persönlichen Zielen im beruflichen und privaten Umfeld. Viele Situationen, die uns auf den ersten Blick bei der Erreichung unserer Ziele behindern, haben immer auch Komponenten, die unseren Zielen entgegenkommen. Aufgaben sind dann weniger Zwang oder lästige Pflichterfüllung, sondern ein Schritt zur persönlichen Zielerreichung. Um Kompetenz in dieser Dimension der Selbstführung aufzubauen, eignen sich Strategien, um bestehende Denkblockaden zu überwinden und Gedankenmuster zu durchbrechen, Strategien der erfolgreichen Zielsetzung und Strategien der Willenssteuerung. Tipp: Entsprechende Strategien und Methoden finden Sie bei Business-Coachs.

2. Dimension: Emotionale Selbstführung

Aufgabenstellungen lösen bei uns starke oder weniger starke Emotionen aus. Sie beeinflussen die Ausführung von Aufgaben. So wirken beispielsweise negative Emotionen demotivierend. Emotionale Selbstführung zielt darauf ab, die Motivation zu stärken, indem positive Emotionen oder Ereignisse mit der Aufgabenstellung verknüpft, bewusst nacherlebt oder in die Zukunft gerichtet ausgemalt werden. Um Kompetenz in dieser Dimension der Selbstführung aufzubauen, eignen sich Motivationskontrolle und Gefühlssteuerung. Tipps: Lernen Sie Ihre Motive über Motiv-Tests kennen. Steuern Sie Ihre Gefühle beispielsweise über schriftliche Reflexion oder über Coaching.

3. Dimension: Verhaltensbezogene Selbstführung

Wie Denkweisen haben sich auch Verhaltensweisen bei uns nach und nach manifestiert. Diese Verhaltensweisen sind zwar geeignet, Situationen zu bewältigen, sie sind aber nicht darauf ausgerichtet, Situationen wirksam und nachhaltig zu meistern. Besonders in schwierigen Situationen macht sich das bemerkbar. Hier kann es schnell zu Fehlverhalten kommen, weil die Konsequenzen von Verhaltensalternativen nicht gegeneinander abgewogen werden. Um Kompetenz in dieser Dimension der Selbstführung aufzubauen, gilt es, Strategien der wirkungsvollen Umfeldgestaltung und der Verhaltensanpassung zu entwickeln. Tipp: Coaching.

4. Dimension: Physische Selbstführung

Unser Körper bildet die Grundlage für wirksames Handeln. Daher muss der Umgang mit ihm Teil einer erfolgreichen Selbstführung sein. Entspannungs- und Atemtechniken, Bewegung und Ernährung sind hierbei die drei Hauptkomponenten. Um Kompetenz in dieser Dimension der Selbstführung aufzubauen, empfiehlt sich der Aufbau eines bewussten Vitalitätsmanagements."[78]

5. Dimension: Kommunikative Selbstführung

Die oben genannten vier Dimensionen ergänze ich um die kommunikative Selbstführung. Wenn Kommunikation eines der wichtigsten Werkzeuge von Führung ist, dann ist es auch ein Werkzeug der Selbstführung. Denn wer ist der Mensch, mit dem Sie am häufigsten sprechen? Genau. Sie selbst. Selbst dann, wenn Sie in Gesprächen vor allem zuhören sollten, führen Sie Selbstgespräche. Dann legen Sie sich die Antworten zurecht, während Ihr Gegenüber noch spricht, diskutieren mit sich selbst über irgendetwas Wichtigeres oder überlegen krampfhaft, was Sie dem Chef oder dem Partner später als Entschuldigung für eine Verfehlung unterjubeln könnten. Die eigentliche kommunikative Selbstführung besteht in verschiedenen Wissens- und Verhaltenskompetenzen. Stimmt die Kommunikation mit sich selbst, hat das ausgesprochen positive Auswirkungen. Stimmt sie nicht oder gibt es gravierende Defizite, erfolgt das Gegenteil. Selbstgespräche haben immer auch einen suggestiven Anteil. Selbstbeeinflussung ist, wie wir wissen, ein starkes Werkzeug.

- Selbstgespräche beeinflussen alle Zustands-Dimensionen.
- Selbstgespräche können gesund oder krank machen.
- Selbstgespräche motivieren oder demotivieren.
- Selbstgespräche beeinflussen die Gefühlslage.
- Selbstgespräche fördern Kommunikation oder schaden ihr.

Selbstführung hat viele Dimensionen, die sich unmittelbar oder mittelbar auf die Qualität von Führung und Kommunikation auswirken. Dabei spielt der innere Dialog eine wichtige Rolle. Denn darüber beeinflussen wir uns selbst. Motto: Du wirkst wie du denkst und zu dir selbst sprichst.

Führungsdimensionen im Alltag

Im Alltag einer Führungskraft geht es in der Regel um Selbstführung und Mitarbeiterführung, um das Führen der Organisation durch professionelles Business-Management. Im Bereich des operativen Geschäftes muss mancher Chef Aufgaben selbst erledigen und abarbeiten. Dann nimmt er die Rolle des Fachexperten wahr. Das ist von Branche zu Branche, Größenordnung zu Größenordnung und Typ zu Typ unterschiedlich. In technischen Unternehmen, im Ärzte- und Anwaltsbereich oder bei Banken ist Expertentum wichtiger für gute Führung als in Dienstleistung und Handel. In der Politik findet es beispielsweise so gut wie nicht statt. Der neue Verkehrsminister oder Finanzminister hat meistens etwas anderes gelernt und war vorher Chef für ein anderes Ressort. Fachkompetenz ist nicht das entscheidende Kriterium. Schauen wir auf einige der Ministerriege 2016: die Verteidigungsministerin Ursula von der Laien hat nicht gedient (das ging für Frauen damals gar nicht), studierte Volkswirtschaft und ist Ärztin. Sie war vorher Ministerin für Familie, Senioren, Frauen und Jugend, dann für Arbeit und Soziales. Vizekanzler und Wirtschaftsminister Sigmar Gabriel ist studierter Lehrer, hat 1989/90 befristet ein Schuljahr in der Erwachsenenbildung gearbeitet und ist seit 1990 Berufspolitiker. Außenminister Frank-Walter Steinmeier ist Jurist. Kanzlerin Angela Merkel ist Physikerin. Für die Führungswelt in der Politik sind keine Fachkompetenzen gefragt. Es geht um (Macht) Management, Kommunikation und Selbstführung. Das sind die dominierenden Führungs-Dimensionen in der Politik.

Im Alltag einer Führungskraft ergeben sich Prioritäten bezüglich der Führungsdimensionen. Üblicherweise stehen Management und Mitarbeiterführung ganz oben, gefolgt von Selbstmanagement (wenn es die Zeit erlaubt). Unter Stress ist das umgekehrt. Zuerst leidet die Selbstführung, dann die Mitarbeiterführung, dann das Business-Management, so zeigen Untersuchungen und die Erfahrung. Meist bleibt in Krisenzeiten nur noch Energie für das operative Geschäft übrig. Die eigene Balance ist gefährdet und die Qualität der Führung nimmt ab. Gut zu beobachten war das in einem Projekt, dass ich als Trainer in einem Logistikunternehmen mit Kollegen vor einigen Jahren durchführte. Das Unternehmen stand auf der Kippe, also kurz vor der Insolvenz. Einer von drei Geschäftsführern ist Jurist und war zuständig für Personal und Finanzen. Abgesehen davon, dass er sich charakterlich als fragwürdig herausstellte, verließen ihn mit zunehmendem finanziellem Druck die Führungsfähigkeiten. Er lud seinen Frust bei den Mitarbeitern ab, demontierte vor versammelter Mannschaft einen Abteilungsleiter, der daraufhin kündigte. Zudem verfiel er aktionistisch in eine überteuerte Personalpolitik, indem er zunehmend Zeitarbeiter hinzuziehen lies. Gleichzeitig war er psychisch nicht mehr in der Lage, die schwieriger werdenden Lieferantenverhandlungen erfolgreich zu führen. Hier mussten Gläubiger beruhigt, überzeugt und bei der Stange gehalten werden. Zudem scheiterte er mit dem Verkauf des Unternehmens an eine amerikanische Gruppe, wobei er unrealistischer Weise lange so tat, als liefe das alles bestens. Erst spät erkannte er, dass er sich in eine fragwürdige Richtung entwickelt hatte. Er hatte starke Selbstzweifel und zeigte erste Anzeichen eines Überlastungssyndroms. Da begann er ein Coaching. Das endete nach kurzem erfolglos, denn die Drucksituation ließ nicht zu, dass er an sich arbeiten konnte.

Das geht aber auch anders. In einem anderen Coaching-Fall, zeigte eine junge Führungskraft, dass sie in Punkto Selbstführung so manchem, altgedienten Abteilungsleiter, Geschäftsführer oder Vorstand voraus ist. Der junge Mann kennt seine Ziele. Er schätzt sich ein, nicht unbedingt treffsicher, jedoch begründet… und er handelt danach. Der junge Mann aus einem technischen Unternehmen schlug die angebotene Führungsposition erst einmal aus. Er wolle erst noch Erfahrung sammeln und einige Seminare und Coachings zu Führung absolvieren. In zwei, drei Jahren könne man wieder darüber sprechen. Ja, er wäre eine gute Führungskraft. Denn er reflektiert sich ernsthaft und hat ein Bild von Führung, das er zu erfüllen müssen meint. Natürlich müsste man die selbstzugeschriebenen Schwächen genauer betrachten und für manche Führungsaufgabe Delegationslösungen finden. Die Basis jedenfalls passt: reflektiert, lösungsorientiert, selbstbewusst (sich seiner selbst bewusst).

Wertesysteme

„Viele Manager haben in der Krise erkannt, dass eine Werteorientierung hilft, in schwierigen Zeiten Kurs zu halten, und die Mitarbeiter glaubwürdig zu motivieren. Besonders die jungen Führungskräfte fordern Werte im Management ein - die Unternehmen tun gut daran, diesen Wunsch zu erfüllen...", so Professor Dr. Burkhard

Schwenker, Mitglied des Kuratoriums der Wertekommission. Dabei kommt es immer zu einem Spannungsfeld zwischen persönlichen und unternehmerischen Werten. Im engeren Sinne sind persönliche Werte ausgerichtet auf Selbstbestimmung, ganzheitliches Tun, Freiheit, persönliche Sicherheit. Sie sind am persönlichen und sozialen Nutzen orientiert. Unternehmenswerte dagegen implizieren Fremdbestimmung, Arbeitsteilung und Unterordnung. Sie sind an den Zielen der Organisation und des Unternehmens orientiert. Neben dieser Dissonanz zwischen persönlichen und unternehmerischen Wertewelten erschweren die gelebten Realitäten Motivation und Leistungsbereitschaft von Mitarbeitern. Manches Unternehmen ist ein echtes „Intrigantenstadl", andere kommen mit kriminellen Machenschaften in die Schlagzeilen, in wieder anderen werden Kultur und Werte propagiert und eingefordert aber vom Top-Management selbst nicht vorgelebt. Dabei sind Werte wie Vertrauen und Ehrlichkeit für jüngere Führungskräfte in Deutschland immer wichtiger, wie Studien zeigen. Zugleich beklagt die Mehrheit von ihnen große Defizite bei werteorientierter Führung durch das Top-Management und mangelhafte Umsetzung der vorhandenen Wertesysteme (Studie der „Wertekommission - Initiative für Werte Bewusste Führung e. V."). Erfreulich ist nach derselben Studie, dass rund 80 Prozent der deutschen Unternehmen einen formal festgelegten und intern kommunizierten Wertekanon besitzen. Gleichzeitig klafft eine große Lücke zwischen Anspruch und Wirklichkeit.

- Mehr als zwei Drittel der jungen Führungskräfte erleben keine werteorientierte Führung durch das Top-Management.
- Fast 40 Prozent der Befragten sagen, ihre Unternehmen hätten Werte nur aus Marketinggründen.

Untersuchungen zeigen, dass rund 40 Prozent des Top-Führungsnachwuchses in den ersten 18 Monaten in einer neuen Führungsaufgabe scheitern.[79] Das Scheitern hat oft sehr einfache Gründe: Umsatz und Gewinnziele werden nicht erreicht, sind nicht absehbar oder die Vorgesetzten der Neu-Führungskräfte verhalten sich entsprechend. Da erwischt es auch erfahrene Chefs in neuen Top-Positionen. Ich habe erlebt, wie mehrere Unternehmenslenker in wenigen Jahren durch ein Unternehmen stolperten und nach kurzer Zeit „im gegenseitigen Einvernehmen" wieder verschwanden. Das mit dem „gegenseitigen Einvernehmen" ist fast immer gelogen. Das wissen auch die Mitarbeiter, Lieferanten und Kunden. Was also soll der Quatsch? „Herr Müller verlässt zum 31.03. das Unternehmen." Fertig. Da kommen einem dann Wertekataloge,

Kulturbroschüren und ähnliches Zeugs wie vieles in PR und Werbung vor. Sie schönen die Dinge oder machen uns ein X für ein U vor. Würden Werte in den Unternehmen wirklich ernst genommen, gäbe es weniger schlechte Ergebnisse in den Mitarbeiter-Zufriedenheitsstudien, keine ansteigenden Krankheitszahlen bei Mitarbeitern und Managern und keine Skandale durch kriminelles Verhalten.

An meinen Seminartagen an der Hochschule erfahre ich zunehmend, dass jungen Menschen neben Spaß und Lebensfreude auch ernsthaft und glaubwürdig Werte vertreten und für wichtig halten. Sie sind idealisiert. Kein eindimensional erfolgsorientiertes System hat sie bis dato frustriert, abstumpfen oder resignieren lassen. In einem unserer Seminare erlebten sie mit einem älteren Gastreferenten genaue das. Wegen seiner negativen Haltung und Frustration blickten sie mit großer Verwunderung und Unverständnis in die Runde.

Im Rahmen eines Praxisprojektes stellte ein altgedienter Mitarbeiter eines lokalen Unternehmens, der kurz vor der Rente steht, ein Jugendprojekt dieses Unternehmens vor. Wir arbeiteten inhaltlich selbst an einem Praxisprojekt, das sich konkret an junge Leute wendet. Die Studenten sollten ein zeitgemäßes Tages-Informationsmedium für eine junge Zielgruppe entwickeln. Wir hatten vor, unsere Ergebnisse bei diesem lokalen Unternehmen zu präsentieren. Kostenloser Input von engagierten jungen Studenten zu einem Thema, das die entsprechende Branche bewegt. Im Laufe seiner Darbietungen, wies der ältere Mitarbeiter des lokalen Unternehmens immer wieder darauf hin, dass die Studenten sich bloß nicht einbilden sollten, dass irgendetwas von ihren Ideen und Vorschlägen umgesetzt werden könnte. Da müsse man den jungen Menschen reinen Wein einschenken. Ansonsten waren seine Ausführungen interessant und bereichernd. Mit seiner Frusthaltung hatte er die Stundeten demotiviert, was sich in einer aggressiven Diskussion wiederspiegelte. Die jungen Leute haben dennoch engagiert weitergemacht und tolle Ideen und Konzepte vorgestellt. Allerdings weigerten sie sich, ihre Ergebnisse beim lokalen Unternehmen zu präsentieren. Alleine mit seiner Negativhaltung und wenig glücklicher Kommunikation hatte der Mann es geschafft, ein Team von Interesse und Bereitschaft zur Verweigerung zu bringen. Dahinter steckt eine Wertehaltung, die unter anderem Konformität, Sicherheit und Bewahren beinhaltet. Und wohl auch einen Teil Resignation. Beim Wert Respekt halte ich dem älteren Mitarbeiter zu Gute, dass er wohl ehrlich sein und die Studenten nicht mit falschen Erwartungshaltungen füttern wollte. Das aber ist nur seine Sicht der Dinge. Ein Perspektivwechsel hätte Sinn gemacht. Ein Beispiel, dass Ihnen für gute

Führung Schlüsse nahelegt, auch wenn es nur mittelbar mit Führung zu tun hat. Die frohe Botschaft: Die Studenten, die sich letztlich nicht haben entmutigen lassen, sind die Führungskräfte von morgen. Erfreulich ist, dass gerade junge, noch nicht verdorbene Führungskräfte auf Werte Wert legen. Folgendes ist ihnen laut einer Untersuchung der Wertekommission – Initiative Werte Bewusste Führung e. V. besonders wichtig:

- Vertrauen und Ehrlichkeit
- Vereinbarkeit von Beruf und Familie

Das wollen sie nicht:

- »Politik« im Unternehmen
- Ränke, Intrigen, Taktieren
- Rätseln über die Strategie des Unternehmens

Zu Beginn ihrer Arbeit hat die Wertekommission in einem zweijährigen Prozess insgesamt sechs Kernwerte identifiziert und definiert, die ihr als Fokussierung in der Wertediskussion dienen: Vertrauen, Verantwortung, Integrität, Respekt, Nachhaltigkeit und Mut. Die Bedeutung dieser sechs Kernwerte für die Führungskräfte wird bei den Befragungen seit 2006 erhoben, sodass sich hieraus der Wertetrend der Wirtschaft der vergangenen Jahre nachvollziehen lässt.

- **Vertrauen**: Verhalten, das dem Gegenüber Sicherheit gibt - Subjektive Überzeugung der Richtigkeit bzw. Wahrheit von Handlungen und Einsichten - Vermögen, anderen Spielraum zu ermöglichen
- **Verantwortung**: Bereitschaft oder Verpflichtung, für etwas einzutreten und die Folgen davon zu tragen - Bereitwilligkeit, Eigennutz hinter das unternehmerische Gesamtinteresse zu stellen
- **Integrität**: Aufrichtigkeit gegenüber sich selbst und anderen - Konsistente Orientierung an geltenden Gesetzen, Normen und Regeln - Leben nach Werten, Prinzipien und Selbstverpflichtungen
- **Respekt**: Gegenseitige Anerkennung und Wertschätzung der Persönlichkeit - Achtung von Verhaltensweisen und Leistungen (z. B. Kollegen, Mitarbeiter) - Verzicht der Dominanz der eigenen Denkweisen
- **Nachhaltigkeit**: Einklang von ökonomischen, ökologischen und sozialen Parametern - Entwicklungschancen künftiger Generationen als unternehmerischer

Handlungsmaßstab - Ausgewogenheit zwischen kurzfristigen Quartalsgewinnen und langfristiger Profitabilität

- **Mut**: Bereitschaft, Neues zuzulassen und anzunehmen - Fehlerfreundlichkeit („Trial and Error") - Kraft zur Entscheidung und Veränderung

Die Befragung 2015 zeigte geringe Veränderungen gegenüber 2014. Manche Werte rutschen in der Präferenz nach oben andere nach unten. „Während Mut und Nachhaltigkeit weiterhin über die gesamte Erhebungsdauer die hinteren beiden Plätze in der wahrgenommenen Wichtigkeit belegen, ließ sich eine von 2014 auf 2015 wieder ansteigende Bedeutung von Vertrauen und Verantwortung gegenüber Integrität feststellen. In den vergangenen Jahren zeigte sich mit Blick auf Integrität zunächst ein stetig in der Wichtigkeit steigender Trend. In diesem Jahr wurden Vertrauen und Verantwortung als wichtiger bewertet, allerdings dicht gefolgt von Integrität, sodass dieser Wert nach wie vor eine relevantere Rolle spielt als der Wert Respekt, der sich abermals auf Platz 4 der zentralen Werte befindet."[80] Die Werte im Einzelnen:

- **Vertrauen**: wichtigster Wert für 30,7 Prozent der befragten Führungskräfte in der Studie 2015
- **Verantwortung** steht an zweiter Stelle mit 29,5 Prozent
- **Integrität** folgt an dritter Stelle - von 24,9
- **Respekt** ist 7,5 Prozent der Befragten am wichtigsten
- **Nachhaltigkeit** halten 5 Prozent für den wichtigsten Wert
- **Mut** setzen 2,5 Prozent der befragten Chefs an die erste Stelle

Hier wendet mancher Chef ein, das mag alles so richtig sein. Wo aber sind die Werte, die den Erfolg sichern, die Umsatz und Ertrag fördern. Recht hat er. Nur fragen Sie mich nicht, warum Leistung und Engagement in dieser Umfrage fehlen. Wichtig sind diese Werte für Unternehmen und die wirtschaftliche Sicherheit der Mitarbeiter. Da beruhigt das folgende Zitate vom Managementexperten Reinhard K. Sprenger: „Was aber ist, wenn sich herausstellt, dass einige betriebswirtschaftlich höchst relevante Güter sich nur über Vertrauen erschließen lassen? Und das von einigen dieser Güter das wirtschaftliche Überleben in der Zukunft abhängt? Was, wenn Vertrauen als harte Faktoren nachgewiesen werden könnte, als einer, der sich rechnet? (...) Vertrauen ist deshalb so spannend, weil es mit vielen Themen des Wirtschaftslebens verknüpft ist: Vereinbarung, Wechselseitigkeit, Zusammenarbeit, Verträge, Führung, (...) Innovation, Zuverlässigkeit, Commitment (Engagement).

"Das Werteverständnis der Führungskräfte offenbart, bei allen Verschiebungen im Detail, über die Jahre eine erstaunliche Kontinuität: Vertrauen, Verantwortung und Integrität bilden ein auch im Zeitablauf stabiles Wertegerüst. Für die Unternehmen ist das ein klares Signal: Die Forderung nach verantwortungsvoller Führung ist keine Modeerscheinung, sondern zwingende Voraussetzung für nachhaltigen Erfolg", resümiert Sven Korndörffer, Vorsitzender des Vorstands der Wertekommission."

Quelle: http://www.wertekommission.de/events/fuehrungskraeftebefragung-2015

Die Werte der Chefs

Die Rangfolge der Werte aus der Befragung 2015

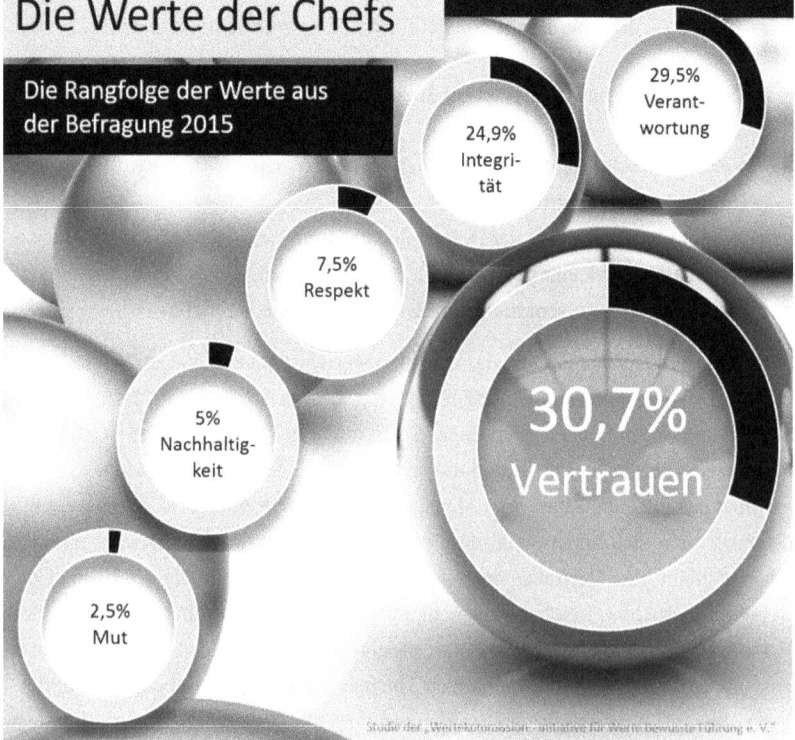

29,5%
Verant-
wortung

24,9%
Integri-
tät

7,5%
Respekt

5%
Nachhaltig-
keit

2,5%
Mut

30,7%
Vertrauen

Infografik 7: Wertekommission – befragt: 240 Führungskräfte aus Deutschland

Und es ist neben Macht und Geld eines der drei großen Steuerungsformen in Unternehmen."[81] Vertrauen ist demnach sowohl weicher Wert als auch harter Ergebnisfaktor. Umso erstaunlicher ist es, wie fahrlässig Unternehmen und Chefs mit Vertrauen umgehen. Das hat negative Effekte auf Mitarbeiter und Führungskräfte. Insbesondere dann, wenn persönliche Werte und Unternehmenswerte auseinanderdriften. „Eine hohe Wertediskrepanz hat einen direkten negativen Effekt auf die intrinsische Motivation der Befragten. Das bedeutet, je weniger die unterschiedlichen Werte im Unternehmen aus Sicht der Führungskräfte gelebt werden, obwohl sie sich diese wünschen, desto weniger engagieren sie sich selbstständig für ihre Arbeit. Sie arbeiten dann eher aufgrund extrinsischer Anreize, wie z.B. Bonuszahlungen oder der Aussicht auf Beförderung."[82]

Führungskräfte legen Wert auf Wertschätzung und Personalentwicklung. Wichtig sind ihnen auch dynamisches unternehmerisches Handeln, Freiheit und Kreativität. Allerdings lässt die Wirklichkeit bei diesen Werten zu wünschen übrig. Dabei haben gelebte Wertschätzung und aktive Personalentwicklung positive Effekte auf nahezu alles. Sie erhöhen die intrinsische Motivation der Menschen. Dagegen „hat eine Diskrepanz in den Werten zwischen Führungskraft und Unternehmen negative Auswirkungen auf die Möglichkeit, eigenverantwortlich zu arbeiten, was sich in einer negativen Folgekette auf die intrinsische Motivation und zusätzlich auf die Arbeitszufriedenheit auswirkt."[83] Mitarbeiter legen ebenfalls Wert auf Werte - Werte im Unternehmen und Werte bei den Führungskräften. Dabei liegen sie in ihren Werte-Wünschen nah an den Chefs und deren Einschätzung und Reihenfolge zu Werten. „Nach einer Studie der Human Resources Beratung »Development Dimensions International DDI« denken Mitarbeiter hier ganz ähnlich wie ihre Chefs. Bei den Eigenschaften des Traumchefs stehen Ehrlichkeit und Authentizität auf Platz zwei, wichtiger fanden die 900 Befragten nur noch, dass ihr Chef Vertrauen in sie hat."[84] Vertrauen ist ein zentraler Wert im Sinne von Vertrauen geben und erhalten. Beide Richtungen sind wichtig für gute Führung und Erfolg.

Wie Sie Vertrauen aufbauen

Vertrauensaufbau dauert, sagt man. Muss aber nicht, wie die folgende Studie zeigt. Und es ist Typ-Sache. Manchen fällt es leichter, anderen schwerer. Nach einer Studie der Universität von Kalifornien in Berkeley, finden Menschen innerhalb von 20 Sekunden heraus, wem sie vertrauen können. Das heißt aber auch, wenn Sie sich so verhalten, dass man Ihnen vertrauen kann, kann das mit dem Vertrauensaufbau recht flott klappen. Das Experiment dazu.

„24 Paare nahmen an den Experimenten dazu teil. Zuvor wurden allerdings Proben ihrer DNA genommen - dazu später mehr... Dann sollten sich die Pärchen einfach unterhalten. Die Dialoge wurden per Video aufgenommen, allerdings wurde dabei nur derjenige gefilmt, der zuhörte. Nun wurden einer zweiten Gruppe die rund 20-sekündigen Videoclips vorgespielt. Danach sollten sie bewerten, wer dabei am vertrauenswürdigsten auf sie wirkte - basierend auf Körpersprache und Mimik. (…) Beim anschließenden Vergleich mit den DNA-Proben zeigte sich: Jene Personen, die von den Beobachtern als besonders empathisch eingestuft wurden, besaßen tatsächlich einen besonderen Oxytocin Rezeptor. Oder wie es die Studienautoren formulieren: »Wir können Gene sehen. Menschen, die dieses besondere Vertrauens-Gen besitzen, scheinen häufiger zu nicken, zu lächeln, halten mehr Augenkontakt und besitzen eine offenere Körpersprache.« Und wer dieses Gen nicht besitzt, sei in der Tat weniger in der Lage, sich in andere einzufühlen, deren Emotionen zu interpretieren oder eben auch mit dem entgegengebrachten Vertrauen adäquat umzugehen. Auch das zeigte sich bei der Studie - eben bei jenen, die als weniger vertrauenswürdig eingestuft wurden. Sie besaßen den speziellen Rezeptor nicht."[85]

Offenheit und aktives Zuhören sorgen demnach dafür, dass Vertrauen entsteht. Dass ein besonderer Rezeptor im Genpool diese Eigenschaften unterstützt, nehmen wir einmal hin. Wer den Rezeptor nicht aktiviert hat, kann das durch Training wettmachen. In Coachings zeigt sich immer wieder, dass auch Klienten, die auf den ersten Blick wenig Offenheit ausstrahlen, das ändern, wenn sie geübt haben und wenn sie das wollen. Die Gendisposition der Klienten kenne ich nicht. Abgesehen davon, gibt es Prinzipien, die helfen, Vertrauen aufzubauen. Nicht in 20 Sekunden, aber in überschaubarer Zeit von Tagen oder wenigen Wochen.

„Vertrauen Sie mir jetzt mal", funktioniert ebenso wenig wie „mögen Sie mich jetzt". Menschen geben Vertrauen freiwillig. Sie können dafür werben, dass Sie es bekommen und behalten. Es kann wieder entzogen werden. Setzen Sie nicht auf den Politik-Effekt: Vor der Wahl werben und Versprechungen machen, nach der Wahl links liegen lassen und Versprechen brechen. Das klappt nur dort immer wieder (erstaunlicherweise). Als Führungskraft erleiden Sie damit Schiffbruch. Das »Bewerbungsverfahren« um Vertrauen ist jedoch einfach. Es gilt im Privaten wie Geschäftlichen.

- Regelmäßige Kommunikation: Sprechen Sie viel, offen und gerne mit Ihren Mitarbeitern und Ihren Chefs. Vertrauen entsteht und bleibt durch Interesse am Anderen. Der Effekt der bloßen Begegnung (Mere-Exposure-Effect) unterstützt den Vertrauensaufbau: Menschen, die sich häufig begegnen, finden sich nur deshalb sympathisch und vertrauen einander.

- Authentizität: Sagen Sie, was Sie meinen und tun Sie, was Sie sagen. Daraus entstehen Verlässlichkeit, Einschätzbarkeit und Vertrauen. Sie tun das natürlich abgestimmt auf die jeweilige Situation und Rolle.

- Ehrlichkeit, immer: Wenn Sie etwas nicht sagen können oder dürfen, sagen Sie das, bevor Sie die Unwahrheit sagen. In allen anderen Fällen sagen Sie wie es ist. Punkt.

- Fehlerkultur bei sich selbst: Wenn Sie Fehler gemacht haben, stehen Sie dazu. Untersuchungen zeigen, dass Manager bevorzugt jammern und Fehler anderen zuweisen. Machen Sie das Gegenteil. Das wirkt und baut Vertrauen auf. Sie sollten natürlich nicht ständig Fehler machen.

- Mit Geduld: Der Anfangseindruck ist wichtig – siehe auch Vertrauen in 20 Sekunden. Trotzdem wächst Vertrauen über den Faktor Zeit. Trainieren und üben Sie also offene Kommunikation. Bindungen verstärken sich. Seien Sie besonders vertrauenswürdig, wenn es zum „Schwur" kommt. Das können Konflikte untereinander, mit Kunden, Stress mit der Geschäftsführung oder eine Schwächeperiode eines Mitarbeiters sein.

- Geben Sie Vertrauen: Wenn Sie ein »Oberkontrolleti« sind, wird das nichts. Wenn Sie Menschen nicht vertrauen, werden die Ihnen auch kein Vertrauen entgegen bringen. Ein besonderes Beispiel zeigt, wie das in der Praxis gehen kann. So hat der Chef der Hotel-Gruppe Upstalsboom aus Norddeutschland eine Studentin zur Hoteldirektorin gemacht – ganz viel Vertrauen gegeben. Ihr Pate war ein Hoteldirektor Namens Schweikhard, der das Vertrauensprinzip lebt. „Schweikhard hat mir nichts vorgeschrieben", erinnert sich die 29-Jährige an ihren Paten. „Ich habe das früher anders erlebt. Während meines Studiums habe ich in den verschiedensten Hotels gearbeitet. Überall gab es klare Vorschriften und Richtlinien. Wenn ich mal eine Idee eingebracht habe, hieß es oft: das haben wir schon immer so gemacht. Mein Pate, Herr Schweikhard, hat mich geradezu eingeladen, Ideen einzubringen. Wenn ich Fragen oder Probleme hatte, rief ich ihn an - anstatt mir Lösungen zu geben, ließ er mich erst mal meine Vorschläge präsentieren. Es gab ein großes Vertrauen zwischen uns."[86] Das Hotelprojekt ist ein Erfolg.

- Autorität: Erarbeiten Sie sich Autorität. Kommunizieren Sie das offen, dass Ihnen das wichtig ist. Sie sind verantwortlich und Sie haben am Ende Entscheidungen zu treffen und zu rechtfertigen. Klären Sie ganz klar Ihre Ziele und Absichten und den Willen, sie zu erreichen und Durchzusetzen.

Es gibt weitere Faktoren, die Vertrauensaufbau überstützen. Dazu gehören echtes Interesse am anderen – egal ob Kunde oder Mitarbeiter -, eigene Leistungsbereitschaft, Vorbild sein, angstfreie Fehler- und Meetingkultur, Transparenz – insbesondere Wissensweitergabe -, Fairness in Leistungsbeurteilungen und Integrität – Ehrlichkeit, Verlässlichkeit. Das alles hat nichts mit Kuschelkurs zu tun sondern mit gesundem Menschenverstand. Übrigens, sich zu entschuldigen, wenn man übers Ziel hinausgeschossen ist, unterstützt den Vertrauensaufbau. Dabei ist es egal wofür Sie sich entschuldigen, so zeigt eine Studie von der Havard Business School. Ein Schauspieler bat Passanten um deren Handy. Bei der Hälfte der „Opfer" entschuldigte er sich für das Wetter: „Entschuldigen Sie bitte das Regenwetter. Würden Sie mir kurz Ihr Handy leihen?" 74 Prozent der so angesprochenen gaben ihm das Handy. In der Kontrollgruppe ohne Entschuldigung waren es nur neun Prozent. Und das, obwohl die Entschuldigung in keinem Zusammenhang mit der Bitte stand. Wir ticken schon seltsam.

Persönliche Werte

Gerade das, was die jungen Führungskräfte nicht wollen, nämlich Politik im Unternehmen, Intrigen und Intransparenz finden häufig statt. Was Führungskräften allgemein wichtig ist, „Wertschätzung und Personalentwicklung sowie dynamisches unternehmerisches Handeln, Freiheit und Kreativität im Unternehmen", erfährt nach der Studie die größte Diskrepanz. Solche Ergebnisse werden seit 2006 regelmäßig erzielt. Die Unternehmenslenker scheint das nicht zu interessieren, denn es ändert sich kaum etwas. Alte Hasen und langjährige Führungshaudegen kommentieren das damit, dass die Jungen das in Kürze auch nicht mehr so naiv sehen würden und Studien eben Studien seien. Die Realität habe ihre eigenen Anforderungen. Unternehmen und das gesamte Businessleben seien nun einmal darauf ausgerichtet, die Freiräume des Erlaubten und des moralisch Sinnvollen bis zu den Grenzen auszureizen und auch zu überschreiten. Es sind nicht Unternehmen, die sich bescheuert verhalten, sondern Menschen, meistens Führungskräfte, oft die Top-Leader, die das tun und tolerieren und Skandale zu verantworten haben. Natürlich verhalten sich nicht alle unmoralisch oder kriminell. Es sind einzelne, aber in jedem Fall zu viele. Gefühlt werden es immer mehr. Grenzen überschreiten kann in Unternehmen zur geduldeten Gewohnheit werden. Verhalten sich Leute im privaten Leben so, sprechen wir von Psychopathen oder Kriminellen, im beruflichen Kontext... auch.

Für das gesamte Leben verfügen wir unweigerlich über Werte und daraus resultierenden Motiven. Sie beeinflussen und bestimmen unser Denken, Entscheiden und Handeln. Die persönliche Wertewelt macht sehr viel unserer Persönlichkeit aus. Werte sind beeinflusst durch Familie, Umwelt, soziale Gegebenheiten, Vorbilder, Bildung, Erfahrungen und vieles mehr. Es gibt verschiedene Wertemodelle. Eines davon ist das Reiss-Modell. Demnach bestimmen uns insgesamt 16 Motive, die in unterschiedlicher Gewichtung bei allen Menschen eine Rolle spielen und sie beeinflussen.

Exkurs Reiss-Modell

Erst Mitte der 1990er-Jahre hat der amerikanische Psychologe Steven Reiss herausgefunden, dass Menschen von 16 Lebensmotiven, Bedürfnissen und Werten getrieben werden. Ein großer Teil davon ist laut Reiss genetisch bedingt, da sie als Triebfedern auch bei Tieren vorkommen sollen und evolutionär bedeutsam sind (z.B. Ernährung, Ruhe, Aktivität). Allen Menschen sind die 16 Motive gemeinsam, jedoch in unterschiedlicher Ausprägung. Der individuelle Lebensmotiv-Mix bei gemeinsamer Motiv-Basis für alle. In der Führung kann man mit solchen Erkenntnissen und mit dem Wissen um die eigenen Motive und die Motive der Mitarbeiter eine Menge Sinnvolles bewirken. Motivorientiertes Führen hat viele Vorteile, die man nutzen kann. „Jeder Mitarbeiter hat individuell ganz unterschiedliche Motive und Bedürfnisse. Die Kenntnis der unterschiedlichen Beweggründe ihrer Mitarbeiter erleichtert nicht nur die Kommunikation und die Zusammenarbeit zwischen Führungskräften und Mitarbeitern, sondern erlaubt eine sehr viel höhere Produktivität und Effektivität."[87]

Was treibt die Menschen?

„Warum verhalten sich Menschen so, wie sie es tun? Was treibt sie wirklich an? Was macht sie in ihrem Leben letztlich glücklich und zufrieden? In einer eigenen Lebenskrise musste der Psychologe (Steven Reiss, der Autor) Mitte der 90er Jahre überrascht feststellen, wie wenig die eigene Wissenschaft über die Frage nach dem „Wer bin ich?" wirklich wusste. Dem Thema widmete Steven Reiss fortan seine ganze professionelle Schaffenskraft."[88] Dazu untersuchte Reiss mehr als 6000 Personen in verschiedenen Ländern und fand heraus, dass allem Verhalten folgende 16 Motive zugrunde liegen:

- **Macht**: Erfolg, Leistung, Einfluss
- **Unabhängigkeit**: Autarkie, Freiheit
- **Neugier**: Wissen, Wahrheit, Lernen
- **Anerkennung**: Zugehörigkeit, Lob
- **Ordnung**: Stabilität, Organisation, Struktur
- **Sparen**: Eigentum, „Sammeln", Sicherheit
- **Ehre**: Loyalität, Moral, Integrität
- **Idealismus**: Gerechtigkeit, soziale Gerechtigkeit
- **Beziehungen**: Freundschaft, Geselligkeit, Bindung
- **Familie**: Kinder, Partner, Familienleben
- **Status**: Reichtum, Einfluss, Berühmtheit
- **Rache**: Aggression, Konkurrenz
- **Romantik**: Eros, Genuss, Schönheit, Lust
- **Ernährung**: Essen, Nahrung
- **Körperliche Aktivität**: Sport, Fitness, Aktivität
- **Ruhe**: Entspannung, Stabilität, Sicherheit

„Diese Motive, Wünsche und Werte bestimmen unser Leben: Sie sind der Stoff, aus dem wir gemacht sind und der unserer Existenz Sinn und Bedeutung verleiht. (…) Kein Lebensmotiv wird von zwei Menschen identisch erfahren oder gestaltet. (…) Wir sind viel individueller, als Psychologen bisher meinten: »Was Menschen so einzigartig macht«, betont der Persönlichkeitsforscher, »ist die jeweilige Kombination dieser Bedürfnisse und was sie für den Einzelnen bedeuten«."[89]

Motive: Auswirkungen auf alles

Jeder Mensch hat ein charakteristisches Werte- und Motivprofil. Dieses Profil entscheidet darüber, wie Sie Entscheidungen treffen, was Sie tun, wie Sie es tun und wie Sie sich in Ihrem Leben einrichten und fühlen. Interessant ist dabei, dass laut Reiss Glück und Zufriedenheit keine Lebens-Triebfedern im engeren Sinne sind. Sie sind Beiwerk, Nebenprodukte, die auftauchen, wenn wir unsere Ziele erreichen, aber nicht das Ziel selbst. Da gibt es das kurze, eher zufällige Glück, das als Wohlfühlen daherkommt, wenn Sie angenehme Dinge erleben, einen tollen Urlaubstag, ein Erfolgserlebnis im Beruf, einen genussvollen Augenblick bei einem guten Abendessen. Und es gibt das Glück, das auf Ihren Werten basiert, dass aus dem Sinn Ihres Lebens kommt und ihm gleichzeitig Sinn gibt. Die gute Nachricht: Sie haben es tatsächlich selbst in der Hand. „Diejenigen erfahren ein „überdauerndes, tiefes und erfüllendes Glück", die ihre wahren Motive und Lebensgründe kennen und sich von ihnen durchs Leben tragen lassen. Daher steht das wirkliche Glück auch jedem Menschen offen: Völlig unabhängig von Reichtum, Status oder Attraktivität hat jeder die gleichen Chancen, sein Leben an den Werten zu orientieren, die es bedeutungsvoll machen."[90]

Dabei ist nach der Theorie von Reiss wichtig, dass es keine absoluten Werte oder Treiber gibt, wie sie andere Psychologen und Verhaltensforscher in der Vergangenheit propagiert haben. Nicht alle Menschen sind zum Beispiel vom Überlebenswillen oder dem hedonistischen (sinnlich, lustvoll) Glücksstreben getrieben. Da gibt es Unterschiede. Für einen Menschen, den Ruhe und Entspannung als wichtiges Lebensmotiv treiben, klingt Pablo Picassos Haltung geradezu manisch, ist aber laut Reiss normal und eben nur anders. „Nichts zu tun erschöpft mich", meinte der Künstlerstar, „wenn ich arbeite, entspanne ich mich." Manche wünschen sich das, wenn die Tretmühle wieder zuschlägt, haben aber andere Motiv-Schwerpunkte.

Werte sind stabil

Ihr Werteprofil ist in der Regel stabil. „Im Allgemeinen charakterisiert das Motivprofil unsere Persönlichkeit dauerhaft. So werden neugierige Kinder auch als Jugendliche und Erwachsene offen und interessiert durch das Leben gehen. Heranwachsende, die gerne planen und organisieren, werden dies auch als Erwachsene tun. Und Menschen mit ausgeprägter Lust am Essen werden sich wohl lebenslang mit ihrem Gewicht plagen."[91]

Trotz der ausgeprägten Individualität im Lebensmotiv-Mix scheint es auch Gemeinsamkeiten bei bestimmten Gruppen zu geben. So präferieren Frauen eher die Motive Ruhe und sind stärker Ängsten ausgesetzt. Männer sind vor allem von Sex, Aggression und Rache bestimmt. Auch das war uns bereits mit GMV klar, und wurde durch Reiss bestätigt. Herausgekommen ist weiter, dass gläubige Menschen weniger nach Unabhängigkeit, Rache und Aggression streben und stärker durch Ehre und Familie bestimmt sind. Spannend ist das persönliche Reiss-Profil allemal. Denn gerade für das Finden und Erreichen von Zielen, für Erfolg, Zufriedenheit und Glück im Leben, ist es wichtig, dass Sie Ihre Motive und Werte kennen. Gute Ziele sind immer kompatibel mit Ihren Werten und Motiven. Das gilt auch für Führungsziele, Führungsmotive und Führungsverhalten.

Führen über Motive

Führen über die Motive der Mitarbeiter ist für die Vertreter der Motivationspsychologie[92] die Königsdisziplin des Führens. Das ist jedoch mit Aufwand verbunden. Und weil nach gesundem Menschenverstand Effizienz ein beachtenswerter Teil guter Führung ist, sollte dieser Aufwand bedacht und zielgerichtet betrieben werden. Es macht keinen Sinn die 3.200 Mitarbeiter einer Produktion dem Motivtest nach Reiss oder einem anderen Persönlichkeitstest zu unterziehen, um die Leute motivgemäß einzusetzen und zu führen. Es macht sehr wohl Sinn die Mitglieder eines spezialisierten Teams nach Motivlagen zusammenzustellen oder die Führungskräfte eines Unternehmens über ihre Motivpräferenzen auszuwählen. Top-Führungskräfte sollten nach Experten die Motive und Werte „Macht" und „Leistung" präferieren. Teamleiter oder auch Chefs der zweiten und dritten Ebene kommen bestens klar, wenn sie ein ausgeprägtes Bindungsmotiv besitzen und dann erst „Macht" und „Leistung" kommen. Soweit die Theorie.

„Die ideale Führungskraft, fähig zur höchsten Form der Leitungsaufgabe, der transformationalen Führung[11], vereinigt alle „Führungs-Motive" in sich. Das ist ausgesprochen selten –Tendenzen gibt es immer. Allerdings lässt sich Führungskompetenz in

---

[11] Der Begriff Transformationale Führung bezeichnet ein Führungsmodell, bei dem die Geführten Vertrauen, Respekt, Loyalität und Bewunderung gegenüber der Führungskraft empfinden und dadurch überdurchschnittliche Leistungen erbringen. Quelle: Wikipedia

Unternehmen am besten durch Stärkung des Motivs Macht entwickeln. Leistungsmotivierte werden im Zweifel ihr eigenes Ding durchziehen und sich weniger anpassen. Konsequenterweise finden sich Leistungsmotivierte vor allem unter Spitzensportlern und Machtmotivierte vielfach in der Politik."[93]

Wichtige Fragen für Führungskräfte in Bezug auf Mitarbeiterführung können Werte- und Motivtests durchaus beantworten. Welche Mitarbeiter brauchen was, um motiviert und leistungsfähig zu sein und zu bleiben? Welche Motive und Werte sind die Treiber ihres Handelns? Wie können Chefs motivierend führen und kommunizieren? „Führungskräfte sollten sich bemühen, zu erkennen, welche Motive wen besonders antreiben und wie stark die verschiedenen Motive ausgeprägt sind. (…) Und weil Menschen unterschiedlich sind, können Führungskräfte mit jeweils individuellen Motivationsprofilen herausfinden, was ihre Mitarbeiter antreibt."[94] Ich erlebe einen derartigen Aufwand für gute Führung selten. Aus meiner Erfahrung gehört es noch nicht zur deutschen Personal- und Führungskultur, die Motive der Mitarbeiter oder der Führungskräfte herauszufinden und daraus Schlüsse für die Personalpolitik und den Einsatz der Leute abzuleiten (ich hoffe, dass ich mich irre). Man muss auch nicht alles psychologisieren, was mit Arbeit zu tun hat, kann jedoch durchaus Akzente setzen und dadurch die bedauerliche Motivations- und Bindungslage in den Unternehmen verbessern. Verbesserung ist angesagt, denn Studien zeigen, dass die wenigsten Mitarbeitender eine emotionale Bindung an ihr Unternehmen haben. Das ist übrigens ein Phänomen, das nicht nur deutsche Arbeitnehmer und Unternehmen betrifft.

„Die Mehrheit, in der Schweiz 69% (Deutschland 68%, der Autor), macht Dienst nach Vorschrift, 9% (16%) haben keine emotionale Bindung bzw. eine negative innere Haltung zu ihrer Arbeit, haben innerlich gekündigt und sind auf dem Absprung. Die Kosten die durch fehlende emotionale Bindung, geringe Motivation und mangelndes Engagement an Schweizer Arbeitsplätzen entstehen, lässt sich etwa mit 65 Milliarden Franken beziffern - also etwa so viel wie uns die Rettung der UBS gekostet hat.

Mit anderen Worten, je höher die emotionale Bindung, desto besser sind die Geschäftskennzahlen. Das heißt, es ist möglich, die so genannten Soft-Skills im Unternehmen mit den betriebswirtschaftlichen Kennzahlen zu korrelieren. Doch dafür braucht es Motivation. Die Erfahrung zeigt, dass die einen Positionen besetzen, die nicht ihren »intrinsischen« Lebensmotiven, also Werten, Wünschen und Zielen entsprechen. Anderen gelingt es nicht, ihren Vorgesetzten zu kommunizieren, was sie wirklich wollen – und oft wollen Vorgesetzte dies auch gar nicht wissen. Anteil an einer mangelnden Motivierung haben meist beide, nämlich Mitarbeitende und Vorgesetzte. Durch ein motivorientiertes Führen wird die emotionale Bindung von Mitarbeitenden an das Unternehmen verstärkt und die Leistungsbereitschaft erhöht. Es berücksichtigt sowohl die Individualität des Vorgesetzten als auch die einzigartige Persönlichkeit der einzelnen Mitarbeitenden. Unter diesen Voraussetzungen kann die Führungs- und die Arbeitsleistung nachhaltig verbessert werden."[95]

Fangen wir bei den Führungskräften an – unten finden Sie einen Link zum Motiv-Kurztest[12] nach Steven Reiss. Sie sollten Ihre Motive und Treiber kennen. Die eigene Persönlichkeit mit all ihren Facetten besser kennen zu lernen und weiterzuentwickeln gehört zu den Aufgaben in der Selbstführung. Denn „nur wer sich selbst führt und weiß, welche Motive ihn selbst antreiben, kann auch andere führen. Das heißt, man muss sein eigenes Strickmuster und dessen Auswirkungen im Führungshandeln und im Beziehungskontext auf andere kennen."[96]

Unbewusste Motive

Wir wissen was uns wichtig ist – meinen wir. Unsere Werte sind letztlich auch die Motive, die unsere Entscheidungen und Ziele beeinflussen. Interessant ist es, die eigenen Motive und Werte als individuelle Treiber für unsere Entscheidungen und unser Handeln zu kennen. Spannend wird es, wenn Sie herausfinden, welche unbewussten Motive Sie antreiben und bestimmen. Das Unterbewusstsein ist mächtiger als unser bisschen bewusstes Denken. Bis zu 90 Prozent spielen sich unter der Wasseroberfläche ab und wir bekommen nichts davon mit - wie bei einem Eisberg. Das Gleiche gilt für die Wahrnehmung: „Die Gesamtheit der aufgenommenen Signale ist immens groß und wirkt als großes Paket auf dem Grund des Sees (Unterbewusstsein), während die bewusst wahrgenommenen Signale die Schaumkronen auf den Wellen sind. In jeder Sekunde nehmen wir rund 10.000.000 Bits auf. 16 Bits nehmen wir bewusst wahr. Erst wenn wir feststellen, dass wir Mist gebaut haben oder woanders angekommen sind als wir hinwollten, merken wir, dass es da eine Kraft gibt, die uns irgendwie steuert."[97]

---

[12] Über den folgenden Link kommen Sie zu einem Kurztest: https://www.randomhouse.de/content/attachment/webarticle/7_lothar_seiwert_reissprofile_40628.pdf, Stand 31.01.2016

Der deutsche Psychologe Oliver Schultheiss, der an Universität Erlangen-Nürnberg und der University of Michigan, einem Mekka der Psychologie, arbeitet, hat das sogenannte Picture Story Exercise weiterentwickelt. Damit ist es möglich die verborgenen Bedürfnisse unseres Unbewussten aufzustöbern und kennenzulernen. Es basiert auf einem Verfahren, das man den Thematischen Apperzeptionstest nennt. Dabei erzählen Probanden Geschichten zu einer Reihe von Standardbildern. Diese erzählten und aufgezeichneten Geschichten werden dann nach der Stärke des Gesellungs-, Leistungs- und Machtbedürfnisses überprüft und so die unbewussten Motive und Werte ermittelt. Dabei spielt die Wortwahl beim Geschichtenschreiben eine große Rolle, wie Sie im Test auf den Folgeseiten gleich sehen werden. Damit können Sie Ihre unbewussten Motive ergründen. Gesellungs-, Leistungs- und Machtmotiv sind wichtig für gute Führung, wie Experten immer wieder betonen. Sie werden bereits ab einem Alter von sechs Wochen angelegt.

„Sie (die unbewussten Motive, der Autor) beeinflussen unser Handeln und die Zielsetzung ein Leben lang. Im frühkindlichen Alter werden die impliziten (unbewussten, der Autor) Motive gebildet, die sich aus Reaktionen und Verhaltensweisen des Babys heraus ableiten, welche bereits in diesem Alter mitbekommen, welche Reaktionen der Umwelt auf welche Aktion folgt und wohin diese führt. Damit positive Reaktionen weiterhin bestehen bleiben, wendet das Baby die entsprechenden Handlungen an."[98]

Da Ihre unbewussten Motive wichtig für Ziele, Entscheidung und Führung sind und das Wissen um sie spannend ist, können Sie mit der folgenden Aufgabe Ihre unbewussten Motive ergründen. Dabei nutzen wir bestimmte Bilder, zu denen Sie eine kleine Geschichte aufschreiben. Schreiben ist dabei wichtig. Formulieren Sie eine echte Geschichte mit ganzen Sätzen, mit Anfang und Ende. Wer sind die Personen auf dem Bild, was tun sie, was denken sie, wie fühlen sie. Beschreiben Sie, wie es zu der Situation auf dem Bild gekommen ist und wie das Ganze endet. Nehmen Sie einen Block und legen Sie los oder schreiben Sie ins Buch.

Schreiben Sie eine spontane Geschichte zu Bild 1: Maximal 5 - 10 Minuten Zeit. Schreiben Sie die Geschichte in Ihr Buch und orientieren Sie sich an folgenden Fragen. Was passiert hier? Wie kam es zur Situation? Was tun, denken, fühlen die Personen? Wie endet die Geschichte?

Abbildung 1

Schreiben Sie eine spontane Geschichte zu Bild 2: Maximal 5 – 10 Minuten Zeit. Schreiben Sie die Geschichte in Ihr Buch und orientieren Sie sich an folgenden Fragen. Was passiert hier? Wie kam es zur Situation? Was tun, denken, fühlen die Personen? Wie endet die Geschichte?

Abbildung 2

Schreiben Sie eine spontane Geschichte zu Bild 3: Maximal 5 bis 10 Minuten Zeit.
Schreiben Sie die Geschichte in Ihr Buch und orientieren Sie sich an folgenden Fragen. Was passiert hier? Wie kam es zur Situation? Was tun, denken, fühlen die Personen? Wie endet die Geschichte?

Abbildung 3

„Der Picture Story Exercise [...] ist eines der derzeit besten psychologischen Instrumente, um die Bedürfnisse, die wir unbewusst haben, an die Oberfläche des Bewussten zu bringen."[99] Unser Unbewusstes zeigt sich in Vorlieben, Bedürfnissen und Wünschen. Vor allem jene, die uns nicht wirklich bewusst sind, uns aber auch zu dem machen, der wir sind. Diese Bedürfnisse lassen sich auf drei Grundbedürfnisse reduzieren: Bindung, Leistung, Macht. Wenn Sie nun herausfinden möchten, ob Sie, oder besser Ihr Unterbewusstsein, primär einen Bindungs-, Leistungs- oder Macht-Typ aus Ihnen macht, analysieren Sie Ihre Geschichten wie folgt:

Nehmen Sie drei unterschiedlich farbige Textmarker. Jede Farbe steht für einen Typus: Bindung, Leistung, Macht. Mit dem ersten Stift markieren Sie alle Worte / Sätze Ihrer Geschichte, die mit Leistung zu tun haben z.B.: gut, besser, effektiv, stark, effizient, schnell, der Beste etc. beachten Sie dabei auch die Zusammenhänge. Diese sind wichtig bei der Beurteilung, ob etwas als Leistungsbedürfnis gilt oder nicht. Ein Begriff wie „am Boden zerstört" ist dann dem Leistungsbedürfnis zuordenbar, wenn es im Zusammenhang mit einer nicht geschafften Leistung steht. Darum geht es beim Leistungsmotiv: „Man setzt sich ein Ziel, tut alles dafür dieses Ziel zu erreichen, freut sich, wenn man es erreicht hat, und ärgert sich über alles, was einem auf dem Weg zum Ziel in die Quere kommt."[100]

Mit dem zweiten Stift markieren Sie die Worte und Sätze, die das Thema Bindung und Intimität betreffen. Hier steht der enge, herzliche Kontakt zu anderen Menschen im Fokus. z.B.: Freundschaft, Vertrauen, Liebe, Sehnsucht, verlassen, binden, ... Menschen, die ein hohes Bindungsbedürfnis haben, fühlen sich in Zweierbeziehungen und kleinen Gruppen wohl. Sie brauchen und genießen zwischenmenschlichen Kontakt. Sie nehmen gerne Augenkontakt mit Personen auf, die ihnen sympathisch sind. Sie fühlen sich unwohl, wenn sie persönlich abgelehnt werden.

Mit der dritten Farbe markieren Sie alles, was auf das Thema Macht hinweist. Hier geht es darum Wirkung auf andere Personen auszuüben. Wobei Macht nicht zwingend als negativ betrachten werden muss: Ratgeber, Mentoren, Komiker – alle diese „Kategorien" üben Macht aus. Sie haben eine positive Wirkung auf andere Menschen. Macht hat unter anderem mit Status und Image zu tun. z.B.: stark, überzeugend, vorgeben, anweisen, befehlen, ... Mit diesem kurzen Test aus dem Bereich des Picture Story Exercise, der hier nur angerissen werden kann, bekommen Sie eine Tendenz aufgezeigt, wie Sie „im Unbewussten ticken" und ob Sie eher leistungs-, bindungs-

oder machtorientiert sind. „Die Geschichten, die wir erzählen, verraten uns so etwas über unsere Persönlichkeit [...]."[101]

Gerade für Führungskräfte ist es hilfreich zu wissen, wie sie ticken, welcher Motiv-Typ sie sind. Mit diesem Wissen können Chefs ihre Ziele, Methoden, ihre situativen Führungsstile mit den eigenen Persönlichkeitsmerkmalen, Motiven und Werten abgleichen und letztlich souveräner und authentischer führen.

Führung und Psychologie

Die Psychologie von großen Chefs und solchen, die sich dafür halten, ist mehrere eigene Bücher wert. Unter dem Ansatz des Führungsdilemmas interessieren zuerst die psychologischen Eigenschaften, die mit dazu beitragen, dass Führung eher unzureichend gelingt. Später werden wir uns die psychologischen Eigenschaften ansehen, die auf Führungstalent schließen lassen. Interessanterweise ist in der Coaching-Praxis zu beobachten, dass einige psychologische Phänomene Führung sowohl optimieren als auch verschlechtern helfen. Die Dosis macht´s. Zu den zwiespältigen, psychologischen Phänomenen gehört auch die sogenannte Überlegenheitsillusion.

Die Überlegenheitsillusion

Nach dem psychologischen Phänomen der Überlegenheitsillusion, halten wir uns alle für die Besten. Chefs tun das im Besonderen, sonst wären sie nicht da, wo sie sind. Die Selbstüberschätzung ist nach Psychologen besonders ausgeprägt bei Menschen, die wirklich von Nichts eine Ahnung haben und bei Leuten, die große Aufgaben zu bewältigen haben (und unter Umständen auch von Nichts eine Ahnung haben), also bei Führungskräften. Die Welt retten, das Universum befreien oder den Konzern zum weltgrößten machen, sind Ziele und Vorhaben der ersten leitenden Angestellten großer Unternehmen und Konzerne. Wenn nicht das, so doch mindestens den EBIT (engl. earnings before interest and taxes „Gewinn vor Zinsen und Steuern") innerhalb eines Jahres zu verdoppeln, oder etwas in der Art. Selbstüberschätzung könnte dabei eine klitzekleine Rolle spielen, so meinen auch Experten.

„Je schwieriger die Aufgabe, desto größer die Selbstüberschätzung. Wer dann noch die Macht hat, mit seinen Mitarbeitern umzuspringen, wie es ihm passt oder Geld zu verbrennen, der wird es tun. Und zwar, ohne Konsequenzen befürchten zu müssen. Denn wer sich über die Regeln hinwegsetzt, gilt in der allgemeinen Wahrnehmung als durchsetzungsstark, ein echter Entscheidungsträger eben. Das hat zumindest der Sozialpsychologe Gerben van Kleef von der Universität von Amsterdam belegt. »Regelbrecher wirken mächtiger«, sagt van Kleef, »weil sie den Eindruck machen, sie könnten sich alles erlauben«."[102]

Wenn also ein großer Chef aus Ihnen werden soll, dann fangen Sie an. Brechen Sie in der Führung und auch sonst Regeln, benehmen Sie sich wie Sie wollen. Denken Sie schon einmal nach, welche kriminellen Felder Ihnen besonders liegen. Üben Sie zu Hause, wie Sie als Psychopath im Anfangsstadium ohne Mitgefühl Ihre Truppe ordentlich manipulieren können. Vergessen Sie soziale, emotionale und kommunikative Kompetenz in der Führung – wie das schon klingt – Psychogelaber. Das ist etwas für die sechste und siebte Reihe im Unternehmen. Ich trainiere das mittlere Management mit diesem Unsinn. Aus denen wird nie etwas – versprochen. Wenn Sie es in der Führung zu etwas bringen wollen, müssen Sie außerdem auswandern. Chefs deutscher Dax-Unternehmen verdienen durchschnittlich nur 54-mal so viel wie der normale Mitarbeiter. Je nach Unternehmen zwischen drei und 15 Millionen Euro im Jahr. Das sind Peanuts – Sie müssen in die USA. Dort bekommen die Top-Leute in der Führung zwischen 15 und 63 Millionen Euro im Jahr[103]. Mit gesundem Menschenverstand hat das alles nichts zu tun. Manche Chefs sind so verpeilt, dass sie sogar dann, wenn sie Milliardenverluste zu verantworten haben, wie einige Bankenvorstände in der Bankenkrise oder VW-Manager im Abgasskandal, weiterhin Bezüge und Boni verlangen. Ein normaler Mensch käme in dieser Situation nicht auf diese Idee. Dieses Verhalten ist nicht nur unanständig, es vermiest das Image von Managern weiter. Psychologische Phänomene, denen wir übrigens alle mehr oder weniger unterliegen, spielen bei diesem Verhalten eine große Rolle.

Kognitive Dissonanz (Widersprüche)

Starten wir mit einer Definition. Ich tue das ja selten, weil das oft so unverständlich ist. Dass ich jetzt doch eine Definition einwerfe, liegt möglicherweise an einer kognitiven Dissonanz bei mir. Ich will gar nicht wissenschaftlich kompetent erscheinen und befürchte gleichzeitig, dass Sie als Leser das als Manko empfinden könnten. Das geht Führungskräften übrigens oft ebenso. Sie reden viel und gescheit, weil sie ihren Status durch kompetenzfördernde Fachsprache untermauern wollen. Um meine Dissonanz abzubauen – Dissonanzen müssen irgendwie geklärt werden, denn wir streben psychologisch immer nach innerem Gleichgewicht – liefere ich jetzt eine kompetent klingende Definition. Bitte sehr (zitiert):

„Begriff: Kognitionen [Fähigkeit zur Wahrnehmung und zielgerichteten Interpretation der Lebenswelt; Anm. d. Autors] sind Erkenntnisse des Individuums über die Realität. Einzelne Kognitionen [vereinfacht: Wahrnehmungen; Anm. d. Autors] können in einer Beziehung zueinander stehen. Kognitive Dissonanz entsteht, wenn zwei zugleich bei einer Person bestehende Kognitionen [Wahrnehmungen] einander widersprechen oder sich ausschließen. Das Erleben dieser Dissonanz führt zum Bestreben der Person, diesen Spannungszustand aufzuheben, indem eine Umgebung aufgesucht wird, in der sich die Dissonanz verringert oder selektiv Informationen gesucht werden, die die Dissonanz aufheben. Beispiel: Das Wissen über ein erhöhtes Krebsrisiko kann bei Rauchern kognitive Dissonanz hervorrufen, denn die positive Einstellung zum Rauchen steht im Widerspruch zu den unerwünschten Konsequenzen."[104]

Führungskräfte befinden sich immer wieder im Zustand der Dissonanz und sie setzen Dissonanz, meist ohne es zu wissen, im Tagesgeschäft ein. In den Zustand kommen sie immer dann, wenn sie ihren Vorgesetzten oder Mitarbeitern falsche Informationen geben oder Wahrheiten unterschlagen. Führungskräfte können ja nicht immer die Wahrheit sagen, weil es sich entweder um Betriebsgeheimnisse handelt, oder Informationen - wie beispielsweise die Zusammenlegung von Abteilungen -, die Motivation und Leistungsbereitschaft verringern können. Diese Dissonanzen wollen psychologisch ausgeglichen werden und das kostet Energie. Sie merken das daran, dass manche Führungskraft auf bestimmte Themen gereizt reagiert. Wenn Sie das feststellen, ist zu diesem Thema etwas im Busch. Das gilt übrigens auch im Privatleben.

Möglichkeiten der Dissonanz-Reduktion:

- Vermeidung von kognitiver Dissonanz durch Nichtwahrnehmung oder Leugnen von Informationen. Beispielsweise werden die Reaktionen der Mitarbeiter auf ein problematisches Thema ignoriert. Praxis: Ein Abteilungsleiter beatwortet auch die 25ste Mail zum Thema personelle Verstärkung einfach nicht, weil er sich scheut das Thema wiederum seinem Vorgesetzten anzutragen.

- Änderung von Einstellungen oder Verhalten (Verzicht auf das Rauchen, Abwerten der Glaubwürdigkeit medizinischer Forschungsergebnisse). Aus der Praxis: derselbe Abteilungsleiter betont immer wieder, dass er sich um das Thema kümmern wolle. Er bietet eine schnelle (und recht unverbindliche) Lösung über Zeitarbeit an, die das Problem nicht wirklich löst.
- Selektive Beschaffung und Interpretation Dissonanz reduzierender Informationen (z.b. ein starker Raucher wurde 96 Jahre alt). [105] Aus der Praxis: Auf die Antragstellung zu personeller Unterstützung antwortet eine Führungskraft, andere Abteilungen bekämen ihre Arbeit auch mit dem bestehenden Personalschlüssel hin.

Vereinfacht gesagt, wissen wir oft, dass wir danebenliegen, haben jedoch Strategien entwickelt, um damit klarzukommen und uns nicht für völlige Idioten zu halten. Würden wir keine Gegenmaßnahmen wie oben beschrieben ergreifen, würde das übrigens auch nicht mit der Überlegenheitsillusion zusammenpassen. Eine Reihe von Studien zeigen, dass wir uns die Welt schönreden. Das können Sie für Führung wunderbar einsetzen. Wir neigen dazu, unsere Vergangenheit zu verklären und die Gegenwart (wie das Rauchen oder eine falsche Personalentscheidung) in ein gutes Licht für uns zu setzen, damit wir mit uns und dem Leben klarkommen. Die Zukunft kann ja soundso nur besser werden – auch das ein weitverbreiteter Irrglaube (wenn ich mal in Rente bin...). Die Zukunft wird nicht von alleine besser, man muss etwas dafür tun. Wenn es dumm läuft, ist man in der Zukunft krank, mittellos oder nicht mehr da – soll schon vorgekommen sein. Mit den „Schönredereien" liegen wir in der Regel daneben – übrigens ebenso wie mit den Katastrophenphantasien, die wir uns hin und wieder ausmalen. Es kommt eben meistens weniger gut und weniger schlimm, als man denkt, sondern ganz anders.

Schönreden. Woran liegt das?

„Die Erklärung liegt in uns selbst: ein grandioser psychischer Mechanismus hilft uns, alles durch die Rosabrille zu sehen und damit überleben zu können. Entdeckt hat ihn der amerikanische Psychologe Leon Festinger 1957. In seiner Theorie der kognitiven Dissonanz geht es um gedanklichen Missklang. Sie besagt, dass miteinander unvereinbare Kognition - also Gedanken Meinungen und Wünsche - einen inneren Konflikt erzeugen. Typische Dissonanzen - also Missklänge - treten auf, wenn neue Gedanken der bisherigen Meinung widersprechen oder neue Informationen eine bereits getroffene Entscheidung als falsch entlarven. Da wir den Wunsch nach gedanklicher Harmonie haben, missachten wir unangenehme Neuigkeiten oder entwickeln neue, angenehme Gedanken."[106]

Zur kognitiven Dissonanz mit einhergehend fehlendem GMV kommt häufig der Effekt der „Rechtfertigung des Aufwandes", eng verwandt mit dem „Irrtum der sinkenden Kosten"[13] Der besagt, je mehr Sie in etwas investieren, desto stärker schätzen Sie das Subjekt oder Objekt, in das Sie investiert haben. Wer viel investiert, hat viel zu verlieren, denn wenn sich das Objekt der Investition als uninteressant oder sinnlos herausstellt, erzeugt das eine Dissonanz zwischen Aufwand und Nullnummer. Das folgende Schönreden ist das Reduzieren der kognitiven Dissonanz. Wir mögen keinen Zwiespalt. Wenn Sie sich dessen bewusst sind, dass auch Sie zum Schönreden neigen, betrachten Sie auch Führungsaufgaben, wie Kunden- oder Mitarbeitergespräche lieber noch ein zweites Mal, bevor Sie loslegen. Stellen Sie sicher, dass Sie zu dem, was Sie zu sagen oder zu vertreten planen, wirklich stehen. Es kommt vor, dass Chefs Dinge von ihren Mitarbeitern verlangen oder Informationen weitergeben, zu denen sie nicht stehen – Dissonanz. Lassen Sie das. Es kommt vor, dass Verkäufer Dienstleistungen und Produkte verkaufen, von denen sie wissen, dass sie nicht die Hälfte von dem halten, was die Verkäufer dazu versprechen. Finger weg. Kognitive Dissonanz führt zu unsicheren Signalen, die der Gesprächspartner unbewusst wahrnimmt. Das belastet die Beziehungsebene. Sorgen Sie also dafür, dass Sie mit sich im Reinen sind. Das geht ganz einfach über Integrität, Wahrheit, Authentizität, Fairness und Offenheit. Nach Studien sind das für Mitarbeiter entscheidende Kriterien guter Führung. Kognitive Dissonanzen hemmen gute Führung. GMV.

Egozentrismus

Egozentrismus ist ein entwicklungspsychologisches Phänomen und hat Auswirkungen auf viele Situationen, auch in der Führung. Egozentrismus besagt, dass wir dazu neigen, die eigene Position zu gut zu bewerten und nicht in der Lage sind, die Perspektive des anderen einzunehmen, insbesondere, wenn wir emotional aufgeladen

---

[13] Irrtum der sinkenden Kosten: Wir sträuben uns Entscheidungen zurückzunehmen, wenn wir bereits in die Folgen der Entscheidung investiert haben – etwas Zeit, Geld, emotionalen Aufwand etc.

sind. Kleine Kinder können bis zu einem bestimmten Alter keine andere Perspektive einnehmen. Großen Kindern, also Ihnen und mir, fällt das immer noch schwer. Daran scheitern Ehen, Fusionen, Aufträge und Chefs. Die tun sich übrigens besonders schwer, die Perspektive von Kunden oder Mitarbeitern einzunehmen, denn sie sind gewohnheitsmäßig stark mit sich selbst beschäftigt.

Das Gegenteil dazu ist Empathie, also das Einfühlungsvermögen, eine Fähigkeit, die Experten, Chefs und Mitarbeiter als Schlüssel zu guter Führung benennen. Dahinter stecken ganze Welten, wie die emotionale Intelligenz. Professoren, Doktoranden, Studenten, Bücher, Seminare und Filme beschäftigen sich damit. Aber irgendwie scheint Egozentrismus doch stärker zu sein, denn das Phänomen ist nicht klein zu bekommen. Schon der gesunde Menschenverstand legt nahe: Immer wenn es um die Wurst geht, helfen antrainierte Empathie-Techniken und umfangreiches Wissen nicht aus. Dann geht es nur um mich!

Gehen Sie letztlich bei jeder Kommunikation, ob Gespräch, oder Präsentation oder Vortrag davon aus, dass Gesprächspartner oder Publikum in erster Linie auf sich selbst fixiert sind. Alle nehmen nun einmal automatisch ihre eigene Perspektive ein, und interpretieren und bewerten alles, was in einer Kommunikation stattfindet, genau unter ihrem Blickwinkel. Treffen sich zwei, die kommunikativ sehr geübt sind, kann es gut sein, dass weniger Egozentrismus vorhanden ist. Letztlich sagt uns aber in jeder Situation der gesunde Menschenverstand, dass sich jeder selbst der nächste ist. Aus diesem Dilemma, das viele Ehen und Geschäftspartnerschaften zum Scheitern bringt, kommen Sie am besten mit folgender Vorgehensweise und Einstellung heraus:

- Seien Sie sich zuerst bewusst, dass Ihr Gegenüber eine eigene Perspektive hat und alles unter dieser Perspektive betrachtet.
- Seien Sie sich bewusst, dass es Ihnen genauso geht.
- Versuchen Sie eine Situation entstehen zu lassen, in der für beide Beteiligten mehr entsteht, als würden Sie nur Ihre eigenen Interessen durchsetzen können (Prinzip: Gewinn / Gewinn oder kein Geschäft).
- Gehen Sie vor wichtigen Gesprächen oder Präsentationen „ein paar Meilen in den Mokassins des oder der Anderen".
- Nutzen Sie vor wichtigen Gesprächen oder Meetings gegebenenfalls einen Coach zur Vorbereitung.

Halo-Effekt

„Halo" bedeutet so etwas wie „Heiligenschein". Der psychologische Effekt besagt, dass wir geneigt sind, Menschen nach einem hervorstechenden Merkmal insgesamt zu bewerten. Wir machen es uns also einfach. Andere Merkmale des Menschen werden weniger beachtet und nicht zur Bewertung dieser Person herangezogen. Vom gewählten Merkmal ausgehend bewerten wir weitere Eigenschaften über Gebühr positiv, ohne dass dafür eine Grundlage vorliegen muss. Daher kommt der Effekt, dass attraktive Menschen insgesamt positiver bewertet werden und wir ihnen mehr Kompetenzen, Fähigkeiten und Intelligenz zuschreiben. Die Attraktivität wirkt wie ein „Heiligenschein", der alles andere beeinflusst. Dieser Effekt ist durch viele Studien belegt.

„Ausgangspunkt für den Halo-Effekt sind vor allem markante Merkmale der zu beurteilenden Person (z.B. physische Attraktivität, Behinderung, außergewöhnliche Leistungen). Der Effekt der physischen Attraktivität ist besonders häufig belegt worden. Personen, die gut aussehen, werden demzufolge meist auch als intelligent, gesellig oder dominant beurteilt. Das Auftreten des Halo-Effektes wird gefördert, wenn das Urteil besonders schnell gefällt wird."[107]

Der Halo-Effekt wirkt sowohl in eine positive wie auch negative Richtung. Hervorstechende Positiveigenschaften lassen die ganze Person „hell erleuchtet erscheinen". Negativeigenschaften „vergrößern den Schatten und machen in dunkler", unter dem wir den jeweiligen Menschen betrachten und bewerten. „Wird eine Person von einer aus unserer Sicht positiven Eigenschaft so überstrahlt, schreiben wir eher als Bonus gleich noch so ziemlich alle anderen positiven Eigenschaften zu: Intelligenz, Fleiß, Durchhaltevermögen, soziale Kompetenz bis hin zum musikalischen Talent. Überstrahlt hingegen eine negative Eigenschaft eine Person so dichten wir ihr zur Strafe auch noch jede Menge weiterer negativer Eigenschaften an."[108]

Der Halo-Effekt funktioniert mit allen möglichen Eigenschaften - solange es sich nur um Eigenschaften handelt, die der beurteilenden Person wichtig sind. Sind Eigenschaften für den Beurteiler nicht wichtig, so haben diese Eigenschaften kaum Auswirkungen auf die Bewertung der Person. Im Geschäftsleben sind Mitarbeitern und Führungskräften Vorgesetzte meistens wichtig. Deshalb neigen Sie dazu auf den Halo-Effekt hereinzufallen – positiv wie negativ.

Wenn Sie Ihren Gesprächspartner, Chef oder Lebenspartner gut kennen (und das sollten Sie) und wissen, was sie oder er besonders mag und schätzt, können Sie das für den Halo-Effekt einsetzen. Schätzt Ihr Boss besonders gute Stimmung und gute Laune, zeigen Sie das in seiner Gegenwart vermehrt, wenn Sie eher ein „Sonnenschein" sind (Motto: authentisch bleiben). Dann wird Ihr Chef Ihnen weitere Fähigkeiten zuschreiben. Liebt Ihr Partner Menschen mit guten Umgangsformen, so zeigen Sie gute Umgangsformen. Schon alleine dafür werden Sie weitere positive Eigenschaften angedichtet bekommen – abgesehen davon, dass gute Umgangsformen auch anderweitig nützlich sind und weitere Menschen beeindrucken können. „Manche mögen das „Schleimerei" nennen - wir [die Psychologen Volker Kitz und Manuel Tausch; Anm. d. Autors] nennen es wissenschaftlich fundierte »Schleimerei«."[109]

Spotlight-Effekt

Schon am Begriff des Egozentrismus haben Sie erfahren, dass wir dazu neigen, uns selbst kompetenter als den Rest der Welt einzuschätzen. Dazu kommt jetzt noch ein Effekt, der uns bei weitem überschätzen lässt, wie hoch die Aufmerksamkeit der anderen ist, die sie uns entgegenbringen. Dieses Phänomen wird als der „Spotlight-Effekt" bezeichnet. Das Bild dahinter: wir meinen ständig im Scheinwerferlicht zu stehen. Wir gehen automatisch davon aus, dass sich alle Blicke auf uns richten, wenn wir einen Raum betreten, dass alle hören, was wir sagen, und sich auf uns konzentrieren und dass uns alle anderen grundsätzlich hohe Aufmerksamkeit entgegenbringen. In den Augen aller anderen ist das nicht der Fall. Denn sie meinen ja selbst im Scheinwerferlicht zu stehen.

Das Gute an der Tatsache, dass wir uns, wie die Studien gezeigt haben, doppelt so stark beobachtet fühlen, wie das der Rest der Welt tatsächlich tut, ist, dass wir in peinlichen Situationen gar keinen roten Kopf bekommen müssen. Das bekommt kaum einer mit. Wenn Sie beispielsweise in der Lobby eines Hotels vollgepackt mit Ihren Koffern und Taschen am Teppich hängen bleiben und längs auf den Boden knallen, wird das weniger von den Anwesenden registriert werden, als Sie selbst glauben. Woran liegt das?

„Wir selbst nehmen alles, was wir tun, natürlich besonders stark wahr - und schließen daraus, dass auch die anderen uns genauso sorgfältig beobachten. Dabei vergessen wir - wie so oft - die Perspektive zu wechseln und für eine Sekunde gedanklich in die

Rolle der anderen Menschen zu schlüpfen. Täten wir das, dann wäre uns sofort klar: die anderen beobachten zwar genauso sorgfältig wie wir - allerdings nicht uns, sondern sich selbst! Denn sie kämpfen mit ihrem eigenen Egozentrismus und dem Spotlight-Effekt."[110]

Eine der häufigsten Fragen, die wir uns selbst stellen, ist: „Was sollen die anderen von mir denken?". Dabei denken die anderen nur: „Was sollen denn die anderen von mir denken?" Der Spotlight-Effekt tritt nicht nur auf, wenn es peinlich ist. Auch wenn wir lichte Momente haben, glauben wir, die anderen würden uns mehr Aufmerksamkeit schenken als das tatsächlich der Fall ist. Also, wenn Sie wieder einmal etwas Schlaues gesagt, eine gelungene Präsentation abgeliefert haben oder meinen, einen besonders tollen Witz erzählt zu haben, gehen Sie einfach davon aus, dass die Anwesenden das nicht in der Weise würdigen, wie Sie meinen, dass es geschieht. GMV sagt: „Halte den Ball flach" und „alle kochen nur mit Wasser". Für Führung hat das verhängnisvolle Folgen. Aus der Praxis: Der KVP – kontinuierlicher Verbesserungsprozess – in Unternehmen klappt mal besser, mal schlechter. Insgesamt ist es dürftig. Und das liegt an den Chefs. Manche neigen dazu, gute Verbesserungsideen von Mitarbeitern als die eigenen zu verkaufen. Das hat mit dem Spotlight-Effekt zu tun. Da sie sich von allen, besonders ihren eigenen Vorgesetzten, ständig beobachtet fühlen, wollen sie sich immer gut verkaufen und schmücken sich mit fremden Federn. Manche merken das nicht einmal. Andere Führungskräfte trauen sich nicht, beispielsweise in Meetings, Verständnisfragen zu stellen oder Vorschläge aus dem eigenen Team einzubringen, weil sie meinen vor allen anderen damit dumm dazustehen. „Mancher lehnt eine gute Idee bloß deshalb ab, weil sie nicht von ihm ist." Luis Buñuel

Mehr Mut, weniger Peinlichkeit

Zum einen können Sie viel mutiger Vorschläge unterbreiten, Beiträge leisten oder auch Fragen stellen, als Sie das bisher tun - beispielsweise in Meetings und Sitzungen. Denn die anderen Anwesenden werden das nicht so stark bewerten und würdigen, aber auch nicht so stark in Frage stellen und kritisieren, wie Sie selbst es vermuten. Gerade wenn Sie sich bisher mit Ihren Ideen zurückgehalten haben, legen Sie ab jetzt los. Zum anderen können Sie entspannt mit Ihren peinlichen Situationen umgehen, denn auch das nehmen die anderen Leute weniger wahr als es Ihnen vorkommt. Denn die anderen sind am liebsten mit sich selbst beschäftigt.

Mischung Egozentrismus / Spotlight:

Die Phänomene Egozentrismus und Spotlight-Effekt erlebe ich hin und wieder vermischt bei Kommunikations-Workshops mit Führungskräften. Dabei arbeite ich gerne mit Videoanalysen. Aus vielen Gründen ist das ein wunderbares Werkzeug. Die Menschen können sich selbst beobachten, man kann wiederholen und Körpersprachliches durch Schnelllauf oder Zeitlupe hervorheben. Dabei beobachte ich immer wieder ein Phänomen. Die Teilnehmer sind ganz versessen darauf, sich selbst zu sehen und zu hören. Und das gilt nicht nur für Teilnehmer, die die Videoanalyse erstmals durchführen. Sich selbst im „Fernsehen" agieren zu sehen, das zu erleben, muss eine ganz besonders „mystische" Faszination ausüben. Ähnliches geschieht, wenn wir vor dem Spiegel stehen. Manche kommen davon nur schwer los. Besonders Chefs. Die sollen ja durchaus narzisstisch veranlagt sein, wie Studien zeigen. Wenn wir an einem Schaufenster vorbeigehen, in dem wir unser Spiegelbild entdecken, zieht das unseren Blick magisch an. Manche gehen dann langsamer, verändern ihre Bewegungen oder bleiben gar stehen und fangen an Haare und Kleidung zu richten. Uns selbst zu sehen, hat offensichtlich eine magische Wirkung auf uns. „Die Begegnung mit dem lebendigen Abbild der eigenen Person löst den Eindruck aus, als träte man sich selbst wie einem Fremden gegenüber. (...) Aus dieser Erfahrung kommt wohl die Faszination, die von der Vorstellung eines Doppelgängers ausgeht. Das Spiegelbild veranschaulicht die unterschiedlichen Möglichkeiten des eigenen Wesens."[111]

Andererseits: Einmal Video analysieren genügt den meisten, wenn das in der Gruppe geschieht. Am liebsten würden viele darauf verzichten, wenn andere dabei sind. In Einzelcoachings wiederum drängen die Teilnehmer häufig darauf, das Video öfter zu sehen. Selbst dann, wenn man das als falsch, schlecht oder fehlerhaft bewertet, was man da zu sehen und zu hören bekommt. Das ist im Training und Coaching durchaus der Fall – man möchte ja etwas verbessern, das man noch nicht so gut kann. Wir sind in der Regel der wichtigste Mensch für uns – GMV. Intelligent ist es, wenn wir akzeptieren, dass das für nahezu jeden anderen Menschen gilt, und wir daraus die richtigen Schlüsse für Führung und Kommunikation ziehen. Das hat nichts mit Egoismus im negativen Sinne zu tun. Wir sollten also auch aus diesem Grund ernsthaft versuchen, die Verfassung, den Standpunkt und die Äußerungen unserer Gesprächs- und Kommunikationspartner zu erschließen und zu verstehen. Während andere sehr auf sich selbst und auf ihre Wirkung achten, konzentrieren wir uns auf unser Gegenüber und sind damit klar im Vorteil. Denn so werden wir als besonders zuvorkommend und sympathisch bewertet. Einfache Mittel dafür sind, sich für den Anderen zu interessieren, ihn zu würdigen und Fragen zu stellen. Das erleichtert jede Form von Führung immens.

Priming

Auf den nächsten Seiten erfahren Sie etwas, quasi ein kleines Geheimnis, das Ihnen große Vorteile im Alltag und in der Führung bringen kann. Sie werden sicherer, souveräner und wesentlich angenehmer Ihre Ziele erreichen, weil Sie sich mit diesen Informationen selbst positiv beeinflussen und Ihren Gesprächspartner oder Ihr Publikum optimal einstimmen können. Das, was jetzt kommt, habe ich (der Autor) soeben angewendet. Umgangssprachlich habe ich Sie positiv eingestimmt auf das folgende Thema, in dem ich Ihnen den Nutzen beschrieben habe. Dieses „Einstimmen" wirkt unterbewusst und nennt sich Priming oder Bahnung. Priming ist ein spannender Effekt, durch den Sie die Wahrscheinlichkeit bestimmter Reaktionen bei einem Gesprächspartner erhöhen können. Es sorgt dafür, dass Muster, die in uns angelegt sind, zugänglich gemacht werden. Oben habe ich das Muster „Geheimnis" angesprochen. Unser Gehirn liebt die Abkürzung und das Einfache und reagiert deshalb positiv auf Schlüsselwörter wie „Geheimnis".

Wir greifen gerne auf „Schubladen in unserem Gehirn" zurück – alles andere ist anstrengend und in vielen Situationen nicht praktikabel, insbesondere wenn es ums Überleben geht und wenn es schnell gehen muss. Dabei nutzen wir unsere Erfahrungen und ziehen unsere Glaubenssätze „zu Rate" – also Überzeugungen, die tief in uns stecken. Aber auch auf kurzfristige Reize reagieren wir und lassen uns „primen". Wenn wir uns gerade einen Krimi angesehen haben, vermuten wir hinter jedem Knarren in der Wohnung einen Einbrecher, weil wir entsprechend emotional „gepackt" sind. Haben Sie sich eine romantische Komödie angesehen und viel gelacht, neigen Sie nach der Priming-Theorie eher dazu, Ihren Partner oder Ihre Partnerin anschließend romantisch und humorvoll zu bewerten.

Ein Priming-Experiment: Antworten auf die folgenden Fragen schnell und ohne lange nachzudenken:

- Welche Farbe hat Schnee?
- Wie ist die Farbe eines Brautkleides?

- Bitte Farbe einsetzen: Wenige Politiker haben eine .... Weste.
- Welche Farbe haben Schneeglöckchen?
- Was trinkt die Kuh?

Sind Sie reingefallen? Trinkt auch Ihre Kuh Milch? (90 Prozent beantworten die letzte Frage so). Grämen Sie sich also nicht, denn Priming hat zugeschlagen. Die Fragen stimmen auf die Farbe Weiß ein. Sie werden also auf Weiß gebahnt. Wenn Sie auf die letzte Frage Milch statt Wasser gesagt haben, gehören zu den „Normalos", denn die meisten Menschen lassen sich auf diese Weise durch die vorangegangenen Fragen in ein falsches Schema führen.

Unbewusstes Priming

Achtung: Priming funktioniert auch unbewusst, also dann, wenn Sie durch Informationen gebahnt werden, die Sie nicht wie im „Milch-Experiment" bewusst wahrnehmen können. In Studien kamen ähnliche Priming-Ergebnisse heraus, wenn den Teilnehmern Begriffe so schnell gezeigt wurden, dass sie diese gar nicht bewusst wahrnehmen konnten. Lange konnten sich Wissenschaftler nicht vorstellen, dass unser Gehirn Informationen aufnimmt und verarbeitet, ohne dass wir es bewusst mitbekommen. Heute sehen viele Experten die Existenz der so genannten „subliminalen Wahrnehmung" (unbewussten Wahrnehmung) bestätigt.

„Sie beschäftigen sich intensiv mit ihrer Bedeutung für das Lernen, für die Gefühle und die Steuerung des Verhaltens. Es gibt zum Beispiel visuelle Reize, die nur 50 oder 80 Millisekunden lang andauern. Nicht länger als ein Blitz und zu kurz für eine bewusste Verarbeitung - man erinnert sich nicht an sie. Dennoch können sie eine deutliche Wirkung auf eine spätere Wahrnehmung oder späteres Verhalten haben. In vielen Untersuchungen stellten Forscher fest, dass solche Eindrücke tatsächlich die Reaktion auf einen danach folgenden und bewusst wahrgenommenen Reiz beeinflussen."[112] Der schwedische Wissenschaftler Arne Öhmann vom Karolinska Institut in Stockholm zeigte Männern Bilder schöner Frauen. Diesen Bildern schaltete Öhmann für Millisekunden Bilder einer Schlange, einer Spinne oder einer weiteren schönen Frau voraus. „Das erstaunliche Ergebnis: Diejenigen Frauen, vor deren Bild ganz kurz Reptilien oder Insekten aufblitzten, wurden als weniger attraktiv beurteilt als die, denen das Frauenporträt vorausging".[113]

Auf unbemerkter Ebene beeinflussten diese Eindrücke die Haltung und Bewertung der Frauenbilder durch die teilnehmenden Männer. Das ist „unbewusstes Priming". Gebahnt wird das Urteil über die Frau: als unangenehm empfundene Tiere, die eventuell Ekel oder Angst auslösen, wie eine Schlange oder eine Spinne, prägen und beeinflussen die Bewertung – in diesem Fall unbewusst und deutlich messbar.

Priming und Führung

Steht Ihnen ein wichtiges Gespräch mit einem Kunden oder Ihrem Chef, oder auch einem Mitarbeiter bevor, primen Sie, was das Zeug hält. Schwärmen Sie beispielsweise von einer anderen Person oder erzählen Sie eine passende Geschichte, die Sie kürzlich erlebt haben. Verwenden Sie dabei viele positive Begriffe wie „fleißig", „zuverlässig", „kompetent", „gescheit", „beliebt". Ihr Gesprächspartner wird Sie automatisch positiver einschätzen, weil sie oder er durch die positiven Begriffe in die entsprechenden Denkmuster gebahnt ist. „Priming ist eine hervorragende Möglichkeit, uns oder andere in eine bestimmte Grundhaltung zu bringen. Möchten sie zum Beispiel ihr Verhältnis zu einem nervigen Kollegen verbessern, so prägen sie sich einfach vor der Arbeit die Worte ein wie „angenehm", „unterhaltsam", „interessant", „höflich". Soll der Kollege sie wiederum sympathischer finden, brauchen sie ihm solche Worte nur unterzujubeln, zum Beispiel in einem erfundenen Briefentwurf, den sie ihn Korrektur lesen lassen."[114] Wenn Sie Priming in der Mitarbeiterführung nutzen wollen, gestalten Sie das Umfeld so, dass sich Mitarbeiter in ihrem Job wohlfühlen. Sorgen Sie dafür, dass das Arbeitsumfeld leistungsanregend und angenehm auf Ihre Leute wirkt. Konkrete Tipps:

- Erlauben Sie Ihren Mitarbeitern ihre Arbeitsplätze und das gemeinsame Umfeld mit Objekten und Symbolen zu versehen, die Erfolgserinnerungen wecken, mit Arbeitsfreude assoziiert werden oder Gefühle wie Stolz und Erfüllung auslösen.
- Lassen Sie Vorschläge erarbeiten und realisieren, wie dargestellt werden kann, dass das Team in der Lage ist, Spitzenleistungen zu vollbringen.
- Regen Sie die Mitarbeiter dazu an, ihren Arbeitsplatz so zu gestalten, dass sie ihrer Tätigkeit dort gerne und engagiert nachgehen möchten. Durch ständig sichtbare Symbole können Sie Ihre Mitarbeiter z.B. auch daran erinnern, dass ohne gegenseitige Unterstützung keine leistungsstarke Zusammenarbeit möglich ist.[115]

Psychologische Phänomene - Fazit

Neben den dargestellten psychologischen Phänomenen gibt es noch viele Duzend mehr, beispielsweise die Unaufmerksamkeitsblindheit (googeln Sie „Gorilla Experiment") oder der Anker-Effekt[14] – alle höchst interessant. Psychologische Phänomene können gute Führung unterstützen, sind jedoch leider auch oft Hemmnis guter Führung. So primen Chefs oft in die falsche Richtung, indem sie vornehmlich fordern und kritisieren und nicht fördern und loben – Muster „Chef" gleich Stress. Andere übertreiben es mit der Überlegenheitsillusion, fallen auf den Spotlight-Effekt und den Halo-Effekt herein. Vielen Führungskräften sind die psychologischen Phänomene nicht bekannt. Deshalb sind sie ihnen ausgeliefert und können sie nicht konstruktiv für Führung nutzen. Auch Unkenntnis, Halbwissen oder falsche Annahmen dazu, wie Menschen ticken, tragen zum Führungsdilemma bei. Das trifft auf alle Dimensionen des Führens zu: Management, Selbstführung und Leadership. Dabei ist das Führen von Organisationen, also Management, noch am wenigsten betroffen. Selbstführung und Leadership kümmern sich um Menschen und da schlagen die psychologischen Phänomene zu. Das kann natürlich auch positive Ausschläge ergeben, wenn Sie sich damit auskennen und die Erkenntnisse in der Praxis anwenden.

Gesetze des Handelns

Psychologen haben in den letzten Jahrzehnten eine ganze Reihe von interessanten Studien durchgeführt, die aufzeigen, dass wir in vielen Dingen eher wie ein Steinzeitmensch agieren. Den modernen, hoch technisierten Menschen bilden wir uns ein. Das hat Auswirkungen auf Führung und auf alle anderen Lebensbereiche. Hinter unserer Steinzeitnatur stehen Regeln und Gesetze, die uns die Evolution mitgegeben hat, weil diese Verhaltensgesetze Überleben und Weiterentwicklung unterstützen. Sie wirken weltweit. Die Gesetzmäßigkeiten wirken sich auf das Kommunikationsverhalten, auf Entscheidungsprozesse und Verhalten aus. Für jeden, der Führung steuern möchte und der Menschen beeinflussen will, sind diese Erkenntnisse Gold wert. Es ist erstaunlich, wie stark wir durch innere Regeln beeinflussbar sind, die uns gar nicht bewusst sind.

---

[14] Wir neigen dazu, uns an irgendetwas zu orientieren, egal an was. Hauptsache Orientierung. Das nennt man den Anker-Effekt. Beispiel: Personen geben in einem Restaurant Namens „Studio 97" durchschnittlich um einiges mehr an Geld aus als in einem Restaurant mit Namen „Studio 17". Und das bei gleichem Angebot.

Wer um diese Gesetze weiß, kann sich selbst besser verstehen, bewusster und erfolgreicher kommunizieren und führen.

Gesetz der Sympathie

Das Gesetz der Sympathie besagt, dass wir Menschen eher vertrauen, eher glauben und sie für kompetenter halten, wenn sie uns sympathisch sind. Wir verhalten uns aufgeschlossener und offener, wenn wir es mit uns sympathischen Personen zu tun haben. Sie kennen das aus der Arbeitswelt. Ist Ihnen ein Chef, ein Mitarbeiter oder ein Kunde sympathischer als andere, fühlen Sie sich in seiner Gegenwart wohler, verhalten sich anders, sind kompromissbereiter und neigen dazu, seinen Ausführungen mehr Wert beizumessen, als bei weniger sympathischen Personen. Auch Fehler bewerten Sie bei Ihnen sympathischen Leuten toleranter. Das ist schlecht für den Wert „Fairness", der Mitarbeitern und jungen Führungskräften besonders wichtig ist, wie Umfragen ergaben.

Interessant beim Phänomen der Sympathie ist, welche Faktoren dafür sorgen, dass Sympathie entsteht. In mehreren Studien wurde herausgefunden, dass Menschen die uns ähnlich sind, uns auch sympathisch sind. Ähnlichkeit lässt sich über viele Merkmale festmachen: Aussehen, Interessen, Ideen, Ideologien, Ansichten, Sprache und Bildung und vieles mehr. Haben wir mit einem Menschen eines oder mehrere Dinge gemeinsam, lassen sich Ähnlichkeiten entdecken, ist er uns sympathischer als Menschen, bei denen das nicht der Fall ist. Im Umkehrschluss legen Menschen, die sich sympathisch sind, beispielsweise Paare, Fans eines Vereins oder Mitglieder eines Unternehmens, Wert auf Ähnlichkeit. Dies geschieht häufig unbewusst. Wenn Sie Verliebte beobachten, stellen Sie fest, dass sie sich häufig in einer ähnlichen Körperhaltung befinden. Es gilt, Sympathie unterstützt Vertrauen und Ähnlichkeit erzeugt Sympathie. Diese Tatsache lässt sich nutzen, um in Führung und Kommunikation eine gute Beziehungsebene aufzubauen.

Eine gute Beziehung führt zu einem offeneren Gespräch, was wiederum zu einer guten Vertrauensbasis führt. Erzeugen Sie Ähnlichkeit, wenn Sie vor mehreren Menschen sprechen, ist die Wahrscheinlichkeit groß, dass Ihre Zuschauer und Zuhörer Sie sympathischer finden und Ihnen mehr Kompetenz zuweisen. Ähnlichkeit können Sie herstellen durch folgende Maßnahmen:

- Passen Sie Ihr Äußeres Ihrem Publikum an (soweit möglich)
- Spiegeln Sie Ihren Gesprächspartner, das heißt, ahmen Sie Haltung und Bewegungen sowie Gesten und Mimik vorsichtig nach. Wiederholen Sie Sätze und Worte Ihres Gesprächspartners (im Sinne des aktiven Zuhörens hat das einen zusätzlichen positiven Effekt).
- Bringen Sie Ihrem Gesprächspartner Sympathie entgegen. Wie man in den Wald hineinruft, …
- Wenn Menschen meinen, dass andere sie sympathisch finden, finden sie diese Personen automatisch ebenfalls eher sympathisch. Äußern sie sich also positiv gegenüber Dritten zu Ihren Mitarbeitern oder Vorgesetzten.
- Erzählen Sie anderen, die gerne plaudern, dass Sie andere Personen sympathisch finden – das kommt zurück (erwiesen). Machen Sie das Gegenteil – das kommt auch zurück.

Finden Sie bei Personen, die Ihnen vermeintlich unsympathisch sind, vor wichtigen Gesprächen Eigenschaften, die Sie positiv bewerten können. Dadurch wird Ihnen die Person sympathischer erscheinen. So gehen Fahnder der Polizei vor, wenn Sie eine gute Beziehung zu Informanten aus dem kriminellen Milieu aufbauen wollen, denn auch dort geht nichts ohne gute Beziehung unter den Beteiligten. Wertschätzung ist eine der wichtigsten Voraussetzungen dafür, Menschen zu überzeugen, zu gewinnen und eine gute Beziehung aufbauen zu können. Allerdings ist die Wertschätzung nicht jedem so einfach entgegenzubringen, wie der Ex-Agent Leo Martin berichtet.

„Die erste und wichtigste Frage, die Sie bei jeder Begegnung klären sollten: Welche Einstellung haben Sie zu Ihrem Gegenüber? (…) Wenn Sie andere Menschen in ein schlechtes Licht stellen und den Fokus auf ihre Schwächen und negativen Eigenschaften richten, können Sie niemals erfolgreich mit ihnen zusammenarbeiten, sie nie als Freunde gewinnen, keine vertrauensvolle Beziehung aufbauen. Denn Ihre Gedanken übertragen sich auf Ihre Worte, Ihre Körpersprache, Ihre Entscheidungen und Ihr Verhalten."[116]

Wie dem Agenten, der oft mit Kriminellen zu tun hat, fällt es auch uns hin und wieder schwer, eine positive Einstellung zu einem Gesprächspartner einzunehmen, besonders wenn wir ihn kennen und nicht besonders schätzen – mit Chefs, Mitarbeitern und manchen Kunden geht es einem so. Um doch Wertschätzung aufbauen zu können, hat Leo Martin, einen Trick parat. Und der kann Ihre Führungsqualität verbessern, weil

Respekt und Wertschätzung den meisten Menschen im beruflichen wie privaten Umfeld seht wichtig ist.

„Fragen Sie sich, wie es im Extremfall gelingt, einem Kriminellen (oder einem Mitarbeiter, den Sie nicht besonders schätzen, der Autor) mit Wertschätzung zu begegnen? Es ist einfacher, als Sie vielleicht glauben. Sie müssen an einem Menschen, der es Ihnen womöglich nicht leicht macht, ihn zu mögen, zunächst etwas finden, dass Sie wertschätzen können.

O.k., er hat drei Jahre hintereinander die Zweige des Apfelbaums, die in seinem Garten hängen, brutal gestutzt und die Äste auch noch auf dem Nachbargrundstück liegen lassen. Aber für seine Enkel ist er der liebevollste Opa der Welt und bastelt in jeder freien Minute mit ihnen.

O.k., ihre Stimme ist schrill, und wenn sie wieder mal bei der aktuellen Ehefrau anruft, um ihren Ex zu sprechen, könnte diese aus der Haut fahren. Aber die Ex hat ihn damals nach seiner Insolvenz nicht im Stich gelassen und immer zu ihm gehalten."[117]

Mit diesem Trick des aktiven „Schönredens" schaffen Sie es, auch Menschen, die Sie nicht von vornherein als sympathisch empfinden, in ein anderes Licht zu rücken. Diese Wahrnehmungs-Veränderung, führt dazu, dass Sie den Gesprächspartner, beispielsweise einen Mitarbeiter, positiver betrachten. Das wirkt sich positiv auf die Beziehungsebene und auf Führung aus. Dabei geht es um eine Grundhaltung als Führungskraft, nicht um weichgespültes Führen. Die einfache Formel „Du bist o.k., ich bin o.k." und der ernsthafte Versuch an einem Mitarbeiter und Menschen etwas Positives zu finden, hilft, Führung lösungsorientiert zu gestalten und somit auch als Chef souverän und erfolgreich zu sein.

Gesetz der Macht

Die Auswirkungen des Gesetzes der Macht für Führung liegen auf der Hand. Schon der gesunde Menschenverstand sagt uns, dass wir dem Menschen, den wir als übergeordnet und wichtig einschätzen, mehr Glauben schenken, mehr Vertrauen entgegenbringen und ihn für kompetenter halten. Studien untermauern das. Die Zuweisung von Macht zu einer Person muss dafür tatsächlich aus Überzeugung und von innen heraus erfolgen. Macht durch Hierarchie funktioniert nur bis zu einem gewissen Grad.

Wenn es zum Schwur kommt, wenn man die Komfortzone verlassen muss, funktioniert sie kaum noch. Aus der Praxis: Eine neue Abteilungsleiterin hat sich kurz nach der Beförderung vor ihr Team gestellt und gefordert, dass ihr alle bedingungslos folgen sollten, ohne Wenn und Aber. Der Schuss ging nach hinten los. Äußere Macht bekommt man, echte Macht und Loyalität muss man sich verdienen.

Im Führungskontext meint echte Macht freiwillig angenommene Autorität, die Bereitschaft sich den Zielen und Wegen des Chefs anzuschließen und Aufforderungen aus Überzeugung und freien Stücken nachzukommen, Lob und Kritik anzuerkennen und anzunehmen. „Echte Macht braucht keine Druckmittel. Deshalb ist sie naturgemäß schwierig zu erlangen. (…) Schließlich können Sie niemanden zwingen, Sie als Führungsperson zu akzeptieren. Menschen müssen sich dazu entschließen, sich in Ihren Machtbereich zu begeben und diesen zu akzeptieren. Zusammenfassend kann man sagen, dass Gewalt auf der vergänglichen Emotion der Angst, Macht hingegen auf dem unvergänglichen Bedürfnis nach Anerkennung beruht."[118] Anders ausgedrückt: Sie können nicht führen, sie können Menschen dazu bringen, sich führen zu lassen.

Im Dunstkreis von Macht bewegen sich anerkannte Experten, Berufe mit hohem Ansehen, wie beispielsweise Ärzte oder Wissenschaftler. Viele Menschen neigen dazu, den Aussagen von Ärzten zu glauben, obwohl wir rational wissen, dass auch hier eine ganze Menge Fehler passieren. Unbewusst weisen wir Ärzten auch die Macht zu, für uns zu entscheiden, was für uns das Beste ist. Kleinere Ärztefehler tun weh, große sind dramatisch. Nur am Rande: „Das Aktionsbündnis Patientensicherheit schätzt, dass jährlich etwa 17.000 Patienten durch ärztliche Behandlungsfehler sterben."[119] Fast sechs Mal so viele wie im Straßenverkehr. Überdenken Sie Ihr Verhältnis zu Ärzten. Machtzuschreibung gründet unter anderem auf Expertenstatus. Verfügen Sie nicht von vornherein über eine Machtposition oder hohe Expertenzuschreibung, ist es hilfreich Expertenstatus, beispielsweise durch Fachkompetenz, aufzubauen. Verfügen Sie über solch eine Position und einen Autoritätsstatus, können Sie fast alles fordern, was Sie wollen. Die Menschen werden Ihnen folgen. Glauben Sie nicht? Dann schauen Sie sich folgendes berühmte Experiment an.

„Das Milgram-Experiment ist ein erstmals 1961 in New Haven durchgeführtes psychologisches Experiment, das von dem Psychologen Stanley Milgram entwickelt wurde, um die Bereitschaft durchschnittlicher Personen zu testen, autoritären Anweisungen auch dann Folge zu leisten, wenn sie in direktem Widerspruch zu ihrem Gewissen stehen. Der Versuch bestand darin, dass ein „Lehrer" – die eigentliche Versuchsperson – einem „Schüler" (ein Schauspieler) bei Fehlern in der Zusammensetzung von Wortpaaren jeweils einen elektrischen Schlag versetzte. Ein Versuchsleiter (ebenso ein Schauspieler) gab dazu Anweisungen. Die Intensität des elektrischen Schlages sollte nach jedem Fehler erhöht werden. Diese Anordnung wurde in verschiedenen Variationen durchgeführt."[120]

Wie stark Macht und Autorität in den Menschen wirken, zeigen die Ergebnisse: Von den 40 Versuchsteilnehmern gaben auf Anweisung des Versuchsleiters 26 Stromstöße bis 450 Volt (tödlich), nur 14 brachen vorher ab. Alle hatten ab einem bestimmten Punkt erhebliche Bedenken. Der größte Teil der Versuchspersonen machte einfach weiter – der Versuchsleiter musste es ja wissen. Jetzt können Sie sagen, das sei 1961 gewesen. Da herrschte noch Autoritätsgläubigkeit vor. Die Menschheit hat sich weiterentwickelt. In unseren Breiten sind heute mehr Menschen gebildet. Dann werfen Sie einen Blick auf die neuere Forschung.

„Beim Milgram-Experiment quälten vor knapp einem halben Jahrhundert normale Bürger andere Versuchspersonen. Zwei Drittel der Testpersonen waren bereit, auf autoritäre Anweisungen Grausamkeiten zu begehen. Jetzt ist der Versuch wiederholt worden – mit erschreckenden Ergebnissen. (...) Jetzt hat der Psychologe Jerry M. Burger von der Santa Clara University in Kalifornien das Experiment erneut durchgeführt und damit die Hoffnung zerstört, die Menschheit hätte sich seit den frühen 60er Jahren moralisch weiterentwickelt. Trotz gesellschaftlicher Liberalisierung, der gestiegenen Bedeutung individuellen Glücks, der harschen Kritik an traditionellen Autoritäten und der Emanzipation von konventionellen Zwängen hat sich die Zahl derer, die sich einer unmenschlichen Anweisung verweigern, nicht erhöht. Im Konfliktfall bleibt ein Drittel moralisch standfest, und zwei Drittel gehorchen."[121]

Das Gesetz der Macht funktioniert nach wie vor. Damit arbeitet Werbung sehr gerne. Sogenannte Experten, Autoritäten, Wissenschaftler, Doktoren (der Titel ist das entscheidende), Berühmtheiten manipulieren uns unbewusst über Autorität durch zugeschriebene Kompetenz. Menschen reagieren unbewusst auf vermutete oder echte Macht. „Kommunikationsexperten haben herausgefunden, dass Menschen bei Gesprächen unbewusst ihre Stimme und ihre Sprechweise an die ihrer Gesprächspartner anpassen, wenn es sich bei diesen um Personen mit hohem Prestige handelt. Eine Studie untersuchte dieses Phänomen anhand von Gesprächen aus der Larry King US-

Talkshow. Wenn King Gäste von hohem Rang und Namen interviewte (beispielsweise Bill Clinton, George W. Bush oder Barbara Streisand) passte er seine Sprechweise der ihrigen an. Hatten seine Gäste jedoch einen weniger hohen Status, passten sich diese ihrerseits der Sprechweise des Moderators an."[122] Sie sehen, Status, Autorität und Macht machen komische Sachen mit uns.

Schutz vor angeblichen Experten

Die Frage ist, wie können Sie sich vor sich selbst und der bewussten Manipulation durch Werbung und andere seltsame Kommunikationsformen schützen? Der gesunde Menschenverstand legt nahe, gegenüber sogenannten Autoritäten und Experten ein gesundes Misstrauen an den Tag zu legen – grundsätzlich. Hören Sie genau hin, wie die Personen sprechen und was sie sagen. Häufig ist es so, dass echte Autoritäten und Experten sich das „nicht heraushängen lassen", Möchtegernexperten oder Möchtegernchefs dagegen übertreiben und halten es nicht immer so genau mit der Wahrheit.

Der amerikanische Psychologe Robert Cialdini rät folgendes gegen Unwahrheiten und Autoritätsanfälligkeit: „Eine Taktik, mithilfe derer wir uns gegen den Einfluss von Autorität schützen können, ist die Ausschaltung ihres Überraschungsmoments. Da wir den starken Effekt von Autorität (und ihren Symbolen) auf unser Handeln meist gar nicht wahrnehmen, achten wir nicht sorgsam genug darauf, ob wir in den entscheidenden Situationen ihrem Einfluss ausgesetzt sind. Eine grundsätzliche Strategie besteht daher in einer erhöhten Aufmerksamkeit gegenüber der Macht der Autorität. Wenn diese Aufmerksamkeit gekoppelt ist mit der Erkenntnis, wie einfach sich Autorität durch falsche Symbolik vortäuschen lässt, wird man in Situationen in denen man durch Autorität beeinflusst werden soll, die gebotene Vorsicht an den Tag legen."[123]

Dazu passen zwei grundsätzliche Fragen: Ist die Person tatsächlich Experte oder Führungskraft und woran erkenne ich das? Wie vertrauenswürdig ist diese Person? Woran erkenne ich das? Dabei können Sie sich auf Ihre Intuition verlassen. Haben Sie den Eindruck, dass irgendetwas dem Experten oder dem Chef nicht stimmt, entziehen Sie ihm bewusst jeglichen Status. Signalisieren Sie das, indem Sie sich vom Gesprächspartner distanzieren und das was er von sich gibt, kritisch hinterfragen. Ein echter

Experte oder Chef wird kritische Fragen souverän beantworten. Für Sie als Chef bedeutet das, dass Sie sich Autorität und Macht erarbeiten sollten und sich nicht auf eine von außen verliehene verlassen.

Kritikbereitschaft und gute Führung?

Erhöhen Sie als Führungskraft Ihre Kritikbereitschaft, wenn es um Vorgesetzte oder sogenannte Experten und Autoritäten geht. Und seien Sie versichert, Sie haben es immer mit Menschen aus Fleisch und Blut zu tun. Sie alle kochen mit Wasser und machen Fehler auch wenn sie uns anderes glauben machen wollen. Status alleine macht noch keine Exzellenz und keinen Leader. Als Führungskraft erarbeiten Sie sich Status und Machtzuweisung durch menschliche Qualitäten und Führungskompetenz. Führung nur auf der Basis von Position klappt nicht auf Dauer. Menschen müssen sich innerlich bereit erklären, sich von Ihnen führen zu lassen. Ihre Mitarbeiter bestimmen, ob Sie wirklich Chef sind. Als gute Führungskraft vermitteln Sie ausschließlich da Experten- oder Chefstatus, wo Sie ihn objektiv und in Ihrem Inneren auch besitzen, beispielsweise in Ihrem beruflichen Fachgebiet. Sie kehren ihn nicht heraus, sondern lassen ihn wohldosiert und an der richtigen Stelle für sich sprechen.

Und noch etwas spricht (leise) für tatsächliche Macht und Autorität: „Wer stark ist, kann sich erlauben, leise zu sprechen." Theodore Roosevelt. Haben Sie Mut zu Autorität, denn auch sie fehlt oft in ihrem ursprünglichen Sinn und ist ein Faktor guter Führung – nicht die aufsetzte, sondern die echte. „Manager und Führungskräfte agieren seit Jahren vielerorts ohne Autorität. Dabei bezeichne ich mit diesem Begriff das, was er in seiner ursprünglichen Bedeutung ist: Respekt, Achtung, Wertschätzung und Einfluss, den andere einem zusprechen. (…) Autorität ist etwas, das nur in einer Beziehung stehen kann. Sie ist weder angeboren noch kann sie antrainiert oder erlernt werden. Sie erfüllt den Arbeitsprozess, wenn Menschen bereit sind, voneinander zu lernen, sich ernst zu nehmen und offen sind, sich bezogen auf die jeweiligen Verantwortlichkeiten wechselseitig Autorität zu zusprechen."[124]

Das Gesetz der Masse

Das Wort „Masse" beim Gesetz der Masse klingt übertrieben. Die Bezeichnung „Prinzip der sozialen Bewährtheit" trifft es genauer. Letztlich läuft beides auf dasselbe hinaus: Was viele gut finden, kann nicht falsch sein. Bei dem, was wir für gut und richtig halten, neigen wir dazu, uns daran zu orientieren, was viele für richtig halten und was viele Menschen tun. Im Marketing wird von „Millionenauflagen", „Hunderttausenden, die diesem Produkt vertrauen", „über fünf Millionen Lesern jeden Tag" oder „Sie sind der 2.000.000ste Besucher" gesprochen. In den Medien bekommen Sie die Auswüchse dieses Prinzips wirklich „um die Ohren". Sicher kennen Sie die Lachkonserven in Soaps und Comedy-Serien. Dass Lachen ansteckend ist, haben Sie bestimmt schon erlebt. Und genau dieser Effekt wird mit dem eingespielten Lachen angewendet. Motto: Wenn viele lachen, muss das lustig sein. Falls Sie bisher der Meinung waren, da säße echtes Publikum, muss ich Sie enttäuschen. Dort erwischt Sie allerdings derselbe Effekt mit anderen Mitteln: Wenn viele klatschen, klatschen Sie mit, wenn keiner klatscht, halten Sie sich zurück. Früher wurden dafür Profis eingesetzt, die sogenannten Claqueure (von französisch claquer: klatschen). Die klatschten wie wild für Geld.

Hinter Claqueuren und Lachkonserven steckt das Prinzip der sozialen Bewährtheit. Oder einfacher ausgedrückt: das Gesetz der Masse. In Studien konnten Wissenschaftler zeigen, dass wir dazu neigen, uns der Meinung und Einschätzung der Masse anzuschließen. Das gilt auch schon für kleine Gruppen. Insbesondere dann, wenn man selbst unsicher ist, wie man sich in einer Situation verhalten oder entscheiden soll, funktioniert das Prinzip. „Wenn man nicht genau weiß, wie man sich in einer Situation verhalten soll, schaut man, was andere Leute machen, und hält sich an die situativen Regeln", so der Psychologe Noah Goldstein.[125] Seine Studie: Um herauszufinden, wie man Hotelbesucher dazu bewegen kann, Handtücher mehrfach zu benutzen, testeten die Wissenschaftler unterschiedliche Botschaften und werteten die Reaktionen der Gäste aus. Folgende Botschaften wurden den Gästen dargeboten, wobei die Versuchspersonen im Hotel immer nur jeweils eine der Botschaften zu Gesicht bekamen:

- Unterstützen Sie das Hotel beim Energiesparen!
- Machen Sie mit beim Umweltschutz!
- Seien Sie unser Partner beim Umweltschutz!
- Helfen Sie mit, die Ressourcen für künftige Generationen zu schonen!

- Die meisten der Gäste machen beim Umweltschutz mit. Schließen Sie sich an (75 Prozent der Gäste beteiligen sich an unserem Programm, unsere Ressourcen zu schonen, indem sie ihre Handtücher mehrfach benutzen).

Von den Gästen, die die letzte Botschaft in ihrem Zimmer vorfanden, schlossen sich die meisten der Mehrfachnutzung der Handtücher an - 44 Prozent. »Die meisten unserer Gäste machen mit beim Umweltschutz. Schließen Sie sich an«, das war der Renner in Punkto Wirkung und Überzeugung. Wir schließen uns eben gerne an. Die geringste Wirkung hatte die Aufforderung, das Hotel beim Energiesparen zu unterstützen. Hier schlossen sich nur 16 Prozent der Befragten dem Wunsch des Hotels an. Was also viele tun, kann nicht falsch sein, so meinen wir. Dazu kommt, dass wir tief in uns so etwas wie eine eingebaute Abneigung haben, »gegen den Strom zu schwimmen«.[126]

Unter zwei Bedingungen greift das „Gesetz der Masse" besonders gut. Es schlägt vor allem dann zu, wenn Personen unsicher sind und wenn eine Situation mehrdeutig ist. Dann ist die Wahrscheinlichkeit, dass sich diese Personen am Verhalten, an den Handlungen oder auch an den Einstellungen anderer ausrichten, besonders groß. Auch dann, wenn eine gewisse Ähnlichkeit vorherrscht, sind wir eher bereit, es dieser Person gleichzutun. Sie sehen also, hier greifen mehrere Gesetze ineinander und verstärken sich gegenseitig. Gut zu beobachten ist das bei Fans eines Vereins, die Ähnlichkeit durch Äußerlichkeit und Uniformierung herstellen, und oft in Massen auftreten, ihre eigenen Fangesänge anstimmen und Rituale entwickeln.

Das „Gesetz der Masse" im Berufsalltag

Gruppe / Meeting: Rechnen Sie damit, dass es in einer Gruppe mit mehr als drei Personen zu dynamischen Prozessen kommen kann, wenn sich einige der Teilnehmer in eine Richtung äußern oder verhalten. Dann ist die Wahrscheinlichkeit groß, dass andere Personen sich in eine ähnliche Richtung „bewegen". Ist es Ihnen möglich, sich für ein Meeting oder eine Diskussion mit Teilnehmern abzustimmen, die Ihrer Meinung sind, oder die eine ähnliche oder gleiche Meinung haben, können Sie dies einsetzen, um Ihre Position zu stärken. Bringen Sie die Personen, die Sie hinter sich haben, dazu, Ihren Ausführungen zuzustimmen oder sie durch eigene Beiträge zu verstärken. Gerade dann, wenn noch einige der Teilnehmer unentschlossen sind, kann das dazu führen, dass sie sich Ihrer Meinung anschließen.

Gespräch / Verkauf: Für wichtige Gespräche, beispielsweise Konflikt- oder Verkaufsgespräche, können Sie sich bei guter Vorbereitung Informationen zurechtlegen, die das Prinzip der sozialen Bewährtheit berücksichtigen. Geht es darum, mit einem Mitarbeiter darüber zu sprechen, dass er häufig zu spät kommt, könnte ein Hinweis darauf, dass 99 Prozent der Mitarbeiter pünktlich sind, und dass dies Voraussetzung dafür ist, dass das Unternehmen über 100.000 zufriedene Kunden hat, etwas bewegen. Gerade wenn es um Regeln geht, greift das „Gesetz der Masse" gut, weil Regeln nur dann sinnvoll sind, wenn Sie von vielen befolgt werden.

Vortrag / Präsentation: Nun vielleicht ein nicht so ganz ernst zu nehmender Vorschlag. Aber Sie können es trotzdem in ausgewählter Runde einmal ausprobieren. Auf der Basis dessen, was Sie über die Lachkonserven erfahren haben, können Sie auch bei einem Vortrag oder einer Präsentation Effekte erzielen. Sicher seltsam wäre in diesem Fall, wenn Sie Beifall oder zustimmende Geräusche aus einer Konserve einspielen würden. Für Ihren Vortrag oder Ihre Präsentation könnten Sie folgendes Experiment wagen: Gewinnen Sie jemanden, der immer dann, wenn er oder sie es für richtig hält, einfach lautstarke, positive Zustimmung signalisiert, und gewinnen Sie eine Person, die am Ende wie zufällig eine positive Bewertung abgibt - von Applaus oder Bravorufen rate ich ab. Dann lassen Sie sich überraschen, was passiert. Es sei noch darauf hingewiesen, dass das nicht funktioniert, wenn Ihr Vortrag oder Ihre Präsentation grottenschlecht ist.

Gesetz auf Gegenseitigkeit

Das Gesetz besagt, dass Menschen dazu neigen, inneren Ausgleich herzustellen, wenn sie etwas geschenkt bekommen. Gibt Ihnen jemand ein Bier aus, neigen Sie unterbewusst dazu ebenfalls ein Bier auszugeben. Dieses Prinzip auf Gegenseitigkeit, auch Reziprozitätsprinzip genannt, bringt uns manchmal dazu, unsinnige Dinge zu tun. Das zeigt ein Experiment eines Professors in Amerika. Er schickte wahllos Weihnachtspostkarten an Menschen in den Vereinigten Staaten. Ergebnis: es kamen haufenweise Karten von wildfremden Menschen zurück, die nicht einmal wissen wollten, wer er eigentlich ist. Hier lief folgender Automatismus ab: Karte bekommen - herzlichen Dank - Ausgleich schaffen: Karte zurück schreiben - alles wieder im Lot - abhaken.

Dieses Verhalten hat zwei positive Aspekte. Zum einen haben wir im Laufe der Evolution gelernt, dass es nützlich sein kann, jemandem etwas zu schenken. Man kann davon ausgehen, dass etwas zurückkommt. Der zweite Grund liegt auf der Beziehungsebene. Jemand, der immer nur nimmt, ist auf Dauer einsam. Das trifft auch auf Chefs zu. Ein gutes Geben- und Nehmen-Konzept führt zu Freunden und guten Beziehungen, im Berufsleben zu Motivation und Leistungsbereitschaft. Da die meisten Menschen soziale Kontakte mögen, ist die Reziprozitätsregel hoch zu bewerten. Interessanterweise spielt Sympathie für den Drang zum Ausgleichen keine Rolle. Dabei ist Sympathie, wie wir schon erfahren haben, durchaus ein gewichtiger Faktor dafür, ob uns jemand etwas abkauft, uns glaubt oder einer Bitte nachkommt. In einer Untersuchung konnten Psychologen zeigen, dass alleine das Annehmen eines Geschenks unabhängig von der Sympathie für den Schenkenden ausreicht, sich verpflichtet zu fühlen etwas zurückzugeben. Auch Chefs, die keinen Wert darauf legen als sympathisch empfunden werden, können mit Reziprozität punkten. Das funktioniert in allen möglichen und unmöglichen Situationen.

Das zeigt der amerikanische Psychologie Robert Cialdini am Beispiel der Sekte Hare-Krishna. „In den siebziger und achtziger Jahren des letzten Jahrhunderts zogen die rot und orange gekleideten und oft kahlgeschorenen Sektenmitglieder in Gruppen trommelnd und tanzend in den USA über öffentliche Plätze, um Geld zu sammeln. Sie bekamen zwar hohe Aufmerksamkeit, klar, bei dem Aufstand, den sie veranstalteten, aber Geld kam kaum zusammen. Daraufhin bedienten sie sich eines kleinen aber wirkungsvollen Tricks auf der Basis der Reziprozitätsregel. Bevor sie um eine Spende baten, beschenkten sie die Befragten, beispielsweise mit ihrer »Bibel«, einem Exemplar der Sektenzeitschrift oder ganz schlicht einer Blume. „Mit dieser Strategie, erst zu geben, dann zu fordern, war die Hare-Krishna Sekte enorm erfolgreich; sie bescherte ihr große Gewinne und ermöglichte ihr den Erwerb und Bau von Tempeln, Geschäften, Häusern und Grundeigentum in weltweit 321 Zentren."[127]

In der Marketingkommunikation und der Verkaufsförderung finden Sie diese Regel sehr häufig. Wenn Sie im Supermarkt auf Aktionsproben treffen, wenn Sie Anschreiben mit kleinen Geschenken bekommen (und annehmen), wenn Sie im Internet Gratis-E-Books herunterladen können, dann schlägt die Reziprozitätsregel zu. Nehmen Sie eines dieser kleinen Geschenke an, dann sind Sie geneigt, beim nächsten Einkauf das Produkt zu kaufen, das Sie gekostet haben. Viele „Geschenke" sind gar keine. Es sind Köder, Trojaner und „Türöffner". Das Reziprozitätsprinzip funktioniert nicht nur im Verkauf oder im Zwischenmenschlichen (Gebe ich ein Bier aus, gibst du ein Bier aus), Sie können es auch in der Führung einsetzen.

Reziprozität in der Führung

Abgesehen von materiellen Geschenken, die man machen kann, gibt es in der Führung ideelle und nicht-materielle „Geschenkmöglichkeiten": Sie können Vertrauen, Wissen, Entgegenkommen, Lösungen, Interesse oder Zeit „schenken". Es wird etwas zurückkommen. Es müssen keine materiellen Geschenke sein, die uns anregen, etwas zurückgeben zu wollen. In jedem Falle gilt: Geschenke wirken oder wie die Amerikaner sagen „givers gain" – wer gibt, gewinnt.

Geschenke in Gesprächen (Beispiele):

- Sympathie: Lächeln, Freundlichkeit, Komplimente
- Wertschätzung: Interesse bekunden, Vertrauen geben – offen über sich erzählen, Wichtigkeit unterstreichen – Kompetenz und Können des Gegenübers betonen – sich vorstellen, was Sie an der Person Gutes finden können
- „Geheimnisse" verraten: „Also, das bleibt jetzt unter uns ...", „Das, was ich Ihnen jetzt erzähle, kennen nur..."
- Wissen abgeben und teilen: „Wir haben lange an dieser internen Studie gearbeitet. Alternativ: Wir haben eine Menge für diese interne Studie bezahlt. Ich zeige Ihnen vorab einmal die wichtigsten Ergebnisse."
- Kostenpflichtiges Knowhow umsonst abgeben: „Das gehört zwar zu unserem kostenpflichtigen Workshop, aber weil wir jetzt schon an diesem Punkt sind, zeige ich Ihnen die sieben Möglichkeiten der Positionierung."

Geschenke in Vorträgen und Präsentationen

- Wissen verschenken: Studien gedruckt verteilen
- Hilfsmittel verschenken: Checklisten, Persönlichkeitstests
- Entspannung schenken: Hinweis, dass die Teilnehmer eine Unterlage bekommen und nicht mitschreiben brauchen
- Ganze Vorträge und Miniworkshops kostenlos anbieten

Unternehmen und Chefs machen auch Geschenke. Manche merken es nur nicht. Gute Weiterbildung wird durchaus als „Geschenk" betrachtet, wenn man es so anbietet. In einem Führungskräfte-Nachwuchsprogramm hat die Geschäftsführung nach den Trainings den Teilnehmern auch individuelles Coaching angeboten. Einige Teilnehmer wollten das erst gar nicht annehmen, wohl auch, weil sie sich nichts darunter vorstellen konnten. Am Ende waren alle begeistert und ihrem Arbeitgeber dankbar, dass er ihnen solche Möglichkeiten eröffnet hatte. Für diese positive Reaktion sind vor allem drei Faktoren verantwortlich:

- **Freiwilligkeit:** Den Kandidaten wurde es frei gestellt das Coaching zu nutzen oder zu lassen. Der zuständige Bereichsleiter hat für die Maßnahmen in persönlichen Gesprächen geworben.
- **Themen-Freiheit:** Die Teilnehmer konnten die Coaching-Themen frei wählen. Sie mussten nicht unmittelbar etwas mit der Arbeit zu haben – hatten sie letztlich doch.
- **Prozess-Hoheit:** Die Teilnehmer konnten jederzeit das Thema wechseln oder das Coaching beenden. Sie entschieden ob und welche Informationen aus dem Coaching an die Führung weitergeleitet wurden.

Neuverhandeln-nach-Zurückweisung-Taktik

Durch die Neuverhandeln-nach-Zurückweisung-Taktik oder wie es Robert Cialdini nennt, die Tür-ins-Gesicht-Taktik bekommen Sie leichter, was Sie wollen. Das Ganze funktioniert einfach: „Nehmen wir an, Sie wollen, dass ich Ihnen eine Bitte erfülle. Eine Möglichkeit, Ihre Chancen zu verbessern, dass ich tue, was Sie wollen, ist, an mich eine Bitte um etwas Größeres zu richten. Am besten eine Bitte, der ich wahrscheinlich nicht nachkommen werde. Dann, nachdem ich die Bitte abgeschlagen habe, bringen Sie eine kleine Bitte vor. Und zwar diejenigen, an der Sie von Anfang an interessiert waren. Vorausgesetzt, die Bitten sind geschickt formuliert, werde ich die zweite als Zugeständnis an mich betrachten und sollte nun geneigt sein, meinerseits mit einer Konzession zu reagieren - die Erfüllung ihrer zweiten Bitte."[128]

Psychologe Robert Cialdini und seine Kollegen fragten Studenten auf dem Campus, ob sie bereit wären, eine Gruppe jugendlicher Straftäter bei einem Ausflug in den Zoo zu beaufsichtigen. Das Resultat: 83 Prozent der Befragten lehnten ab. Im nächsten Schritt gaben die Versuchsleiter erst eine große Bitte vor und folgten dann mit einer kleinen. Sie befragten Studenten ob sie bereit wären, jugendlichen Straftätern über zwei Jahre hinweg jeweils zwei Stunden pro Woche als Berater zur Verfügung zu stehen. Wie zu erwarten, wurde die Riesenbitte von allen abgelehnt. Unmittelbar nach der Ablehnung wurden die befragten Studenten nun gebeten, ob sie bei einem Tagesausflug jugendliche Strafgefangener Aufsicht leisten würden. Nun stimmten dem dreimal so viele Befragte zu, wie in derselben Befragung ohne die „Tür-ins-Gesicht-Taktik".

Tür-ins-Gesicht-Taktik in der Führung

Immer wenn Sie Menschen dazu bewegen möchten, etwas zu tun, ist es nach der Tür-ins-Gesicht-Taktik förderlich, zuerst etwas „Großes" zu wünschen oder zu fordern. Sie steigern die Chancen auf Erfüllung Ihrer Bitte, wenn Sie dann mit einer kleineren Forderung an die Personen herantreten. Dabei sollte die kleine Forderung dem entsprechen, was Sie als Ziel erreichen wollten. Hilfreich ist es, wenn große und kleine Forderung unmittelbar aufeinander folgen, denn nur so wird zusätzlich das Kontrastprinzip bedient. „Es gibt ein Prinzip der menschlichen Wahrnehmung, das Kontrastprinzip, das sich darauf bezieht, wie wir den Unterschied zwischen zwei Reizen erleben, die uns unmittelbar nacheinander dargeboten werden. (...) Wir schätzen beispielsweise das Gewicht eines Gegenstandes, den wir hochheben, höher ein, wenn wir zuvor einen anderen, leichteren, hochgehoben haben [und umgekehrt; Anm. d. Autors]."[129]. Wenn Sie das Kontrastprinzip anwenden, verzichten Sie auf etwas, indem Sie von Ihrer ersten Forderung Abstriche machen. Sie akzeptieren ein „Nein" zur hohen Forderung. Psychologisch „verschenken" Sie ein „Nein". Damit bedienen Sie das Reziprozitätsprinzip – wer etwas geschenkt bekommt, neigt dazu, es auszugleichen. Zusätzlich erscheint die zweite Forderung sehr viel kleiner – Kontrastprinzip.

Tipps für die Praxis: Führung

- Bitten Sie Mitarbeiter um hohen Einsatz, um dann weniger zu verlangen. „Wir müssen am Samstag arbeiten... gut, machen wir am Freitag länger."
- Legen Sie Ihre eigentliche Forderung für sich vorher fest.
- Wenn Sie etwas für beim Vorstand herausholen wollen, fordern und begründen Sie mehr als Sie benötigen, um dann den eigentlichen Wunsch nachzuschieben.
- Übertreiben Sie das Ganze nicht – GMV.

Maßnahmen gegen die Reziprozitätsregel

Cialdini rät, kleine Geschenke anzunehmen, jedoch gleichzeitig bereit zu sein, ihren Empfang als Trick umzudeuten. Sollten Sie also bemerken, dass Ihr Gegenüber die Reziprozitätsregel als Trick anwendet, deuten Sie das als Manipulationsversuch um. Nehmen sie ein Reframing vor, setzen Sie einen neuen Rahmen. Kleine Geschenke erhalten die Freundschaft und sie bauen ein Gefälligkeits-Gefälle auf, dem wir hinterherlaufen. Alleine durch Rahmenänderung kann es gelingen, aus der unbewussten Gefälligkeit-Ausgleichsfalle zu entkommen, die Sie dazu bewegt, Gegengefälligkeiten auszuführen, auch wenn Sie das so nicht wollen. Wenden Sie das Umdeuten nicht in jedem Fall an. Manchmal sind Gefälligkeiten echte Geschenke, die von Herzen kommen und genau so gemeint sind. Wenn Ihnen also jemand beim Hausbau hilft, Ihr Auto repariert oder Sie in einer Notsituation einfach so ins Krankenhaus chauffiert, bleiben Sie ihm gewogen und freuen Sie sich darauf, diese „Geschenke" zurückzugeben. Gegenseitiges Helfen ist schließlich ein Faktor für den Sozialisierungsprozess, ein Kit in gut funktionierenden und Gemeinschaften des Menschen. Achten Sie auch darauf, nicht jede Unterstützung anzunehmen. Daraus können „Abhängigkeiten" entstehen, die Sie gar nicht wollen oder die Ihnen schaden. Reziprozität wirkt nicht nur, wenn Ihnen jemand ein Bier ausgibt oder beim Hausbau hilft. Sie wirkt auch, wenn Sie Informationen oder Emotionen „geschenkt" bekommen, wenn jemand „ein kleines Problem" für Sie löst oder Ihnen jemand in einer schweren Stunde Gehör und Zeit „schenkt". Überlegen Sie sich bevor Sie Hilfe annehmen, welche „Schulden" dabei entstehen können und entscheiden Sie dann, ob Sie diese Hilfe annehmen möchten.

Die „Affen" der anderen

Im Umkehrschluss vereiteln manche Führungskräfte durch ein ausgeprägtes Helfersyndrom ein gesundes Reziprozitätsprinzip. Zu diesen Chefs kommen die Mitarbeiter und lieben Kollegen besonders gerne. Sie sind wirklich beliebt, solange sie den Job der anderen machen. Der Ausgleich des eigenen Einsatzes erfolgt durch Beliebtheit oder gar nicht. Man nennt das auch, sich die „Affen der anderen auf die Schulter setzen" lassen. Dahinter steckt das Phänomen, dass sich Führungskräfte die Jobs ihrer Mitarbeiter aufschwatzen lassen. Da hilft nur eine klare Haltung: „Übernehmen Sie kein Problem, das nicht ganz klar Ihr Problem ist. Denn wer die Probleme anderer übernimmt, der übernimmt sich."[130]

Das führt bei Chefs dieser Art zur Überlastung, Während die Mitarbeiter fröhlich dem Feierabend frönen, sitzen diese Chefs bis 22 Uhr im Büro und erledigen die Arbeit ihrer Mitarbeiter. Eine Führungskraft aus einer Werbeagentur klagte in einem Coaching über diesen Zustand, fühlte sich dadurch aber gleichzeitig wertvoll und gebraucht. Ein 11-Stunden-Tag war für sie keine Seltenheit. „Ich kann nicht nein sagen, wenn ich merke, der Mitarbeiter kommt zu mir, weil er wirklich ein Problem hat und nicht weiterkommt." Bevor das Privatleben in die Brüche geht oder die Person zusammenbricht, haben wir mit der sogenannten Ankertechnik am Selbstbewusstsein und an der Konsequenz des Klienten gearbeitet. Dann führten wir die Regel ein, dass jede Anfrage von Mitarbeitern im ersten Schritt über das Prinzip des Selbstlösens behandelt wird. Motto: „Ich kann da jetzt nicht helfen. Wie bekommen Sie das selbst erledigt?" Dazu trainierten wir das sogenannte AFP-Kommunikationsmuster: Absicht – Frage – Pause. Denn der Klient neigte dazu, selbst zu viel zu sprechen und vorschnell Lösungen anzubieten. Die Lösung soll ja vom Mitarbeiter kommen. Über AFP konnte der Klient Gespräche kurz gestalten und den Redeanteil zum Mitarbeiter hin verschieben. Im zweiten Schritt, falls dieser noch notwendig ist, bietet die Führungskraft konkret Hilfe an: „Was brauchen Sie, damit Sie das gelöst bekommen?" Die Aufgabe bleibt beim Mitarbeiter. Im dritten Schritt, und nur dann, wenn man ernsthaft der Meinung ist, der Mitarbeiter ist überfordert, übernimmt man als Chef den Job. Kommt das öfter vor, sollte man überlegen, ob der betreffende Mitarbeiter richtig eingesetzt ist. Auf Dauer sollte man Konsequenzen ziehen. Um solche Veränderungen herbeizuführen, ist es notwendig das eigene Denken und die eigene Haltung zu hinterfragen und zu bearbeiten. Dabei helfen die psychologischen Ebenen.

Psychologische Ebenen

Die „logischen Ebenen" hat der amerikanische Psychologe Robert Dilts für Coaching und Therapiearbeit in Anlehnung an die logischen Ebenen des Lernens des amerikanischen Anthropologen Gregory Batesons entwickelt. Dabei ist der Begriff nicht zu genau zu nehmen, denn ein klar abgegrenzter und immer hierarchischer Aufbau der Ebenen einer Persönlichkeit nach diesem Modell (von unten nach oben) Umwelt, Handeln, Fähigkeiten, Werte, Identität und Zugehörigkeit, ist nicht durchzuhalten. Allerdings ist dieser Aufbau nützlich, wenn es darum geht, eine Person näher kennen zu lernen oder eine gute Beziehung zu Menschen aufzubauen. Das Modell hilft auch die

„psychologische Struktur" eines Unternehmens näher zu beschreiben und zu verstehen. Coachs nutzen dieses Modell gerne, um Klienten näher kennen zu lernen. Sie helfen damit Klienten auch sich anderen Personen zu nähern und sie besser zu verstehen, die im Coaching für sie eine Rolle spielen. Auch wenn der Begriff der logischen Ebenen nicht passgenau ist. Eine eher „unbekümmerte Einstellung hilft auch im Umgang mit dem nicht ganz unproblematischen Begriff der logischen Ebenen, nämlich: Man kann ihn benutzen, wenn man weiß, dass es weder Ebenen sind, noch dass sie logisch sind."[131]

Die Ebenen des Modells

„Auf der untersten Ebene, der „Umwelt" (Engl. „Environment") bewegt sich der Mensch mit seinem Verhalten („I Do"). Hinter dem Verhalten liegen die Fähigkeiten („I Can"), die es uns ermöglichen, irgendein Verhalten überhaupt auszuführen. Hinter/über den Fähigkeiten steckt die Motivation, um ein Verhalten, das ich kann, tun zu wollen oder die Fähigkeit dazu überhaupt entwickeln und üben zu wollen. Da die Motivation nicht nur triebgesteuert ist, sprechen wir hier nicht nur von Motiven, sondern generell von Werten. Diese Konstrukte benutzen wir als Kriterien, um zu entscheiden, was wir glauben. »Glauben heißt für wahr halten, auch wenn es sich nicht beweisen lässt«, ist eine gängige Definition, speziell im religiösen Bereich. (…) In der oberste Ebene der Persönlichkeit definieren wir unsere Identität („I Am"). Damit unterscheiden wir, wer wir sind, was wir sind, was zu uns dazugehört und was nicht."[132]

Nicht logisch, sondern psychologisch

Um in der Führung gewünschtes Verhalten zu erzielen oder in Coaching und Selbstführung eigenes Verhalten zu verändern, helfen Kenntnisse zu den notwendigen Verhaltensschritten und sogenannte Ressourcen. Dazu gehören beispielsweise Emotionen wie Mut, Gelassenheit, Zuversicht oder auch Konsequenz. Diese Ressourcen können im Coaching geankert werden. Das ist ein psychologischer Vorgang unter Nutzen des Reiz-Reaktions-Mechanismus. Grundlage des Ankerns ist, dass es dem Gehirn prinzipiell egal ist, ob eine Emotion tatsächlich erlebt oder erinnert wird. Deshalb erinnert man sich intensiv an hilfreiche Emotionen und fixiert sie in einem Reiz-Reaktions-Mechanismus, beispielsweise als Druckpunkt an einer Stelle des eigenen Körpers.

Über diesen Mechanismus kann man eine gewünschte Emotion in einer Situation wieder aktivieren. Bei einer jungen Führungskraft, die eher zu den stillen Menschen gehört, und die sich wünscht, aktiver im Small Talk und souveräner in Präsentation und Vortrag zu sein, haben wir drei Ressourcen verankert: Mut, Gelassenheit und Zuversicht. Im Coaching hatte die Person diese Ressourcen selbst als hilfreich benannt. Diese Ressourcen sind insgesamt auf der Ebene der Werte angesiedelt und wirken sich positiv auf alle darunterliegenden Psychologischen Ebenen aus: Fähigkeiten, Handeln, Umwelt. Das Ankern selbst geht immer nach demselben Schema von statten:

Exkurs Ankern

Ankern ist der Prozess, bei dem ein externer Reiz (Wort, Berührung = Anker) mit einer bestimmten Reaktion (Wohlfühlen, Stark sein, Mut haben = Ressource) so verbunden wird, dass eine spätere Reaktivierung dieses Reizes (Auslösen des Ankers) wiederum zu dieser Reaktion führt. Beim Ankern wird eine absichtliche Assoziation, also ein Hineinversetzen bewirkt, und zwischen einem Reiz und einem bestimmten Erlebnis hergestellt. Ankern macht einen bestimmten Reiz (Berührung, Wort, Bild, Geruch) zum Anker. Sie kennen „Anker" aus dem täglichen Leben, denn in uns werden ständig Erlebnisse und Wahrnehmungen verankert. Sie lösen bestimmte Gefühle und Emotionen aus. Wenn Ihnen beispielsweise ein Gespräch beim cholerischen und ungeliebten Chef droht, reicht schon die Vorstellung, um bestimmte Reaktionen, Gefühle, Emotionen, Zustände auszulösen. Sie werden unleidig, still, ziehen sich zurück, haben Ängste und sind gereizt. Umgekehrt löst Ihr Lieblingslied aus der Jugend möglicherweise angenehme Erinnerungen aus. Sie fühlen sich wohl, frei, ungebunden, sind gut gelaunt, erinnern sich an tolle Partys, Ihre Jugendliebe, die Aufregungen, die Abenteuer, den ersten Tag beim Führerschein, den ersten Kuss (klar), die ersten Male für alles Mögliche, den Klang Ihrer Jugend, das Jugendheim, die bestimmte Klassenfahrt – schwelgen Sie ruhig weiter, wenn Sie mögen. Im ersten Fall ist der Anker eine Vorstellung, ein Bild vom Chef, also visuell. Im zweiten Fall ist es ein Lied, also etwas das Sie hören, das als Anker wirkt und Reaktionen auslöst. Anker können in jedem sogenannten Repräsentations-System, also visuell, auditiv, kinästhetisch, gesetzt und ausgelöst werden. Besonders gut wirken olfaktorische (Geruch) Anker – das kennen Sie bestimmt. Sie riechen etwas Bestimmtes und haben sofort eine starke Erinnerung an ein Ereignis, an eine Person oder ein Erlebnis. Alles, was sinnlich wahrnehmbar ist, kann ein Anker sein.

Anker sind gewissermaßen Alltag. „Anker zu setzen ist ein natürlicher Prozess. Es ist nicht möglich, andere Menschen nicht zu ankern. Dies gilt in besonderem Maße für kinästhetische Anker (z.b. Berührungen). Das Wissen um die Wirkung kinästhetischer Anker kann Menschen auf Berührungen achtsam machen, darauf zu achten, welche Zustände auf welche Weise geankert werden, wenn man andere Menschen berührt."[133] So wirkt eine kurze Berührung am Oberarm einer anderen Person vertrauensbildend und sympathieaufbauend, wenn die Berührung wie zufällig geschieht und die berührte Person keine Aversionen dagegen hat. Allerdings ist Vorsicht geboten, besonders wenn Sie als Mann eine Frau am Oberarm berühren.

Wo haben Sie Ihre Anker? Was löst bei Ihnen Reaktionen hervor – positive wie negative. Was macht Sie nervös, unruhig, kribbelig? Welche Personen lösen in Ihnen Gefühle oder Emotionen aus, wenn Sie nur an sie denken. Gibt es Lieder, die Erinnerungen in Ihnen wachrufen? Gerüche, die Sie postwendend in eine andere Welt katapultieren? All das sind Anker. Sie können die weniger guten tilgen, die positiven verstärken und weitere positive hinzufügen.

Anker setzen

Im Coaching ankern wir Ressourcen, also Zustände, Gefühle, Kraftquellen, die helfen Aufgaben besser zu erfüllen oder sich wohler zu fühlen. Dazu gehören Ressourcen, wie Mut, Gelassenheit, Kraft, Zuversicht, Freude, Zufriedenheit, Konsequenz, Überwindung, Verständnis etc. Wenn Sie schon Erlebnisse hatten, in denen Sie mutig, gelassen, zuversichtlich, selbstbewusst, konsequent oder verständnisvoll waren, können Sie auf diese Erinnerungen zurückgreifen und sich in diese Vorstellung versetzen. Das Gehirn unterscheidet nicht zwischen Erleben und Vorstellung. Dabei schauen Sie genau hin, hören hin, und spüren hin. Wenn Sie dann fühlen, was Sie gefühlt haben als Sie mutig, verständnisvoll, zuversichtlich, konsequent waren, setzen Sie den Anker, einen Reiz, beispielsweise in einer Berührungs-Wort-Kombination. Sie drücken eine Sekunde beispielsweise den Grundknöchel eines kleinen Fingers und sprechen dazu in Gedanken das Wort der Ressource aus, die Sie gerade ankern (z.B. Mut). Später können Sie „Mut" durch den Reiz (Fingerknöchel drücken und innerlich das Wort

„sprechen“) auslösen. Sie holen sich die Zustände, die Ressourcen die Sie brauchen – quasi auf Knopfdruck. Ablauf des Ankerns:

- Erinnern Sie eine Situation, in der Sie die Ressource, das Gefühl intensiv, das Sie ankern wollen, erlebt haben, z.b. als Sie mutig, gelassen, frei oder konsequent waren
- Versetzen Sie sich in die Situation, indem Sie sehen, hören und spüren, was in der Situation war – Reihenfolge immer visuell, auditiv, kinästhetisch (VAK). Beschreiben Sie, was Sie da gesehen, gehört, gespürt haben
- Im Moment des intensiven Erlebens des Gefühls (z.B. Freiheit), der Emotion (den Anker setzen wie oben beschrieben). Drücken Sie etwa 2 Sekunden einen Fingerknöchel und sprechen Sie die Bezeichnung des Gefühls (Freiheit) laut aus
- Lenken Sie sich kurz ab – zum Beispiel nachschauen wie spät es ist oder ob neue Mails eingetrudelt sind
- Testen Sie den Anker: Anker auslösen, indem Sie den Fingerknöchel drücken und die Bezeichnung des Gefühls aussprechen: Wenn Bilder, Geräusche und das Gefühl, z.B. der „Freiheit“, wiederkommen – prima und Ende. Wenn nicht, ankern wiederholen.

Psychologische Ebenen und Führung

Im Coaching für Führungskräfte geht es häufig darum dass Klienten gewünschte Veränderungen hinbekommen – zum Beispiel weniger Nervosität bei Präsentationen, dass sie Ihre Ziele sicher erreichen oder Handlungen optimieren – beispielsweise souverän Konflikte lösen. Grundlage für erfolgreiches Coaching zu diesen Themen ist für den Klienten das Kennen der eigenen Persönlichkeit aber auch der Persönlichkeit einer „Zielperson“, um wirkungsvoll und zielführend mit den betreffenden Leuten umgehen zu können. Dazu zählen Gesprächspartner, Kunden, Mitarbeiter oder Kollegen. Sich in die Personen gut hinein versetzen zu können und damit die Empathie zu stützen, gelingt mit dem Coaching-Werkzeug der psychologischen Ebenen ausgezeichnet. Sie beschreiben quasi einen Menschen über Ebenen der Persönlichkeit.

Beispiel Handlungsebene ändern

Wünschen Sie Veränderungen, beispielsweise auf der Ebene des Handelns, ist es hilfreich auf den darüber liegenden Ebenen „Fähigkeiten" oder „Werte" zu agieren. Auf der Ebene, auf der ein Thema auftritt, können Sie wenig ausrichten. Sagen Sie einem Raucher (Handlungsebene Rauchen) „hör doch auf" (Handlungsebene Nichtrauchen) bringt das nichts. Ist ihm Gesundheit jedoch ein wichtiger Wert und Sie bearbeiten „Rauchen" auf dieser Ebene, steigen die Chancen, dass er sein Verhalten ändert. "Ein Problem kann nicht auf derselben Bewusstseinsebene gelöst werden, auf der es entstanden ist", Albert Einstein. Wollen Sie als Führungskraft fairer und konsequenter mit Ihren Mitarbeitern und Kollegen umgehen, ist das ein Verhaltenswunsch auf der Handlungsebene. Die Chance, dass es zu dieser gewünschten Veränderung kommt, ist groß, wenn Sie das auf den darüber liegenden Ebenen „Fähigkeiten" oder „Werte" bearbeiten. Die zentralen Fragen dazu sind:

- **Fähigkeiten**: Was müssen Sie können, um fairer und konsequenter mit Ihren Mitarbeitern umgehen zu können? Fähigkeiten, die Fairness unterstützen, sind beispielsweise die sachliche Betrachtung von Personen und das professionelle Bewerten der eigenen Emotionen und Erfahrungen, das Distanzieren können.
- **Werte**: Was ist Ihnen an einem fairen und konsequenten Umgang wichtig? Die Frage nach der Wichtigkeit hat immer einen Bezug zu Werten. In Bezug zu „konsequenter Umgang" könnte eine Antwort lauten „mir ist wichtig, dass die Mitarbeiter mich gut einschätzen können und wissen, dass ich tue, was ich sage."

Nun sagt uns der gesunde Menschenverstand, dass sich Menschen stark an ihren Werten ausrichten. Die Werte eines Menschen machen viel seiner Persönlichkeit aus und sie haben einen großen Einfluss auf das, was wir lernen, was wir tun, wie wir es tun und wo wir uns befinden. Werte befinden sich auf einer hohen Stufe bei den psychologischen Ebenen. Und Menschen nennen Werte als wichtiges Kriterium für gute Unternehmen und gute Führung.

Psychologische Ebenen Unternehmen

Für Führungskräfte ist es in zweierlei Hinsicht hilfreich, über das Konzept der psychologischen Ebenen Bescheid zu wissen. Zum einen kann man Unternehmen und

Organisationen nach diesem Modell erfassen, zum anderen Menschen. Und man kann die Ebenen „Unternehmen und Person" gegenüberstellen, um Unterschiede aufzudecken und anzugleichen. Sind die Werte eines Unternehmens vollkommen andere, als die eines Mitarbeiters, kommt es zu Dissonanzen, zu inneren Widersprüchen, und damit zu Identifikations-, Motivations- und Leistungsproblemen. Beispiel: Einer meiner wichtigsten Werte ist Freiheit. Das vertrug sich nicht mit meinem Berufsziel „Lehrer". Nach dem zweiten Staatsexamen kollidierte ich als Referendar regelmäßig mit der Beamtenwelt des Schuldienstes. Kernwerte dort: Ordnung, Sicherheit, Hierarchie. Auch Organisationen können auf der Basis der psychologischen Ebenen modellhaft strukturiert werden. Dazu bestehen bei Personen Entsprechungen auf der jeweiligen Ebene.

Ebene	Organisation, Unternehmen	Fragen an die Person
Umwelt	Strukturen, Prozesse, Standort...	Wo sind Sie? Mit wem sind Sie hier? Was sehen, hören, fühlen, schmecken, riechen Sie?
Handlung	Produkte, Dienstleistungen, Marktauftritt	Wie verhalten Sie sich? Was tun Sie?
Fähigkeiten	Kompetenzen, Wissen, F & E	Welche Fähigkeiten haben Sie? Was können Sie besonders gut?
Werte	Unternehmenskultur	Was ist Ihnen wichtig? Was treibt Sie an?
Identität	Strategien, Unternehmensziele	Wer sind Sie? Ihr Lebensziel?
Zugehörigkeit	Vision, Mission	Welche Mission haben Sie? Wem fühlen Sie sich verbunden?

Die Werte der Organisation oder des Unternehmens spielen eine große Rolle mit Blick auf die persönlichen Werte und Motive der Mitarbeiter. Auch von sich aus üben die eigenen Werte einen Einfluss auf die berufliche Welt einer Person aus.

- Sie spielen eine Rolle bei der Passung zum Unternehmen.
- Sie prägen das persönliche Führungsverständnis und die Führungsrolle.
- Sie werden deutlich in Konfliktsituationen.
- Sie sind Grundlage für authentisches Auftreten.
- Sie machen es anderen möglich, einen einzuschätzen.

Führen und Identität

Die eigene Identität ist das Ergebnis aus Genen, Prägungen und den Erfahrungen, die Sie in verschiedenen Lebensbereichen gemacht haben und machen. Dazu kommen Wissen, Können, Körper, Geist und Seele. Wie Sie beim Modell der psychologischen Ebenen gesehen haben, baut die Identität auf einem komplexen psychologischen Gebäude auf. Dass die Identität die Art der Führung einer Person beeinflusst, liegt auf der Hand. Wir wollen es auch nicht zu kompliziert machen. Sie sind wie Sie sind. Es ist allerdings hilfreich das „wie bin ich" genau zu betrachten. Darüber finden Sie Ihre Stärken und Schwächen und Ihre Besonderheiten. All das können Sie für gute Führung nutzen. In einem weiteren Modell bilden die Säulen der Identität der Körper, Ihre sozialen Beziehungen, Ihren materiellen Besitz, Arbeit und Leistung sowie Ihre Einstellungen und Werte.[134]

Persönlichkeit und Identität

Für die Die Identitätssäule „Körper" gelten unter anderem gute Gesundheit, erfüllte Sexualität, Zufriedenheit mit dem eigenen Aussehen, sich in seiner Haut wohlfühlen und Vitalität als Einflussfaktoren auf Ihre Identität. Führungskräfte neigen dazu, Raubbau mit ihrem Körper zu treiben. Sie ernähren sich schlecht, machen zu wenig Sport, setzten sich negativem Stress aus und pflegen selten eine gute Paarbeziehung noch ausreichend soziale Kontakte. Damit greift die Vernachlässigung der Säule „Körper" in den nächsten Bereich, die sozialen Beziehungen.

Soziale Beziehungen zeigen sich in der Familie, im Freundeskreis, bei ihren Kolleginnen und Kollegen, in ihrem Engagement in Vereinen, Verbänden oder Parteien, der Gemeinde und anderen Einrichtungen sowie in sozialen Netzwerken. Zu vielen dieser Dinge kommen Chefs gar nicht mehr, denn sie sind ständig unterwegs oder durch den Job so vereinnahmt, dass keine Zeit bleibt. Dabei sind gefestigte und gute soziale Beziehungen nachweislich ein wichtiger Faktor für ein zufriedenes und gesundes Leben. „Fehlt die soziale Interaktion oder ist sie sehr gering ausgeprägt, hat das (…) negative Auswirkungen, die sich durchaus mit den bekannten körperlichen Risikofaktoren vergleichen lassen. Die Gesundheitsgefahren durch mangelnden psychosozialen Austausch sind ähnlich groß wie beim chronischen Konsum von 15 Zigaretten täglich oder wie bei einem Alkoholiker."[135] Gerade der Ausgleich zum herausfordernden Führungsalltag ist wichtig für Gesundheit und Wohlbefinden. Und das beeinflusst die Qualität einer Führungskraft deutlich mit. Zur Identität gehören auch die materielle Ausstattung mit Geld, Gütern, Wohnraum, Grund und Boden sowie weitere materielle Besitztümer und Sicherheiten.

Vermeintlich das Entscheidende für Ihre Führungsqualität ist Ihr Verhältnis zu Arbeit und Leistung. Es macht einen großen Teil Ihrer Identität aus und beinhaltet Aspekte wie berufliche Tätigkeit, beruflicher Status, berufliche Leistungen, Vereinstätigkeit, Anerkennung für Ihr Tun oder auch sportliche Leistung. Auch wenn dieser Bereich sehr nahe an Führung zu sein scheint, so ist er doch nur ein Teil Ihrer Identität und Ihrer Persönlichkeit.

Einstellungen und Werte sind eine tragende Säule der Identität und sie bestimmen Führungsstil und Führungsqualität entscheidend mit. Darin stecken Überzeugungen, Weltanschauung, Selbstverständnis (Unternehmer? Führungskraft? Leader?), Religion und Glaube, Lebenssinn oder auch Zugehörigkeit, beispielsweise zu Vereinen und Organisationen, Parteien oder Verbänden. Denn die Werte dieser, von bestimmten Werterichtungen geprägten Einrichtungen, wie Parteien oder Religionen, haben direkten Einfluss auf die persönliche Wertewelt einer Person. Unabhängig davon gibt es Werte, die Führungskräfte in Befragungen gleichermaßen als entscheidend für gute Führung erachten. Die wichtigsten Werte sind demnach Vertrauen (wichtigster Wert für 30,7 Prozent der befragten Führungskräfte), Verantwortung (29,5) und Integrität (24,9).

Unternehmen und Identität

Das Identitäts-Modell gilt für Menschen und Unternehmen. Auch deshalb ist es für Chefs und Mitarbeiter sinnvoll die eigene Identität mit der des Unternehmens abzugleichen und Schlüsse daraus zu ziehen. Das kann zu weitreichenden Entscheidungen führen. Nehmen Sie Unternehmen aus der Waffen- oder Zigarettenindustrie – das muss man mögen. Natürlich ist klar, dass auch Leute dort arbeiten, weil sie meinen es zu müssen oder weil sie keine Alternativen haben. Da kommt es zu Dissonanzen und die Identifikation mit der Firma findet nicht statt. Auch aktuelle, öffentliche Probleme wirken nachhaltig. Es kann zu Änderungen der Motivation und Leistungsbereitschaft führen, wenn „mein Unternehmen" plötzlich am Pranger steht, wie die Skandal-Firmen Volkswagen, Siemens oder die Deutsche Bank – das muss man abkönnen. In den Skandal-Fällen geraten die meisten Mitarbeiter unverschuldet in einen Rechtfertigungsdruck und müssen damit klarkommen. Verbockt haben es meistens die Chefs.

Die Unternehmensidentität setzt sich aus verschiedenen Bereichen zusammen, ebenso wie die persönliche Identität. Dazu gehören die Organisation (Körper, Identitätsbereiche bei der Persönlichkeit), Netzwerke (soziale Beziehungen), Arbeit und Leistung (dito), Ressourcen (materielle Ausstattung) und Werte (dito). Wir vereinfachen hier bewusst, denn mehr ist nicht nötig, um das Thema sinnvoll für die eigene Führungsbetrachtung zu nutzen.

Die **Organisation** eines Unternehmens entspricht in etwa dem Körper bei einer Person. Sie ist charakterisiert durch Aufbau, Glieder, Funktionen, Organe, Zuständigkeiten, Aufgaben und Entscheidungswege. Darin befinden sich **Netzwerke**, formelle und informelle. Sie entsprechen den sozialen Beziehungen bei der Identitätsbetrachtung einer Person: Kommunikations-Strukturen, Gruppierungen, Vernetzungen, Informationsflüsse und Entscheidungswege.

Arbeit und Leistung prägen die Identität eines Unternehmens stark mit. Vom Zweck des Unternehmens (Vision, Mission), seinen Aufgaben (einfach / komplex, klar / unklar), der Qualität der Arbeit, der Kooperationsfähigkeit, bis zu Zeit- und Qualitätsmanagement. Hier bestimmen die **Ressourcen,** wie Budget, Ausstattung, Räume, Zeit, Personal, Lohn- und Preisniveau, Umsatz sowie Controlling die Parameter für die Betrachtung der Unternehmensidentität mit.

Die Werte eines Unternehmens sind wichtige Bestandteile der Unternehmenskultur. Sie sind weit oben in den psychologischen Ebenen angesiedelt. Das ist wie beim normalen Menschen. Der hat auch Werte mitbekommen und verinnerlicht. Häufig werden sie gebrochen. Beispielsweise lügen erwachsene Menschen durchschnittlich bis zu 200 Mal am Tag. Niemand möchte belogen werden – Wahrheit und Ehrlichkeit sind ein hohes Gut. Unternehmen geht es da nicht anders, denn Unternehmen sind letztlich Menschen. Die Werte eines Unternehmens zeigen sich im Leitbild, dem Kundennutzen, seiner Mission, dem Sinn und Zweck des Unternehmens und in seinen Strategien.

Zwischen den Werten einer Person und den Werten eines Unternehmens kommt es zu Spannungen oder eben nicht. Für Führungskräfte ist es wichtig hier hohe Deckungsgleichheit ausmachen zu können, sonst gelingt gute Führung kaum. Das hängt unter anderem damit zusammen, dass man als Chef aktiv Werte und Kultur eines Unternehmens vertreten und verbreiten muss, dass man Kultur und Werte den Mitarbeitern vorlebt und vor Kunden, Multiplikatoren und Entscheidern repräsentiert – das gehört zu guter Führung. Stimmen persönliche und Unternehmenswerte weitgehend überein, gelingt das gut, driften sie auseinander, wird das Krampf. Wie soll das beispielsweise als Führungskraft von Volkswagen, der Deutschen Bank oder von Siemens – Unternehmen, die in kriminelle Machenschaften verwickelt waren oder sind – möglich sein? Grundsätzlich sind Leitfiguren in Gefahr Teil der „dunklen Macht" zu werden. Beispiele gibt es ohne Ende – siehe Banken, Autoindustrie, FIFA und DFB. Werte wie Sportlichkeit, Fairness oder Integrität werden mit den Füssen getreten. Das prägt das Bild der Manager und die Identität dieser Organisationen nach innen und das Image nach außen – und zwar negativ. Dabei ist es recht einfach:

1. Schaffen Sie Vertrautheit durch direkten persönlichen Kontakt
2. Stärken Sie Autorität durch Ihr ehrliches und glaubwürdiges Vorbild
3. Bezeugen Sie Ihre Werte durch Taten, nicht durch Absichten[136]

Identität geht auch gut

Identität ist ein Kriterium von Unternehmenskultur. Sie zeigt sich unter anderem in Mitarbeiterzufriedenheit. Great Place to Work® Deutschland, ein internationales Forschungs- und Beratungsnetzwerk, das Unternehmen bei der Entwicklung der Arbeitsplatzkultur unterstützt, zeichnet nach umfassenden Befragungen attraktive Arbeitgeber aus. Das Institut ermittelt im Rahmen von Benchmark-Untersuchungen seit 2003 regelmäßig Top-Arbeitgeber und stellt sie der Öffentlichkeit vor. „Die Auszeichnungen stehen für eine Arbeitsplatzkultur, die in hohem Maße von Vertrauen, Stolz und Teamgeist geprägt ist und für eine nachhaltig mitarbeiterorientierte Personal- und Führungsarbeit", so Frank Hauser, Geschäftsführer von Great Place to Work Deutschland, anlässlich der Preisverleihung der „Besten" 2015. Führungsarbeit ist dabei ein zentraler Faktor, denn die Führung beeinflusst alle anderen Bereiche, die Hauser anführt. Vertrauen, Stolz und Teamgeist sind das Ergebnis entsprechender Führung. Wenn Chefs integer agieren, Vertrauen geben und fördern sowie Teamgeist entwickeln helfen, kann das gelingen. Zu den Siegern gehören Unternehmen aller Größenordnungen und Branchen.[137] Dazu vergibt das Beratungsnetzwerk Sonderpreise für herausragende Führungsarbeit, Kompetenzentwicklung, Diversity (Anerkennung und Nutzbarmachung von Vielfalt in Unternehmen) oder Chancengleichheit.

Chancen für gute Führung

Firmen werden sich etwas einfallen lassen müssen, denn Deutschland gehen die Fachkräfte aus. Um attraktiv für Fachkräfte zu sein und zu bleiben, genügen einmalige Aktionen nicht. Führung und Arbeitsattraktivität sind dafür besser dauerhaft exzellent. Nicht jeder hat das Glück über sexy Produkte oder Dienstleistungen zu verfügen, wie beispielsweise Apple, Google oder Porsche.

Ex-Porschechef Matthias Müller, jetzt Vorstandsvorsitzender bei der Volkwagen AG, setzt in einem Focus-Artikel 2013 noch auf die Faszination des Produkts. „Wir sind vermutlich die begehrteste Automarke der Welt." Die Mitarbeiter seien stolz auf ihren Arbeitsplatz. Und sollten die Ingenieure tatsächlich einmal einen Extra-Motivationsschub benötigen, wüsste er schon Rat: „Wir müssten in unserem Entwicklungszentrum Weissach nur die Fenster öffnen", überlegt der (ehemalige) Porsche-Chef. Dort brettern Porsche-Rennwagen über die Teststrecke. „Wenn die Mitarbeiter das Röhren der Motoren hören, sind sie gleich mit noch mehr Elan bei der Sache." So wie er es hier darstellt, genügt es nicht für solide und dauerhafte Mitarbeiterbegeisterung und – zufriedenheit. Das ist übliches PR-Gelaber eines Chefs, ein bisschen Wahrheit, viel Luft. Da müssen Faktoren mit mehr Substanz als das künstlich verstärkte Röhren von Sportwagen vorhanden sein. Frank Appel, Vorstandsvorsitzender der Deutschen Post, geht im selben Artikel einen Schritt weiter, wobei Logistik und Pakete sicher nicht so sexy wie die Sportboliden sind. Die Menschen wollen geliebt werden, so der Post-Chef, und sie wollen eine sinnvolle Aufgabe erfüllen. Ein Chef müsse seine Organisation mit Energie aufladen und nicht von oben anordnen.[138] Sie müssen als Chef ihre Leute nicht lieben. Respektieren, fördern und fordern genügen. GMV.

Chefs müssen sich an Beschäftigte anpassen, so führt Focus weiter aus. Schon jetzt klagten 70 Prozent der Firmen über große Schwierigkeiten, offene Stellen mit qualifizierten Fachkräften zu besetzen, ermittelte der Personaldienstleister Hays in einer Umfrage. „Je enger der Arbeitsmarkt wird, desto stärker wächst der Druck auf die Unternehmen", bekräftigt Jutta Rump, Direktorin am Ludwigshafener Institut für Beschäftigung (IBE). „Die wenigsten Chefs werden darum herumkommen, ihre Arbeitsbedingungen auch den Wünschen der Beschäftigten anzupassen" (Focus 2013). Das bedeutet nicht, dass Führung nicht mehr führt, sondern dass sie endlich beginnt klar, professionell und konsequent zu führen und dass Unternehmenslenker Führung als Hauptaufgabe von Chefs zu betrachten. Ich erinnere mich an einen Vorstandsvorsitzenden, der mit zum Kunden fuhr. Nicht etwa, um daraus Erkenntnisse für eine kundenorientierte Strategie abzuleiten. Nein, er wollte dem Vertriebsmitarbeiter zeigen, wie man Umsatz macht. Er ist kein Vorstandsvorsitzender mehr. Schlimm genug, dass er es werden konnte.

Worauf kommt es an?

Um heraus zu finden, was Mitarbeitern wirklich wichtig ist, untersuchte Focus mit dem Businessportal Xing 820 Unternehmen mit 1000 oder mehr Mitarbeitern. „Über Xing befragten die Statistiker die Arbeitnehmer nach Erfahrungen mit diesen Firmen, sichteten Bewertungen auf Internet-Portalen und berücksichtigten Auszeichnungen. Nur Unternehmen, die diesen ersten Check mit guten Urteilen abschlossen, schafften es in die zweite Runde: Die Hamburger Datenexperten von Statista befragten 6300 Beschäftigte aus 17 Branchen, wie sie ihre Arbeitgeber bewerten. Beurteilen konnten die Teilnehmer jene Firmen, bei denen sie angestellt sind, oder Unternehmen derselben Branche, zu denen sie sich ein Urteil zutrauten."

Heraus kam ein Ranking bei dem 2013 Volkswagen, BMW, Audi, Porsche und Airbus ganz vorne landeten. Dazu Erkenntnisse, wie die befragten Mitarbeiter die Top-Firmen beurteilen. Entscheidend sind demnach Kriterien wie die Abwechslung in der

Arbeit, Freiräume in der Zeiteinteilung, ernsthafte Rückmeldungen zur geleisteten Arbeit, die Förderung und Anerkennung von Ideen und Verbesserungsvorschlägen sowie ein gutes Weiterbildungsangebot. Diese Kriterien sind zum einem beeinflusst von Strukturen, Prozessen und Management, zum anderen von dazu passender Führungskultur. Die Kriterien „ernsthafte Rückmeldungen zur geleisteten Arbeit" sowie Förderung und Anerkennung von Ideen und Verbesserungsvorschlägen" sind besonders relevant für gute Führung.[139]

Gute Führung kann gelingen

Die gute Nachricht ist, dass gute Führung im Prinzip einfach ist, wenn man sich an drei Kriterien hält: gesunden Menschenverstand, Ehrlichkeit zu sich selbst und Führungskompetenz als Handwerk. Letzteres ist mit Aufwand verbunden. Natürlich ist die Wirklichkeit komplexer und man sollte frei nach Albert Einstein „alles so einfach wie möglich sehen - aber auch nicht einfacher". In der Folge schauen wir uns Kriterien verschiedener Experten an, die gute Führung bewirken sollen. Das „Forum Gute Führung"[140] hat aus einer Studie zehn Kriterien guter Führung abgeleitet, alles recht akademisch und gleichzeitig mit GMV versehen.

Flexibilität und Diversität (Vielfalt)

Das Arbeiten in beweglichen Führungsstrukturen, mit individueller Zeiteinteilung und in wechselnden Teamkonstellationen ist aus Sicht der meisten Führungskräfte bereits auf einem guten Weg. Die Idee der Förderung von Unterschiedlichkeit ist demnach in den Unternehmen angekommen und wird umgesetzt. Die Beiträge zur Führungskultur gerade aus weiblichen Erfahrungswelten werden äußerst positiv bewertet.

Prozesskompetenz wichtigstes Entwicklungsziel

„100 Prozent der interviewten Führungskräfte halten die Fähigkeit zur professionellen Gestaltung ergebnisoffener Prozesse für eine Schlüsselkompetenz. Angesichts instabiler Marktdynamik, abnehmender Vorhersagbarkeit und überraschender Hypes erscheint ein schrittweises Vortasten Erfolg versprechender als die Ausrichtung des Handelns an Planungen, deren Verfallsdatum ungewiss ist."

Netzwerke als Zukunftsmodell

Viele Führungskräfte meinen, dass Netzwerkstrukturen gut geeignet sind, um die Anforderungen der heutigen Arbeitswelt zu lösen. Selbst organisierende Netzwerke nutzen kollektive Intelligenz, die sogenannte Schwarmintelligenz, um bessere Lösungen zu erwirken. Die Menschen sind innovativer, kreativer und motivierter, so die Hoffnung der Befragten. Und Netzwerkstrukturen sollen zur Beschleunigung der Prozesse und zur Verringerung von Komplexität beitragen.

„Wir erleben gerade einen Paradigmenwechsel in deutschen Unternehmen. Entscheidungsfähigkeit und Macht werden zunehmend auf Teams oder Projektgruppen verlagert. Der einzelne kluge Kopf wird Teil von Kooperationsnetzen. Geführte erwarten zunehmend andere Menschenführung, Führungskräfte sind zunehmend auf der Suche nach einem anderen Verständnis von Führung und beide wollen eine neue Führungskultur. Jetzt fehlt nur noch eine Debatte um eine andere Führung und Steuerung von Unternehmen und Verwaltungen."[141]

Absage an Hierarchien

„Die meisten Führungskräfte stimmen darin überein, dass Steuerung und Regelung angesichts der Komplexität und Dynamik der zukünftigen Arbeitswelt nicht mehr angemessen sind. Zunehmende Volatilität (Standardabweichung vom Normwert, der Autor) und abnehmende Planbarkeit verringern die Tauglichkeit ergebnissichernder Managementwerkzeuge wie Zielemanagement und Controlling. Überwiegend wird die klassische Linienhierarchie klar abgelehnt und geradezu zum Gegenentwurf von »guter Führung« stilisiert."

Kooperationsfähigkeit vor Renditefixierung.

Profitmaximierung hat offensichtlich als alleiniges Modell ausgedient. Nicht etwa, weil es moralisch eher bedenklich ist. Nein, die Leistungsfähigkeit dieses Ansatzes sei nach Ansicht von mehr 50 Prozent der Befragten erreicht. Kooperation wird demnach wichtiger und gewinnt an Bedeutung. „Nur noch 29,25 Prozent der Führungskräfte präferieren ein effizienzorientiertes und auf die Maximierung von Profiten ausgerichtetes Management als ihr persönliches Idealmodell von Führung." (Die Praxis spricht angesichts zunehmender Kriminalisierung in der Wirtschaft – Betrug, Korruption – tendenziell dagegen, Anm. d. Autors)

Führungswerkzeug persönliches Coaching

„Mit dem Übergang zur Netzwerkorganisation schwindet der selbstverständliche Schonraum hierarchischer Strukturen. Die Durchsetzung eigener Vorstellungen über Anweisung werde immer schwieriger oder sei gar nicht mehr möglich. Mächtig ist nur, was auf Resonanz trifft. Einfühlungsvermögen und Einsichtsfähigkeit werden dadurch immer wichtiger. Alle Akteure, ob nun Führungskraft oder geführte Mitarbeiterinnen und Mitarbeiter, bräuchten im Unternehmen mehr Reflexion und intensive Entwicklungsbegleitung."

Motivation: Selbstbestimmung und Wertschätzung

Gehalt und andere materielle Anreize verlieren an Bedeutung. Wichtiger sind demnach Wertschätzung, größere Entscheidungsfreiräumen und echte Eigenverantwortung. Die Möglichkeiten eigenständig zu arbeiten überflügelt die Statussymbole als Treiber für Leistungsbereitschaft. Die Sinnhaftigkeit der eigenen Tätigkeit bestimmt zunehmend die Einsatzbereitschaft der Befragten mit. (Umfragen sind geduldig und die Praxis sieht anders aus, Anm. d. Autors)

"Die kulturellen Kraftfelder von heute bestimmen die Realitäten von morgen. Die Ergebnisse der durchgeführten Interviews zeigen unmissverständlich, dass die Führungskultur in Deutschland bereits auf dem besten Wege zu einem Paradigmenwechsel ist. Die kritisierte Renditefixierung der aktuellen Führungspraxis hat in den Wertvorstellungen der befragten Führungskräfte längst ihre Vormachtstellung eingebüßt. Die Bereitschaft, sich auf einen gemeinsamen Entwicklungsweg einzulassen, ist groß. Noch fehlt es dem Zukunftsbild zwar an konkreter Ausgestaltung. Aber die Datenlage zeigt deutlich, dass die Chancen für einen intensiven gemeinsamen Diskursprozess zur Neudefinition von »guter Führung« groß sind."[142]

Gesellschaftliche Themen im Fokus

Führungskräfte setzten Schwerpunkte zunehmend „sozial verantwortlicher". Zumindest, wenn sie es intuitiv tun. Die „Perspektive des Ausgleichs der Ansprüche und Interessen von verschiedenen gesellschaftlichen Gruppen" wird stärker in den Vordergrund gerückt. „Über 15 Prozent aller frei genannten Beschreibungen im Führungskontext beschäftigen sich mit Fragen der gesellschaftlichen Solidarität und der sozialen Verantwortung von Unternehmen." (Dagegen sprechen Ereignisse wie Bankenkrise, Steuerspargeschäfte (Cum-Cum) von Banken, Traderverhalten und Abgasskandal)

Paradigmenwechsel in der Führungskultur

„Mehr als drei Viertel der interviewten Führungskräfte sind davon überzeugt, dass der Standort Deutschland ohne eine grundlegende Änderung in der aktuellen Führungspraxis weit unter seinen Möglichkeiten bleibt. In vollem Umfang deutlich wird die Notwendigkeit einer Änderung der Führungskultur in Deutschland vor allem, wenn man die von den 400 interviewten Führungskräften retrospektiv gesehene Entwicklung der Führungspraxis seit 1950 in Relation zu den Führungsanforderungen von gestern, heute und morgen setzt. Die Schere zwischen Führungspraxis und Führungsanforderungen öffnet sich seit Jahren immer stärker. Ein Großteil der Führungskräfte sieht den typisch deutschen Führungsstil als einen entscheidenden Nachteil im Ringen um Bindung und Gewinnung von Talenten. Sie vermuten auch bei den Mitarbeitenden ein vergleichbar hohes Kritikpotenzial an der Führungsrealität in den Unternehmen."

Führungskultur kontrovers diskutiert

Zusammengefasst: Viele der 400 interviewten Führungskräfte sehen die Führungspraxis in Deutschland in großer Distanz zu den sich tatsächlich durch den Wandel der Arbeitswelt ergebenden Führungsanforderungen. Trotz der im europäischen Vergleich guten Wirtschaftslage sehen die Führungskräfte die Kriterien, die ihnen im Kontext „guter Führung" wichtig sind, nicht einmal zur Hälfte verwirklicht (mittlerer Erfüllungsgrad 49,3 Prozent). Sie kritisieren eine seit Jahren bestehende Fehlentwicklung der Führungskultur. Die Situation sei mit einem anfahrenden Zug vergleichbar: Die Gefahr, den Anschluss zu verpassen, nehme kontinuierlich zu.

Pragmatische Grundsätze für gute Führung

Der Führungs- und Managementexperte Ralf Gasche fokussiert auf sieben pragmatische Kriterien, die im Führungsalltag hilfreich sind. Dazu gehören Souveränität, Durchblick, Haltung, Erfolg, echtes Führen, Kontrollieren und Mut. Sie haben eine gute Portion gesunden Menschenverstand. Gleichzeitig zeigen sie, welche Ansätze man besser lassen sollte: Herumeiern, Durchgreifen, Stilhörigkeit, Motivation, Frustration, Elend. Genauer – „Im Führungsalltag helfen Ihnen die folgenden Grundsätze":

- **Souveränität statt herumeiern**
  Wer sich selbst gut kennt und Umfeld und Auftrag richtig einschätzt, dann überzeugend führen. Souveräne Führungskräfte erfüllen ihre Aufgaben im Einklang mit eigenen Werten und Überzeugungen.

- **Durchblick statt durchgreifen**
  Erst verstehen, dann handeln! Souveräne Führungskräfte schulen ihren Blick für Menschen, Situationen, Unternehmens- und Branchenentwicklung.

- **Haltung statt Führungsstil**
  Gute Führungskräfte treten ruhig und bestimmt auf, sie geben Sicherheit. Sie gestalten Führung auf ihre eigene Weise, statt sich einen Führungsstil überstülpen zu lassen.

- **Erfolg statt Motivation**
  Erfolgreiche Führungskräfte sorgen dafür, dass ihre Mitarbeiter erfolgreich sind. Sie trauen ihnen etwas zu, fördern und fordern sie. Motivationsspritzen erübrigen sich dann.

- **Führen statt geführt werden**
  Souveräne Führungskräfte entscheiden beherzt. Dadurch begrenzen sie die Zahl der Baustellen, mit denen sie sich beschäftigen. Sie lassen sich nicht von anderen treiben.

- **Kontrollieren statt frustrieren**
  Was nicht beachtet wird, ist nichts wert. Gute Führungskräfte wissen, dass wohldosierte Kontrolle wichtig ist - als Wertschätzung der Arbeit und zur Justierung bei Fehlentwicklungen.

- **Mut statt gemütliches Elend**

Souveräne Führungskräfte steuern ihre Ziele selbst verantwortlich und mutig an, statt sich (faulen) Kompromisse auszurichten. Sie behalten das Ruder ihres Lebens fest in der Hand."[143]

In dieselbe, einfache und pragmatische Kerbe schlägt auch der Dalai Lama, wenn er über die Führungspersönlichkeit sagt, sie zeichne sich dadurch aus, „dass sie die richtigen Entscheidungen trifft. Voraussetzungen sind die rechte Anschauung und innere

Ruhe, Sammlung und Konzentration sowie die Fähigkeit, sich nicht durch negative Gedanken und Gefühle ablenken zu lassen."[144] Das ist durch eine buddhistische Grundhaltung geprägt, Voraussetzungen für gutes und erfolgreiches Führen sind richtiges Denken und richtiges Handeln. So einfach kann es sein, GMV. Das ist nicht schwierig, wenn man den gesunden Menschenverstand auf Dauerbetrieb stellt. „Richtig zu denken heißt vor jeder Handlung sicherzustellen, dass Sie in der richtigen Absicht und mit der richtigen Motivation handeln. Die richtige Absicht bedeutet, dass Sie und alle Betroffenen aus der Handlung Nutzen ziehen, dass Sie also bei Ihrer Entscheidung Ihr Wohl und das der anderen Menschen einbeziehen. Dies gilt für Einzelpersonen genauso wie für Unternehmen."[145]

Führungs-Chance

In kleinen und mittleren Unternehmen und Handwerksbetrieben kommen Menschen oft in Führungspositionen wie die Jungfrau zum Kind. Firma geerbt, als Einzelkämpfer angefangen und gewachsen – und bei aller Arbeit keine Zeit, um Führung zu lernen und zu trainieren. Entweder dazu geboren oder es geht schief. Davon abgesehen haben wir das mit dem „geborenen Chef" auch schon geklärt. Talent hilft, nicht mehr. Gute Führung ergibt sich vor allem aus Handwerk (Management), Persönlichkeit und Führungskompetenzen. Das heißt, man kann es lernen, so der Management-Experte Fredmund Malik. „Nicht jeder kann alles gleich gut erlernen. Sicher ist, dass man viel mehr erlernen kann, als die meisten glauben. Manche Menschen bringen bessere Voraussetzungen mit als andere. Manche bemühen sich mehr als andere und arbeiten härter an sich, um ein besserer Manager zu werden. Es gibt auch Menschen, die nicht für den Beruf des Managers geeignet sind, aber ich halte ihre Zahl für gering."[146] In kleinen Unternehmen bleibt eine Menge operativer Arbeit am Chef hängen und er ist nicht selten auch noch der Fachexperte im Betrieb oder Büro. Das gilt für Freiberufler, wie Ärzte, Anwälte oder Architekten ganz besonders. Sie sind Fachexperte, leiten das Unternehmen, sind Manager und führen Menschen. Eine anstrengende Kombination, unter der selten die Fachkompetenz und häufig die Führungsqualität leiden. Dabei gibt es nicht so viele Möglichkeiten richtig und gut zu führen oder zu managen, wie Malik das nennt. Das macht es wieder einfach. GMV. „Alle gut funktionierenden Organisationen werden weltweit auf sehr ähnliche, ja dieselbe Weise gemanagt. Hingegen tritt falsches Management in zahllosen Varianten auf, wie sich in den vielen empirischen Untersuchungen zeigt, (…) Dies trifft auf vieles zu. Z.B. kann man auf unzählige Weise falsch Golf spielen, falsch Englisch sprechen oder falsch Auto fahren. Richtig machen kann man das alles hingegen nur auf eine Weise."[147]

Führungskompetenzen

Führungskompetenzen setzen sich aus Managementqualifikationen, Fachkompetenzen und persönlichen Fähigkeiten zusammen, so die akademische Betrachtung. Managementqualifikationen sind vielfältig. Es geht um Schlüsselkompetenzen für den

Bereich Organisation. Dazu gehören die Gestaltung des Arbeitsumfeldes, von Systemen, Prozessen, Arbeits- und Hilfsmitteln. Personal-, Kunden- und Lieferantenmanagement sowie Finanzmanagement. Die gute Nachricht ist, dass die Arbeitsteilung mit steigender Größe eines Unternehmens zunimmt und Sie als Führungskraft zunehmend delegieren können. Eine Trennung von Führung und Management im Sinne von Sachaufgaben ist hier eher möglich. Ich kenne in der Praxis Unternehmer und Chefs, denen genau das schwer fällt und damit haben auch sie es schwer. Führungskompetenzen sind mit Managementqualifikationen nicht erschöpft. Zusätzlich brauchen Führungskräfte Fachkompetenzen und persönliche Fähigkeiten und Kompetenzen. Zu den Fachkompetenzen guter Chefs gehören die Bereiche Wissen, Handeln und Gestalten. Die persönlichen Fähigkeiten betreffen die Bereiche Führen, Verhalten und Sein.

Fachkompetenzen

Natürlich sind Fachkenntnisse für Führung hilfreich. Sie sind aber bei weitem nicht ausreichend, um gute Führung hinzubekommen. Wissen, Handeln und Gestalten setzen praktische Erfahrungen und Transferfähigkeiten voraus. Wissen alleine taugt für Führung nicht, wenn Chefs aus der Theorie nicht die für eine Situation passende Anwendung und Entscheidung hinbekommen. **Wissen** setzt sich aus mehreren Bereichen zusammen. Dazu gehören sichere und anwendbare Kenntnisse über die Natur des Geschäfts, Produktwissen, Lösung von Sach- und Fachproblemen, Systemkenntnis, Marktkenntnis, Fachtheorie oder Fachpraxis. Im Bereich **Handeln** finden sich „Werte, Visionen, Leitbild", Innovation, Initiativen, Ressourcen, strategisches Denken, unternehmerische Kenntnisse (also Wissen zum Aspekt Unternehmertum), unternehmerisches Denken, Zielorientierung, Ergebnisorientierung und einige mehr. **Gestalten** meint die „Arbeit am und um das System", Konzepte, Modelle, Regeln, Programme, Personalpolitik, Methodenwissen, Teamorganisation, Präsentation und Moderation sowie Projektmanagement. Was hier theoretisch daherkommt, hat im Führungsalltag handfeste praktische Bedeutung. So treffen bei Systemen und Prozessen viele Führungskräfte und Manager auf bestehende Werkzeuge in den Unternehmen. Ihre Einflussmöglichkeiten auf IT, Arbeits-, Abwicklungs-, Kommunikations-, Vertriebs- und Kunden-Prozesse sind besonders in großen Unternehmen gering. Das raubt manchem Team- oder Abteilungsleiter den letzten Nerv. Oft auch deswegen, weil er weiß, dass es einfacher und effizienter gehen könnte, man aber an eingeführten Systemen und Prozessen nicht mal eben etwas verändern kann, nur weil es sinnvoll ist.

Aus der Coaching-Praxis

Ein großes Unternehmen hat nach einem Zukauf eines anderen Unternehmens über das gekaufte, national ausgerichtete Unternehmen seine (unausgereifte) IT und seine international ausgerichteten Prozesse gestülpt. Das macht man so. „Was nicht passt, wird passend gemacht", so die Mentalität. Die Führungscrew und Mitarbeiter des gekauften Unternehmens mussten alles umstellen und effiziente, eingespielte Prozesse und Vorgehensweisen zu den Akten legen. Ihre eigene Arbeit wurde damit abgewertet – zudem vieles in der Praxis vorher besser lief, kundenorientierter und wirtschaftlich erfolgreicher war als es die neuen Strukturen möglich machten. Jedenfalls sagen das viele Führungskräfte und Mitarbeiter des gekauften Unternehmens. Ja so ist das – „Ober sticht Unter", unabhängig von gesundem Menschenverstand, Praktikabilität und Qualität.

Die Veränderungs-Phasen

Sind Veränderungen geplant und finden sie bereits statt, gehört es zu den Aufgaben von Unternehmern und Führungskräften, diese Veränderungen strategisch zu planen und effizient zu guten Ergebnissen zu kommen. Dazu ist es hilfreich zu wissen, wie Veränderungen in der Regel ablaufen und daraus die richtigen Maßnahmen abzuleiten. Dazu gibt es unterschiedliche Modelle, wie das Das 3-Phasen Modell von Kurt Lewin, das 8–Stufenmodell von John P. Kotter oder das Modell der „emotionalen Reaktionen auf Veränderungen" nach Richard K. Streich, das sich in sieben Phasen vollzieht und das wir uns in der Folge genauer ansehen.

Emotionales in Veränderungs-Prozessen

Bei massiven Veränderungen sinken Motivation und Leistungsbereitschaft in den ersten drei von sieben Phasen. Die erste Phase, in unserem Beispiel „großes Unternehmen kauft kleines Unternehmen" der Verkauf für die eine Seite und der Zukauf für die andere und die damit für alle verbundenen Änderungen, erzeugt Unsicherheit. Das ist die **Schockphase**. Es kommt zur negativen Überraschung, wenn die Erwartungen an die Veränderung nicht erfüllt werden. Im Fall eines Mergers (Zukauf eines Unternehmens) sind das die Versprechungen, Aussichten und Beruhigungspillen, die die Chefs der betroffenen Unternehmen den Mitarbeitern der beteiligten Unternehmen PR-mäßig verkauft haben. Oft gibt es vertraglich festgelegte Jobgarantien und einen festgeschriebenen Fahrplan. Das ist aber nur die offizielle Seite auf Papier. Der entstehende Motivations- und Leistungsrückgang betrifft, trotz allem Vereinbarungen und „Festtagsreden", in der Regel beide Unternehmen - mehr oder weniger.

Dieser sogenannte Schock führt zur Abnahme der eigenen, wahrgenommenen Kompetenz. Einfach ausgedrückt: Viele fühlen sich mies. Die Führungskräfte und Mitarbeiter sind in der Regel überfordert, weil oft keine Zusammenschluss-Strategie erkennbar ist. Wenn es eine gibt, kennt sie keiner. Viele Mitarbeiter des verkauften Unternehmens gehen in eine Haltung des Abwartens á la „Kaninchen vor der Schlange". Andere reiben sich zwischen Anspruch und Wirklichkeit auf. Wenn nun keine offene, ehrliche und regelmäßige Kommunikation zu Vorhaben, Änderungen, Zielen und Maßnahmen, also einer Strategie dieses Wandels erfolgt, entsteht eine Negativspirale. Sie verstärkt Verwirrung, Unruhe und Unsicherheit, Verärgerung und Frustration und damit Leistungsabfall, höheren Krankenstand und Fluktuation. Das zieht oft Kündigungen nach sich, meistens von guten Mitarbeitern. Manchmal ist das auch gewünscht – doppelt besetzte Posten und höhere Kosten sollen sich so „natürlich" erledigen (das würde natürlich offiziell keiner zugeben – die Mitarbeiter sind gescheit genug, das auch so zu registrieren).

In der zweiten Phase folgt die **Verneinung**. Diese Phase führt zwar zu einer gesteigerten eigenen Kompetenzwahrnehmung. Das Gefühl kompetent zu sein und mit der Situation klar zu kommen nimmt zu. Diese Wahrnehmung ist aber rein subjektiv und substanzlos, weil sie das Neue stärker ablehnt als vorher und das Alte glorifiziert und schönredet. In unserem Beispiel waren sich die Mitarbeiter des gekauften Unternehmens einig: Vorher sei alles besser gewesen; die Neuen hätten keine oder wenig Ahnung; man sei vorher strukturierter und erfolgreicher gewesen; die Kulturen passten nicht zusammen. Im günstigsten Fall nehmen die Beteiligten beider Unternehmen an, die neue Situation unterscheide sich nicht wesentlich von der vorherigen, obwohl sie das natürlich tut. Der ganze Aufwand des Zusammenführens sei für die Katz. Die neue

Situation ist nicht nur für die Leute des gekauften Unternehmens eine Belastung, sondern auch für die des Käufers. Auf beiden Seiten kommt es dazu, dass Mitarbeiter und Führungskräfte abstreiten, ihr Verhalten ändern zu müssen. Verhaltensänderung ist jedoch zwingend notwendig, wenn beispielsweise Abteilungen zusammengelegt, neue Prozesse aufgesetzt oder Zuständigkeiten neu besetzt werden. Insbesondere die Führungs- und Fachkräfte des gekauften Unternehmens neigen in der Phase der Verneinung dazu, sich auf den bisherigen Lorbeeren auszuruhen. Motto: „Das müssen die anderen erst mal besser machen." Das alles kostet Zeit, Energie und Geld.

In der dritten Phase, der **Einsicht**, geht es mit der eigenen Kompetenzwahrnehmung wieder bergab. Damit verstärken sich Unsicherheit und Demotivation. Leistungsbereitschaft und –fähigkeit nehmen weiter ab. Die Mitarbeiter und besonders die Führungskräfte im mittleren Management sind frustriert, verwirrt und zunehmend unsicher, wie sie sich verhalten sollen. Sie bezweifeln, dass sie mit den Veränderungen klar kommen können. Sie können nicht mehr einschätzen, was auf sie zukommt und verlieren den Eindruck, die Lage beeinflussen zu können. Psychologisch gesehen, ist die Zunahme von unbeeinflussbarer Fremdbestimmung eine sehr wirkungsvolle Hemmung. Das kann auf Dauer sogar krank machen. Die Beteiligten sind zunehmen der Überzeugung, dass sie nicht in der Lage sind die Veränderungen für sich meistern zu können. Manche werden dann stur und das geht zu Lasten des Gesamtunternehmens und der Person selbst.

„Fremdbestimmung macht Stress. Und Selbstbestimmung ist der entscheidende Meilenstein auf dem Weg zum Erfolg und das Mittel gegen Stress schlechthin. Das soll kein Plädoyer dafür sein, sofort seinen Job hinzuschmeißen, auszuwandern oder einfach nur in den Tag hinein zu leben. Nicht jeder kann eine Chefposition besetzen und auch nicht jeder möchte auf diesen Sessel. Für Angestellte sind die Handlungsspielräume begrenzter. Aber besonders hier findet man Menschen, die motiviert sind und ihre Arbeit voller Begeisterung ausführen und andere, die sich offensichtlich quälen. Wenn die Arbeit einen belastet und die Möglichkeiten des Zeitmanagements nicht mehr ausreichen, um den Stress im Griff zu haben, hilft ein Blick in eine andere Richtung: Wie erledige ich meine Arbeit? Arbeite ich nach meinen Prinzipien und meinen Prioritäten? Kann ich selber bestimmen, wie ich bei meiner Arbeit vorgehe?"[148]

Eine der Führungskräfte, die ich während eines Mergers begleitete, drückte das in etwa so aus: „Ich habe keine Ahnung, wohin die Reise unserer Abteilung gehen soll.

Der Merger ist schon zweieinhalb Jahre her und es herrscht weiter Chaos. Der Vorstand äußert sich nicht, die Bereichsleitung schiebt IT-Einführung bei uns (dem gekauften Unternehmen, der Autor) als oberste Priorität nach vorne und äußert sich schwammig zu Themen der Abteilung (Ziele, Personal, Internationalisierung etc., der Autor). Wissen Sie was, ich mache das jetzt so, wie ich es für richtig halte und reize meinen Entscheidungsspielraum bis ans Limit aus." Die Folge waren unkoordinierte Entscheidungen und Maßnahmen sowie die weitgehende Entmachtung der Führungskraft. Damit verlor das Unternehmen das Wissen, die Erfahrung, die Beziehungen und Kontakte dieser Person. Andere Führungskräfte machten das Gegenteil. Sie entschieden nichts mehr. Die Folge: Stillstand.

Diese anderen Führungskräfte des gekauften Unternehmens gingen in eine opportunistische Haltung, alles Neue gut zu heißen und als gut zu verkaufen, auch wenn es offensichtlich nicht so war. Nur wenige kämpften um ihre Errungenschaften aus der Vergangenheit. Beides kostet eine Menge internen Aufwand, befeuert die Reibungsverluste, verstärkt den Vertrauensverlust, demotiviert und verschlingt letztlich Geld. Es erhöht außerdem die Fluktuation. Seit dem Merger haben im gekauften Unternehmen rund 20 Prozent der Führungskräfte und 15 Prozent der Mitarbeiter von sich aus das Weite gesucht. Und diejenigen, die gehen, sind meistens nicht diejenigen, die Dienst nach Vorschrift machen, kurz vor der Rente stehen oder zu den Leistungsschwachen gehören. Erschwerend kommt hinzu, dass diejenigen, die das Unternehmen verlassen, bevorzugt zum Wettbewerb wechseln. Sie nehmen Know-how, interne Kenntnisse, Lieferanten- und Kundenkontakte mit. Das Ex-Unternehmen schwächt sich auf mehreren Ebenen gleichzeitig.

Betrachtet man alle Aufwände und Verluste, kosten Merger oft mehr Geld, als sie bringen. BMW hat beispielsweise der Merger mit dem britischen Autobauer Rover sechs Milliarden Euro und zwei Vorstände gekostet[149], Daimler legte gar rund 74 Milliarden Dollar[150] beim Zusammenschluss mit Chrysler und der unrühmlichen Trennung drauf, wie die Unternehmensberatung McKinsey vorrechnete – der umstrittene Vorstandvorsitzende Schrempp musste 2005 gehen. Die Verantwortlichen machen immer ähnliche Fehler. In unserem Beispiel entstand als Erstes Chaos, als Zweites Unmut bei Führungskräften und Mitarbeitern, als Drittes Opposition oder Opportunismus, gefolgt von weiterem Vertrauensverlust. Die Reibungsverluste waren enorm. Darunter litten auch die Kundenbeziehungen. Einfach deswegen, weil der Kunde eine Zeit lang kaum noch eine Rolle spielte und sich das Unternehmen vor allem um sich selbst drehte. Der gesunde Menschenverstand blieb lange Zeit auf der Strecke, Führung fand nur noch rudimentär statt, Qualität und Leistung gingen nach unten, Kunden suchten sich andere Dienstleister, Mitarbeiter andere Unternehmen.

„60% bis 80% aller Firmenzusammenschlüsse verlaufen enttäuschend. 60% der Zusammenschlüsse schlagen ganz fehl - weil die Kulturen nicht zusammenpassen. Etiketten-Wechsel bedeutet noch lange nicht Organisationstransformation. Veränderung muss von innen kommen, aus Überzeugung und Engagement. Das Zeitalter der befehlenden Leader ist endgültig vorbei. Wandel, der von oben „angeordnet" wird, stößt auf Abwehr. Denn Unternehmen weisen komplexe, hochentwickelte und vor allem verdeckte Immunsysteme auf, die Veränderungen entgegenwirken und hartnäckig den Status quo bewahren."[151]

Exkurs: Phasen in Veränderungsprozessen

Phase 1: Schock

- Konfrontieren mit der Veränderung und der neuen Situation
- Schock: Erwartungen an die Veränderung werden nicht erfüllt
- Abnahme der eigenen, wahrgenommenen Kompetenz.
- Die Beteiligten fühlen sich überfordert.

„Die Mitarbeiter werden mit dem notwendigen Wandel konfrontiert. Die typische Reaktion in dieser Phase ist Schock und Überraschung, Angst vor der neuen Situation und Unverständnis. Dies schlägt sich häufig in sinkender Produktivität nieder, denn die Mitarbeiter bekommen vermittelt, dass bisherige Verhaltensweisen für die neue Situation nicht geeignet sind."

Phase 2: Verneinung und Ablehnung

- Das Gefühl, kompetent zu sein und die Situation zu meistern, nimmt zu.
- Es entsteht die Annahme, die neue Situation unterscheide sich nicht wesentlich von der vorherigen.
- Betroffene streiten ab, ihr Verhalten ändern zu müssen.
- Sich auf seinen Lorbeeren ausruhen. „Das müssen die erst mal besser machen."
- Zunahme der Kompetenzwahrnehmung basiert auf gemeinschaftlichem „Schönreden" und Wahrnehmungsverzerrung.

„Nach dem ersten Schockzustand schließen sich die Betroffenen gegen die Veränderung zusammen, um klar zu machen, dass die angekündigten Maßnahmen aus ihrer Sicht überflüssig sind. Typische Aussagen in dieser Phase sind: „Das kann doch nicht sein, wir haben es doch bisher immer richtig gemacht." In solchen Reaktionen manifestiert sich die Angst, gewohnte Strukturen und Teile der vertrauten Unternehmenskultur zu verlieren."

Phase 3: Einsicht

- Frustration durch Verwirrung und Unsicherheit. Unklarheit, wie man mit dem Veränderungsprozess fertig werden kann.
- Einsicht in die eigenen Unfähigkeiten bzgl. Des Veränderungsprozesses. Wissensdefizite etc.

„Die Mitarbeiter erkennen, dass ihre ablehnende Haltung gegenüber der Veränderung nicht den gewünschten Erfolg bringt und sehen ein, dass ein Wandel unvermeidbar, vielleicht sogar notwendig ist. Allerdings ist eine tiefergehende Bereitschaft eigene Verhaltensweisen grundsätzlich zu überdenken noch nicht vorhanden. Vorerst werden nur erste, oberflächliche Veränderungen wahrgenommen und eher kurzfristige Lösungen gesucht."

Phase 4: Akzeptanz

- Eigene Fähigkeiten und Kompetenzen werden schwach eingeschätzt.
- Die Leute akzeptieren Realität und neue Situation.
- Sie verabschieden sich von gewohnter Einstellungen und gewohnten Verhaltensweisen.

„Am tiefsten Punkt, im oben aufgezeigten Verlauf, kommt es zur entscheidenden Wendung. Die Mitarbeiter beginnen die Veränderung zu akzeptieren und sie nicht nur zu verstehen. Es werden gewohnte Verhaltensweisen verlassen, eine grundlegende Neuorientierung kann nun beginnen."

Phase 5: Ausprobieren

- Einlassen auf die Veränderung durch Probieren ohne Wissen.
- Bei Fehlschlägen Gefahr des Zurückfallens in Phase 2 (Verneinung).
- Wie beim Erlernen einer neuen Sportart wird vorsichtig experimentiert. (Grobform-Phase)

„Die Mitarbeiter fangen an mit der Situation umzugehen, es entwickelt sich Neugier auf das Neue und die damit verbundenen Handlungen. Durch Erfolge und Misserfolge wird gelernt, welche Verhaltensweisen angebracht sind."

Phase 6: Erkenntnis

- Erkennen von Ursachen und Zusammenhängen für Erfolg und Misserfolg über regelmäßiges Feedback – auch durch Führunsgkräfte.
- Verständnisprozess: warum führen bestimmte Verhaltensweisen zum Erfolg.
- Lernprozess: welches Verhalten ist in welcher Situation angemessen.

„Es tritt die Erkenntnis ein, dass die Veränderung auch etwas Gutes hat. Durch erste Erfolge vollzieht sich eine Erweiterung der eigenen Fähigkeiten, und die Integration der Handlungen in den Alltag beginnt."

Phase 7: Integration

- Positive Verhaltensweisen werden gelernt übernommen.
- Beteiligte fühlen sich kompetenter als zu Beginn der Veränderung.

„Die neuen Handlungs- und Verhaltensweisen werden letztlich von den Mitarbeitern vollständig in den Alltag integriert und als selbstverständlich erachtet."[152]

Rolle der Führung

Sind solche Veränderungsprozesse durch einen strategischen Plan (Ziele- und Wege-plan. Was machen wir wann mit wem?), durch professionelle Kommunikation (kontinuierlich, ehrlich, offen, integrativ, klar, konsequent) und durch starke Führung getragen, können sie effizient und zum Vorteil aller gelingen. Fehlen diese Grundpfeiler, geht das schief, kostet Nerven, viel Zeit und Geld und verschlechtert die Unternehmenssituation dauerhaft. In unserem Beispielmerger sind seit der Übernahme fast sechs Jahre ins Land gegangen. Noch heute sind Themen nicht gelöst, gibt es keine einheitliche und klare Kultur im Unternehmen, herrschen Unzufriedenheit, Abkehr von Unternehmen und hohe Fluktuation. Allerdings spielen in unserem Beispiel-Unternehmen weitere Faktoren, wie Wandlungen des Marktes und der Marktteilnehmer, häufige Führungswechsel an oberster Stelle und eine traditionell gefestigte Kultur in beiden betroffenen Unternehmen, eine große Rolle. Diese Hemmnisse für eine gelingende Zusammenführung treffen Sie häufig in deutschen Unternehmen an.

Fazit: Als Führungskraft können Sie den Veränderungsverlauf unterstützen oder beschleunigen, indem Sie die einzelnen Phasen der Veränderung kennen und verstehen und konkrete Erfahrungen im Veränderungsprozess machen. Schaffen Sie eine unterstützende Atmosphäre beim Übergang von Phase vier „Akzeptanz" nach Phase fünf „Ausprobieren". Hier können Mentoring, Coaching, Teamentwicklung mit externer Hilfe unterstützend wirken.

„Dieses Modell der emotionalen Reaktionen in Change Management Prozessen gibt Change Managern, Führungskräften und auch Mitarbeitern eine Orientierung, mit welchen Verhaltensweisen zu rechnen ist. Dieses Modell gilt vor allem für das Verarbeiten von „schlechten Nachrichten" bei größeren, abrupten Veränderungen. Solche Reaktionen treten typischerweise eher nicht auf, wenn

- es sich um kleinere Veränderungen handelt, die von Mitarbeitern als weniger grundlegend und „erschütternd" erlebt werden,
- größere Veränderungen sich „leise" angekündigt haben und wenig überraschend kommen,
- Mitarbeiter beim Erarbeiten der Veränderungen mit einbezogen wurden."[153]

Persönliche Kompetenzen

Aus meiner Erfahrung als Chef und Coach für Führung sind die persönlichen Kompetenzen für gute Führung höher einzuschätzen als die Fach- und Managementkompetenzen. Denn Menschen folgen eher Persönlichkeiten und weniger Kompetenzen. Es gibt sehr fachkompetente Leute, die jedoch nicht führen können oder wollen. Aufgefallen ist mir das bei hochgradigen Fachspezialisten wie Ärzten, Anwälten, Professoren, Ingenieuren, IT-Experten aber auch Handwerkern, Künstlern oder Top-Verkäufern. Sie gehören fachlich oft zu den Besten und schließen daraus, dass sie deshalb auch Spitzen-Chefs sind. In manchen Fällen ist das Gegenteil der Fall.

Führen – Verhalten – Sein

Zu den persönlichen Kompetenzen für Führung gehört das Führen per se. Dazu gehören Führungswille und Leistungsbereitschaft, Lernfähigkeit und Veränderungskompetenz, Adressatenorientierung, Durchsetzungsfähigkeit, Visionsfähigkeit, Netzwerkfähigkeit, Überzeugungskraft, Kommunikationskompetenz, Vorbildfunktion und das Beherrschen von Führungswerkzeugen in den Bereichen Unternehmens- und Mitarbeiterführung, also Management und Leadership. Ein weiteres Kriterium ist das Verhalten mit den Aspekten „Menschen und soziale Systeme verstehen", Verhaltens- und Kommunikationsgeschick, Selbst- und Fremdwahrnehmung, Diagnose- und Interventionsfähigkeiten, Einfühlungsvermögen, Integrations- und Konfliktfähigkeit, die Fähigkeit zu begeistern oder auch Bindungsfähigkeit. Der Bereich „**Sein**" für persönliche Kompetenzen klingt erst einmal philosophisch. In Bezug auf Führungskompetenz ist das allerdings pragmatisch zu sehen. Es geht um Leistungsenergie und Belastbarkeit, Reife und Verantwortungsbereitschaft, Charakter und Zivilcourage, Selbst- und Zeitmanagement, Empathie, Selbstvertrauen und –reflexion, Kreativität und Flexibilität oder auch Frustrationstoleranz. Wir suchen also die eierlegende Wollmilchsau. „Irgendwie ist die Vorstellungen die Welt gekommen, Manager – und insbesondere Top-Manager – müssten eine Kreuzung aus einem antiken Feldherren, einem Nobelpreisträger und einem Fernsehshowmaster sein. Nun kann man diesen Idealtypus zwar durchaus beschreiben, was auch weiterhin reichlich getan wird, aber wir können ihn in der realen Welt nicht finden. Dieser Grundirrtum ist eines der wesentlichsten Hindernisse für eine vernünftige Managementlehre und – Praxis."[154]

Egal was in Stellenausschreibungen steht, bei den persönlichen Kompetenzen haben Führungskräfte Defizite, denn sie sind Menschen. Oft gelingt Führung deshalb nicht besonders gut, ohne dass Management leidet. Da sind dann Management- und Fachkompetenzen ausreichend vorhanden oder werden geschickt an gute Leute delegiert, aber Mitarbeiter machen Dienst nach Vorschrift, sind destruktiv oder verlassen das Unternehmen, weil der Chef es menschlich verbockt. Leadership verlangt eine Führungspersönlichkeit. „Leadership rückt die Bedeutung der Personen wieder stärker in den Mittelpunkt Und damit Themen wie persönlichen Mut, Entscheidungsfreude, klare, spürbare eigenen Werte und Ziele, eine persönliche Vision."[155] Gleichzeitig scheint es genau da zu fehlen. Im Geschäftsleben fehlt es oft an gesundem Menschenverstand, GMV – das sagen uns Erfahrungen, Krisen und gmv-freie Erlebnisse im Business. Auch in der Führung ist GMV eher Mangelware, nicht immer wegen der Menschen, oft wegen der Strukturen. Das unterstreicht eine aktuelle Studie, nach der die meisten Deutschen schon einmal wegen ihres Chefs gekündigt haben. Ich trainiere und coache Führungskräfte und staune immer wieder, wie selten ich auf wirklich gute

Leader treffe. Manche sind unsicher, wenig souverän, kaum fähig zur Selbstführung. Andere verfügen über wenig Management-Qualitäten, menschliche Größe oder den Ansatz von Charisma. Das aber erwarten Menschen von Chefs. Zu guter Führung gehören Management, Selbstführung und Leadership.

Aus der Coaching-Praxis

Der Silberrücken. In einem Beratungsmandat hatte ich mit einem Geschäftsführer der Marke „Silberrücken" zu tun – in Anlehnung an die Leittiere bei Gorillas. Also ein Machtmensch, der niemanden neben sich duldet und seine Ansprüche durch „Brusttrommeln" (ich bin der Größte) und Konfrontation (ich zeige dir wo der Hammer hängt) durchsetzt. Allerdings tat er das vornehmlich bei „Untergebenen" – eine Bezeichnung die seiner Haltung entsprach. In Situationen auf Augenhöhe war es sehr angenehm mit ihm zu sprechen - intelligent, witzig, konstruktiv und wertschätzend. In Situationen, in denen er aus welchen Gründen auch immer einen „Tiefstatus" einnahm (z.B. gegenüber Gläubigern), war er ein Feigling. Auch das ist eine Haltungsfrage: Als Chef bin ich mehr wert, denn als Schuldner, und dementsprechend verhalte ich mich und kommuniziere ich. Die gesamte Körpersprache veränderte sich beim unangenehmen Thema in Richtung „Tiefstatus": unsicher, nervös, hinausschiebend, inaktiv.

Eines Tages erlebte ich ein „Gespräch" mit einer Führungskraft, sagen wir eine Art Abteilungsleiter, etwa 45 Jahre alt. Ein Mensch, den „Silberrücken" nicht mochte, ja verachtete. Der Mann war erst vor kurzem eingestellt worden, um eine wichtige Stelle auszufüllen. In dem Gespräch ging es um allgemeine Planungsthemen für die Abteilung. Die spielten jedoch nach kurzem Anfangsgeplänkel keine Rolle mehr. In Anwesenheit einiger Mitarbeiter, meinem Beraterkollegen und mir „zerlegte" „Silberrücken" den Mann nach Strich und Faden. Das geschah auf unsachliche Art und Weise. Getragen von der Haltung „ich darf das" (die richtige Haltung ist: das darf niemand. Es gilt immer: Du bist o.k., ich bin o.k.) und „der Mann ist unfähig, nichts wert, ...", hat sich „Silberrücken" auch verhalten. Er baute sich vor ihm auf, schaute ihn drohend an, bewegte sich auf ihn zu (körperlich) und „bellte" ihn aggressiv und verletzend an. Dabei hatte er ihn erst vor kurzem eingestellt – verstehe einer die Menschen. Der Abteilungsleiter hat nach wenigen Wochen gekündigt. Das Problem in der Abteilung wuchs sich aus. Die Haltung der Mitarbeiter zu „Silberrücken" war entsprechend.

Prinzipien wichtiger als Techniken

Silberrücken hatte keine Ahnung von guter Führung. Er handelte impulsiv und ego-zentrisch. Er respektierte seine Leute nicht grundsätzlich, sondern nur, wenn sie in seinen Respektrahmen passten. Er hatte keine Prinzipien, die Miteinander und Füh-rung erfolgversprechend möglich machten. Er beherrschte allerdings Techniken, um sich durchzusetzen. Prinzipien sind für Führung wichtiger als Techniken wie Rhetorik oder Spiegeln (Ähnlichkeit Herstellen durch Nachahmung).

Der amerikanische Autor Steven R. Covey ist der Ansicht, dass unveränderliche und weltweit vorhandene Prinzipien, die auf Charakter aufbauen, den wahren Menschen zeigen. Sein statt Schein, wie er das nennt. Bei Silberrücken war das teilweise umge-kehrt. Das funktioniert in der Führung nicht. Prinzipien formen den Charakter, Tech-niken dagegen fördern Fähigkeiten, die nicht von einem guten Charakter abhängen müssen. Mit Überzeugungstechniken, wie Rhetorik oder Fragetechniken können Sie beispielsweise Menschen manipulieren, auch wenn Sie ein unmoralischer Despot sind. Einer gewinnt, einer verliert. Mit Kommunikations-Prinzipien, wie „erst verste-hen, dann verstanden werden", „Synergien anstreben" und dem „Gewinn / Gewinn – Denken" gelingen Kommunikation und Führung und es gibt nur Gewinner. Jedenfalls wird Führung so nicht zum Wettkampf, bei dem einer auf der Strecke bleibt und einer die Lorbeeren einstecken kann.

Menschen sind ganz unterschiedlich und ticken doch alle ähnlich. Das ist eine wich-tige Erkenntnis für Chefs, Mitarbeiter, Menschen. Wir sind stark beeinflusst von evo-lutionären Mechanismen wie Verhaltensgesetzen (z.B. Gesetz der Sympathie), Reiz-Reaktions-Mustern (z.B. Kindchen-Schema), unbewusst wirkenden psychologischen Phänomenen (z.B. Ähnlichkeit macht sympathisch). Das bedeutet, gute Kommunika-tion und gute Führung basieren auf überschaubaren Regeln.

Wirkung, nicht Absicht

Kommunikation ist Wirkung, nicht Absicht – Führung auch. Sorgen Sie also dafür, dass Sie gut verstanden werden: einfache Sprache, kurze Sätze, bildhafte Sprache, Geschichten und Metaphern. Wichtig ist, was beim Gesprächspartner ankommt und dass das dem weitgehend entspricht, was Sie sagen und senden wollen. Dazu muss er es verstehen.

Folge 1: Kümmern Sie sich um den Empfänger und holen Sie immer Feedback ein –
Kernfrage: „Was haben Sie verstanden?" Das ist besonders wichtig für Führung.

Folge 2: Geben Sie immer Feedback: „Wenn ich richtig verstanden habe, dann meinen
Sie damit... "

Knapp vorbei ist auch daneben

Wir unterliegen Fehleinschätzungen und machen Fehler, teilweise sogar bewusst, also
wider besseres Wissen. Für manche können wir nichts, denn es handelt sich um
„Knopfdruck-Mechanismen". So halten wir uns für schlauer als alle anderen – die
anderen sich übrigens auch - oder meinen in kurzer Zeit viel mehr schaffen zu können
als möglich und schätzen viel zu gering ein, was wir in längeren Zeiträumen hinbekommen. An alle Führungskräfte: Die unschöne Eigenart Dinge von jetzt auf gleich
erledigt haben zu wollen, bringt Mitarbeiter in Rage. Kümmern sie sich verstärkt um
Planung und Ihre Leute werden Sie lieben. Auch schön: Wir leiden am Spotlight-
Effekt: wir denken meistens, dass wir stärker im Mittelpunkt des Interesses stehen als
es tatsächlich der Fall ist. Peinlichkeiten fallen gar nicht so stark auf, wie wir denken,
tolle Gesprächsbeiträge unsererseits aber demnach leider auch nicht. Bleiben Sie einfach gelassen und akzeptieren Sie, dass Sie weniger im Rampenlicht stehen, als Sie
vermuten. Das gilt auch für Chefs.

Folge: Wenn Sie wissen, dass alle Anderen sich auch eher für sich selbst und nicht für
Sie interessieren, sehen Sie sich und die anderen durch eine neue Brille und vieles
geht entspannter.

Kommunikation ist einfach

Jeder, auch eine Führungskraft, kann gut kommunizieren. Kinder beherrschen das perfekt. Mit der Zeit wird das schlechter, weil wir oft gemaßregelt, in Korsetts gesteckt,
mit negativen Glaubenssätzen vollgepackt, ausgebremst und zu Recht gewiesen werden. Das Wort, dass wir bis zum 20sten Lebensjahr am häufigsten hören, ist „Nein".
Die Botschaft, die viele von uns am häufigsten zu hören bekommen, ist „das kannst
du nicht" oder „das geht nicht" – in Selbstgesprächen geht das später weiter. Das Resultat sind Leute, die meinen, keine guten Gespräche führen zu können, nicht gut an-

zukommen, auf keinen Fall vor mehreren Menschen sprechen zu können und überhaupt ... was für ein Unsinn. Nahezu jeder kann das und vieles mehr - GMV. Im
Coaching und in Seminaren erlebe ich immer wieder, dass Menschen plötzlich Dinge
um 200 Prozent besser machen, sich wohler dabei fühlen – oft nur deshalb, weil ihnen
jemand gesagt hat, dass sie das gut gemacht haben. Negative Prägungen sitzen tief
und werden durch schwache Chefs weiter verstärkt, weil sie maßregeln, meckern und
kein Lob über die Lippen bekommen. Sie können sich durch die Qualität der Führung
gute Leute aufbauen oder gute Leute versauen.

Was bedeutet das für gute Führung?

Die Haltungen zu Mitarbeitern, Chefs und Kollegen wirkt sich auf die Führungskommunikation aus. Angefangen damit, wie eine Führungskraft mit sich selbst kommuniziert bis zu Herausforderungen wie Mitarbeitergespräche, Kritik, Lob und Tadel, Präsentationen, Reden, Ansagen oder Repräsentation. Dabei handelt es sich nicht nur um
Einbahnstraßen-Kommunikation. Im Gegenteil. Zuhören, Körpersprache, Feedback
oder die Denken-Sagen-Handeln-Kette sind ebenso wichtige Teile im Puzzle guter
Kommunikation. Führungskräfte sind oft auch Verkäufer, die mit Kunden eine Menge
zu tun haben. Sie sind aus meiner Sicht in jedem Fall Verkäufer für die Mitarbeiter.
Sie sollten das Unternehmen und sich immer wieder an die Mitarbeiter „verkaufen".
Betrachten Sie Ihre Mitarbeiter wie Kunden und schon läuft vieles in der Kommuni-
kation besser. Da ist viel Luft nach oben.

„Der Aussage „Ich habe in den letzten sieben Tagen für gute Arbeit Anerkennung und
Lob bekommen" stimmten nur vier Prozent der Mitarbeiter ohne emotionale Bindung
uneingeschränkt zu. Bei den emotional hoch gebundenen Arbeitnehmern lag dieser
Wert bei 79 Prozent. Ähnlich verhält es sich, wenn es um konstruktives Feedback geht
(2 Prozent zu 75 Prozent). Des Weiteren gaben nur fünf Prozent der Beschäftigten
ohne emotionale Bindung an, dass sich jemand bei der Arbeit für sie als Mensch interessiert (emotional hoch Gebundene: 93 Prozent). Nur ein Prozent der Mitarbeiter
ohne emotionale Bindung erklärt, dass es jemandem im Unternehmen gibt, der die
persönliche Entwicklung fördert (emotional hoch Gebundene: 87 Prozent). Nur drei
Prozent der emotional nicht gebundenen Mitarbeiter mochten der Aussage uneingeschränkt zustimmen, ihre Meinungen und Ansichten hätten im Unternehmen Gewicht."[156]

Die gleichen Führungskräfte kommunizieren und verhalten sich völlig anders, wenn sie es mit wichtigen Kunden oder mit einem Vorgesetzten zu tun haben. Dann bauen sie Beziehung auf, produzieren gute Laune, hören intensiv und aktiv zu und wertschätzen den Gegenüber. Sie unternehmen eine ganze Menge, um den Interessenten oder Kunden zu überzeugen und für sich zu gewinnen. Die meisten Führungskräfte können also angemessen und zielorientiert, wertschätzend und verkäuferisch kommunizieren - wenn sie nur wollen. Das stützt die These, dass alle Menschen Kommunikation im Prinzip bestens beherrschen. Bei den Führungskräften kommt hinzu, dass sie über die Jahre Seminare und Trainings zum Thema Kommunikation besuchen konnten. Und doch fällt es vielen schwer, Mitarbeiter durch gute und normale Kommunikation zu überzeugen.

Wenn man Führung mit dem gesunden Menschenverstand betrachtet, geht es vor allem darum, Menschen davon zu überzeugen, sich führen zu lassen. Wenn Führungskräfte das gut beherrschen, wenn es um Kunden geht, dann ist der logische Schluss: gute Führung gelingt, wenn Führungskräfte Mitarbeiter wie Kunden betrachten und behandeln. Die Mitarbeiter bezahlen dann mit Leistung und Motivation, Loyalität und guter Laune. Kommunizieren Sie als Führungskraft so, als würden Sie den Mitarbeitern Ihre Führung im positiven Sinn verkaufen. Hierbei hilft „Reframing" – einen neuen Rahmen setzen. Genau das haben wir jetzt gemacht. Führung ist nun in einen anderen Rahmen gesetzt, nämlich den des Verkaufs. Es geht darum, die Mitarbeiter aller Ebenen dazu zu bewegen, die Entscheidung zu treffen, Ihre Führung zu „kaufen". Anders ausgedrückt: Führung „ist kein Privileg, sondern eine Dienstleistung".[157]

Persönlichkeit und Prinzipien

„Egal, welche der in den letzten Jahren definierten Führungs-Stile oder „Management by"-Techniken auch angewendet werden, in der Praxis bleibt Führung ein Balance-Akt, der jeden Tag aufs Neue herausfordernd ist. Für Führungs-Persönlichkeiten liegt gerade hier der Reiz, denn es gibt keine Patent-Rezepte. Führung ist eine Kunst. Menschen lassen sich nicht wie Maschinen bedienen. Sie folgen keinem einfachen Reiz-Reaktionsmuster. Daher ist es auch so schwierig, ein dauerhaft motiviertes Team zu formen."[158] Das mag alles sein. Trotzdem sind es hunderttausende Führungskräfte, die sich täglich dieser Herausforderung gegenüber sehen und ihnen will ich Mut machen. Mut, mit der These „führen geht einfach", wenn man tatsächlich mit Leidenschaft führen will, sich die entsprechenden Kompetenzen aneignet und sich an GMV-Prinzipien hält.

Die meisten von uns führen automatisch - als Eltern. Kinder lernen vor allem am Vorbild. Für die Kleinen unter uns sind Mama und Papa einfach die Größten. Sie halten die beiden für „Götter", zumindest bis zu einem bestimmten Alter, und machen fast alles nach, was ihnen die Eltern vorleben. Sie freuen sich auch noch richtig, wenn die Eltern nach Hause kommen. Später lässt das nach oder schlägt ins Gegenteil um. Die Kraft des Vorbildes ist sehr stark und auch Erwachsene sind von ganz bestimmten Persönlichkeiten, auch Führungspersönlichkeiten, durchaus beeindruckt und fasziniert. Das kommt nicht von ungefähr. Meistens haben diese Vorbild-Menschen Faktoren und Charakterzüge in sich vereinigt, die man nicht allzu häufig findet. Gerade deshalb sind sie so beeindruckend. Sie erinnern sich an Mahatma Gandhi, Martin Luther King, Mutter Theresa oder Nelson Mandela. Diese Menschen haben etwas gemeinsam, das wir jeder Führungskraft wünschen, das aber nur Wenige in sich vereinen. Sie leben oder lebten ihre Vision bis in die letzte Haarspitze. Die einfache Botschaft ist, seien Sie sich als Führungskraft immer bewusst, dass Sie als Vorbild wahrgenommen werden und diesem Anspruch genügen. Daran messen Sie Ihre Mitarbeiter, Ihre Kunden und Ihre Geschäftspartner. Wenn Sie Vorbild sein wollen – und als Führungskraft sind Sie das automatisch - helfen Ihnen folgende Eigenschaften und Werte - GMV:

- Sagen Sie die Wahrheit - behandeln Sie alle fair - seien Sie integer

- Kommunizieren Sie vorbildhaft: offen, aktiv, zuhörend, wertschätzend, klar, konsequent, ehrlich

- Gehen Sie konstruktiv mit eigenen Fehlern und Fehlern Ihrer Leute um

- Behandeln Sie Ihre Mitarbeiter wie Kunden

- Verhalten Sie sich wie ein Mensch, nicht wie eine Maschine

- Machen Sie Ihren Job als Führungskraft, keine anderen Jobs

- Optimieren sie Ihre Führungsqualität: Training, Coaching, Mentoren

Führung ist Wirkung, Vorbild sein auch. Es geht um Effektivität. Drehen wir die Perspektive. Wie ist es für uns, wenn wir selbst Vorbilder haben? „Ein wirkungsvolles Vorbild ist jemand für uns erst dann, wenn er bestimmte Faktoren in uns auslöst:

- Respekt: irgendetwas hat diese Person gemacht oder gesagt, dass unsere Aufmerksamkeit geweckt hat. Wir sind beeindruckt und die Wertschätzung steigt. Das hat Einfluss auf unser Verhalten dieser Person gegenüber. Wir sind höflicher, achtsamer und aufmerksamer,… (…)

- Vertrauen: es entsteht eine subjektive Überzeugung, dass uns unser Vorbild in Zukunft einen persönlichen Vorteil verschaffen wird. Wir sind uns sicher, dass wir ebenso erfolgreich werden, wenn wir unserem Vorbild nacheifern. (…)

- Loyalität: durch die moralische Verbundenheit des subjektiv empfundenen Vorteils oder eines gemeinsamen höheren Ziels wächst ein Gefühl von Loyalität. (…)

Achtung: Unser Vorbild hat durch das, was uns beeindruckt, einen höheren Stellenwert als andere Personen. Das führt unweigerlich zu einem Gefälle und wir stellen unser Vorbild auf einen Sockel."[159] Wollen Sie selbst Vorbild sein, beachten Sie diese Aspekte. Vorbild ist nur der, den sich andere zum Vorbild nehmen. Mit Führung ist das genauso. Wirklich Chef ist nur der, der…

Kommunikation als Führungswerkzeug

Im Sinne der Beeinflussung, der Überzeugung und des sozialen Aspekts der Kommunikation, also Austausch von Informationen, Austragen von Konflikten, aufbauen und entwickeln guter Beziehungen etc., finden Sie in Kommunikation ein zentrales Führungswerkzeug. Es wird auch fleißig trainiert, verliert allerdings als Thema der Weiterbildung nach Umfragen an Bedeutung. Ein Fehlschluss, denn nach wie vor kommunizieren viele Führungskräfte angesichts von Druck, Belastung, Stress und Sandwich-Position (Druck von oben und von unten) wenig zielführend und überzeugend. Wenn ich mit Mitarbeitern in Unternehmen spreche, bekomme ich sehr häufig entsprechendes zu hören.

„Die da oben hören kaum zu oder tun nur so." „In Meetings ist es immer dasselbe – viel Gerede, keine Ergebnisse." „Uns behandeln sie wie Dreck und wenn der Vorstand auftaucht, meint man sie hätten Kreide gefressen."

Schon an den sehr emotionalen Äußerungen – sinngemäße Zitate von Mitarbeitern aus Fleisch und Blut – erkennen Sie, dass schlechte Führung mit schlechter Kommunikation große Wirkung hat. Gute hat sie auch.

Wie Sie das Führungswerkzeug Kommunikation optimieren können:

- Machen Sie sich klar, dass Sie es besser können, wenn Sie es nur wollen. Sie üben das schon ihr Leben lang - GMV

- Arbeiten Sie an Ihrer Haltung: Mitarbeiter sind wie Kunden zu sehen, nicht wie Humankapital, Maschinen oder Volldeppen

- Charakter ist ein zentraler Faktor für gute Führungskommunikation. Sorgen Sie dafür, dass Sie sich selbst leiden können und agieren Sie zuerst nach universellen Prinzipen (z.b. Gewinn / Gewinn), dann nach gelernten Techniken (z.B. Einsatz der Körpersprache) „Letztlich vermitteln wir das, was wir sind, viel besser als das, was wir sagen oder tun."[160]

- Führen Sie wichtige Gespräche, halten Sie Meetings und Vorträge dann, wenn es Ihnen gut geht. Sagen Sie ab, wenn es nicht so ist oder bringen Sie sich in einen guten Zustand (z.B. Ankern, Atemtechnik)

- Sorgen Sie dafür, dass Sie gerne mit den Menschen sprechen und sich austauschen. Nehmen Sie es sportlich aber nicht als Wettkampf.

- Gehen Sie „ein paar Metern in den Schuhen der Anderen" (Empathie). Versuchen Sie die Perspektive Ihres Gesprächspartners einzunehmen, bevor Sie loslegen – sonst geht es Ihnen wie in der folgenden Geschichte frei nach Steven R. Covey.

Perspektive und Empathie

Stephen R. Covey, amerikanischer Autor und Coach, erzählt diese Geschichte in seinem Buch „Sieben Wege zur Effektivität". Covey sitzt eines Tages in der New Yorker U-Bahn. Alles schaukelt friedlich vor sich hin und es herrscht angenehme Ruhe. Dann kommt ein Mann mit seinen zwei Kindern in den Zug und vorbei ist es mit der Ruhe. Covey erzählt, dass der Mann sich neben ihn setzte und die Augen schloss. Gleichzeitig tobten die Kinder im Abteil herum, warfen Sachen hin und her benahmen sich außergewöhnlich ungestüm. Irgendwann nahm Covey sich ein Herz, da ihn das Toben der Kinder doch sehr störte, und sprach den Mann an: „Ihre Kinder stören wirklich sehr viele Leute hier. Können Sie sie nicht vielleicht etwas mehr unter Kontrolle bringen?"

Der Mann blickte auf, so als ob er das Toben gar nicht wahrgenommen hätte und sagte leise: „Sie haben recht, ich sollte etwas dagegen tun. Wir kommen gerade aus dem

Krankenhaus, wo ihre Mutter vor einer Stunde gestorben ist. Ich weiß nicht, was ich denken soll, und die Kinder haben vermutlich auch keine Ahnung, wie sie damit umgehen sollen."

Eine der schnellsten und wirkungsvollsten Möglichkeiten die eigene Kommunikation zu verbessern, ist es sich mehr mit dem Gesprächspartner und der Situation zu beschäftigen und erst dann auf den eigenen Zustand, die eigenen Gefühle und den ersten Impuls zu hören. Denn manchmal kann man damit komplett danebenliegen. Genau das passiert in Unternehmen ebenso wie in allen anderen Situationen jeden Tag viel zu oft. Auch der Supercoach Covey hat das so erfahren müssen. Und seine Reaktion war entsprechend.

„Können Sie sich vorstellen, was ich in dem Augenblick empfand? Mein Paradigma wechselte. Plötzlich sah ich die Dinge anders, und da ich anders sah, dachte und fühlte, verhielt ich mich auch anders. Mein Ärger löste sich auf. Ich brauchte mich nicht darum zu bemühen, meine Einstellung oder mein Verhalten unter Kontrolle zu halten; mein Herz war von dem Schmerz des Mannes erfüllt. Mitgefühl und Sympathie konnten frei fließen."[161]

Paradigmenwechsel ist ein wichtiges Stichwort im Zusammenhang mit Führungskommunikation. Wir wissen alle, dass wir dazu neigen, an unseren Paradigmen, also Grundsätzen, festzuhalten. Unsere Paradigmen und Muster sind häufig festgefahren. Wie bei Covey, der dem Paradigma aufsaß, dass Ordnung, Benehmen und Ruhe in Gemeinschaft, in diesem Fall im Zugabteil mit vielen Fahrgästen, richtig und wichtig ist. Nur dass die Ausprägungen des Paradigmas „Benehmen" in diesem Fall nebensächlich und sicher nicht durch einen erhobenen Zeigefinger zu fördern war. Man musste sich einfach um diese drei Menschen in ihrem Elend kümmern. Mit ihnen sprechen, sich mit ihnen beschäftigen und auch mal alle Drei gerade sein lassen. Möglicherweise begegnen Ihnen als Führungskraft ähnliche, wenn auch hoffentlich nicht so drastische Situationen. Seien Sie jedenfalls darauf gefasst, wenn sich Mitarbeiter irgendwie anders benehmen oder beispielsweise mehr Fehler machen als sonst, dass etwas Dramatisches oder Außergewöhnliches dahinterstecken kann. Auch in solchen Situationen hilft der gesunde Menschenverstand.

Führung und Kommunikation

„Kommunikation verbessern" ist Top-Thema in Coachings, neben „Selbstbewusst-sein stärken", „Nervosität abbauen", „souveräner auftreten" und „Stress abbauen". Führungskommunikation ist ein großer Themenbereich. Angefangen damit, wie eine Führungskraft in der Selbstführung gut mit sich selbst kommuniziert, bis zu den spe-ziellen Herausforderungen wie Mitarbeitergespräche, Kritik, Lob und Tadel, Präsen-tationen, Reden, Ansagen oder Repräsentation. Zuhören, Körpersprache, Feedback o-der die Denken-Sagen-Handeln-Kette sind dabei ebenso wichtige Teile im Puzzle gu-ter (Führungs-) Kommunikation, wie Redekunst (Rhetorik), Redegewandtheit (Elo-quenz) oder gute Inhalte von Bedeutung.

Kommunikation mit GMV

Gute (Führungs-) Kommunikation ist professionelle Kommunikation und Kommuni-kation mit gesundem Menschenverstand, mit GMV. „Kommunikation mit GMV" ist eine Haltung zum Umgang und Kommunizieren miteinander, das ich mit dem GMV-Prinzip® entwickelt habe. Ein Prinzip, das sich mit einfachen Wahrheiten, Weishei-ten, mit Intuition, aktuellem Wissen, natürlichem Verstand und Natur beschäftigt. Das ist keine große Sache. Auf das Meiste kommen Sie auch von alleine – GMV eben. Allerdings meinte ein Klient in einem Coaching, es sei verwunderlich, dass wir in den letzten Stunden vor allem über Dinge gesprochen hätten, auf die ich auch selbst hätte kommen können. Nur bin ich eben nicht darauf gekommen und wäre es wahrschein-lich auch nicht von alleine. Das geht vielen Menschen so. Sie hängen in ihren Mustern fest und das Einfache und Naheliegende ist oft so fern – also nutzen Sie Coaching, um weiter zu kommen oder besprechen Sie wichtige Themen mit nahestehenden Außen-stehenden.

Beispiele für das GMV-Prinzip®

Wenn Sie weniger wiegen und besser aussehen wollen, essen und trinken Sie anders, und bewegen Sie sich mehr. In 90 Prozent aller Fälle hilft das – GMV. Die anderen zehn Prozent sind pathologisch, also krankheitsbedingt. Dann gehen Sie zum Arzt. Gesunden Menschenverstand zu entwickeln und einzusetzen ist eine alte Fähigkeit der Menschen, die heute gerne durch komplexes Wissen, aufwendige Prozesse oder

aufgebauschte Anforderungen ersetzt wird. Wir fahren das alles wieder ein Stück zurück. Auf das Normale, auf das Sinnvolle, auf das Effektive, also den Wirkungsgrad.
Für Führung setzt Managementexperte Fredmund Malik auch auf Wirksamkeit, weniger auf den genialen Chef. Malik: „Daher schlage ich eine andere Frage vor. Nicht:
Was ist eine geniale Führungskraft? Sondern: was ist eine wirksame Führungskraft?
(…) Der Ausgangspunkt ist nicht das Genie, sondern der gewöhnliche Mensch – weil
es die anderem nicht in ausreichender Form gibt."[162] Das etwas von GMV.

Sie müssen keine 54 Führungsstile beherrschen oder 124 Kommunikations-Techniken
wie „gewaltfreie Kommunikation nach X", „aktives Zuhören" oder „Rhetorik für Mil-
lionäre" und 173 Mikromuster der Kommunikation beherrschen, um gut kommunizieren und führen zu können. Freude an den eigenen kommunikativen Stärken und
stetig bewusstes „Machen" genügen völlig. Im GMV stecken Erfahrungen, wie etwa
die Volksweisheit „Lachen ist die beste Medizin". Heute ist das wissenschaftlich
nachgewiesen. Lachen hat immense Auswirkungen auf unser Befinden und die Gesundheit. So stärkt es beispielsweise das Immunsystem. Es gibt Klinik-Clowns und
Lach-Yoga. Ich könnte jetzt Untersuchungen zitieren, die das belegen. Brauchen wir
nicht. Wir haben ja GMV. Denn dieses Wissen ist intuitiv und schon sehr alt. Volksweisheit „bezeichnet empirisch gefundenes Wissen, welches die Bevölkerung im
Laufe von Generationen gemeinsam in einem bestimmten regional begrenzten Bereich zusammengetragen hat".[163]

Ein anderes Beispiel, wie einfache, altbekannte Dinge verkompliziert werden: Menschen haben schon immer gerne Geschichten erzählt und Geschichten gehört, heute
kommt das Ganze als „Story Telling" daher, das sich Verkäufer und Manager in teu-
ren Seminaren aneignen sollen. Das ist unnötig. Es gab schon immer gute und weniger
gute Geschichtenerzähler – ein Seminar wird die Verhältnisse nicht grundlegend ändern. „Ein Bild sagt mehr als 1000 Worte" ist ein weiteres schönes Beispiel, das sich
unmittelbar in der Kommunikation mit GMV[15] wiederfindet. Wir machen das automatisch, wenn wir etwas leidenschaftlich erzählen und selbst begeistert sind – auch
dazu brauchen wir keine extra Kurse, sondern Begeisterung für ein Thema. Begeisterung und Leidenschaft sind übrigens für gute Führung ein hilfreicher Faktor.

---

15 Buchtipp, Jürgen Zirbik: Sie können das, Wie Sie mit gesundem Menschenverstand überzeugen, Nürnberg 2013

Noch ein Beispiel für bildhaft, wenn wir schon einmal dabei sind. Stellen Sie sich bitte 5.000 Quadratmeter vor ... (lassen Sie sich Zeit) ... nun stellen Sie sich einen Fußballplatz vor ... (haben Sie es?). Das sind etwa 5.000 Quadratmeter. Sehen Sie, so einfach kann es sein.

Kommunikation: Wissen und Praxis

Zum Wissen über gute Kommunikation gehören alte und neue Erkenntnisse aus der Psychologie, der Verhaltens- und Kommunikationsforschung, aus Kommunikationstraining und -Coaching und aus praktischen Studien und vielen Erfahrungen. Denn Wissen ist nur so gut, wie es für Führung und Kommunikation angewendet werden kann. Die aus meiner Erfahrung wichtigsten Erkenntnisse für gute Kommunikation in der Führung:

Es kommt auf Sie an

Sie selbst sind der Auslöser guter, erwünschter oder geringer, diffuser Kommunikationswirkung (nicht das Publikum, die Gesprächspartner, die Umstände, die Umwelt oder die jeweilige Sternenkonstellation). Folge: Arbeiten Sie an sich, nicht an den Umständen.

Haltung und Zustand entscheiden

Ihr Wissen, Ihre Fähigkeiten, Ihre Haltung (Wertschätzung) und Ihr Zustand (Wohlfühlen) sind vier wichtige Faktoren für gute Kommunikation. Dazu kommt, quasi übergeordnet, der gesunde Menschenverstand – einfach, verständlich, ehrlich, offen, einfühlsam. Folge: Machen Sie kein „Gedöns" – bleiben Sie situationsangepasst authentisch und integer (aufrichtig).

Prinzipien vor Techniken

Prinzipien sind wichtiger als Techniken wie Rhetorik oder Spiegeln (Ähnlichkeit herstellen durch Nachahmung). Prinzipien, die auf Charakter aufbauen, zeigen den wahren Menschen. Techniken fördern Fähigkeiten, die nicht von einem guten Charakter abhängen. Mit Rhetorik oder Fragetechniken können Sie Menschen manipulieren, auch wenn Sie ein unmoralischer Despot sind. Kommunikations-

Prinzipien: „Erst verstehen, dann verstanden werden", „Synergien anstreben", „Gewinn-Gewinn".

Wir sind alle ... ähnlich

Menschen sind ganz unterschiedlich und ticken doch ähnlich. Wir sind stark beeinflusst von evolutionären Mechanismen wie Verhaltensgesetzen (z. B. Gesetz der Sympathie), Reiz-Reaktions-Mustern (z. B. Kindchen-Schema), unbewusst wirkenden Phänomenen (z. B. Ähnlichkeit macht sympathisch). Folge: Gute Kommunikation basiert auf überschaubaren Prinzipien und Regeln.

Wirkung, nicht Absicht

Kommunikation ist Wirkung, nicht Absicht. Sorgen Sie dafür, dass Sie gut verstanden werden: einfache Sprache, kurze Sätze, bildhafte Sprache, Geschichten und Metaphern. Wichtig ist, was beim Gesprächspartner ankommt, und dass das weitgehend dem entspricht, was Sie sagen wollen. Dazu muss er es verstehen. Folge 1: Kümmern Sie sich um den Empfänger und holen Sie immer Feedback ein – Kernfrage: „Was haben Sie verstanden?" Folge 2: Geben Sie immer Feedback: „Wenn ich richtig verstanden habe, dann meinen Sie damit ...".

Knapp vorbei ist auch daneben

Wir unterliegen Fehleinschätzungen und machen Fehler, teilweise bewusst, also wider besseres Wissen. Für manche Fehler können wir nichts, denn sie sind „Knopfdruck-Mechanismen". So halten wir uns eher für schlauer als alle anderen – die anderen sich übrigens auch – die Überlegenheitsillusion. Wir leiden am Spotlight-Effekt: Wir denken, dass wir stärker im Mittelpunkt des Interesses stehen, als es tatsächlich der Fall ist. Folge: Wenn Sie wissen, dass alle anderen sich auch eher für sich selbst und nicht für Sie interessieren, ist vieles leichter. Entspannen Sie sich.

Wirkung vor Absicht

In der Kommunikation geht es darum, was Sie bewirken wollen und können. Wichtig ist, was hinten rauskommt. Bezeichnen wir das als das Prinzip der Effektivität. Wir sprechen nicht von Effizienz, also dem Verhältnis von Aufwand zu erreichtem Resultat, sondern das Ergebnis, die Wirkung ist das angestrebte Ziel. Der dazu notwendige Aufwand ist so groß, wie er ist. Wenn Sie flirten, machen Sie sich auch keine Gedanken über Effizienz. Sie tun alles, damit Sie Ihr Ziel erreichen. Dabei sind Ihre Aktivitäten ausschließlich auf Wirkung ausgerichtet. Wirkung ist das, was Sie an Reaktionen und Feedback vom Subjekt der Begierde erhalten. Wenn die Reaktionen Ihren Absichten entsprechen, haben Sie effektiv kommuniziert und sich wirkungsvoll verhalten. Wenn nicht, ist das zwar schade für Sie, aber an der Wirkung, der Reaktion, können Sie ablesen, was falsch gelaufen ist. Dann hatten Sie zwar die Absicht, an die Dame oder den Herrn heranzukommen, die Wirkung jedoch ist eine andere.

Im Fall des Flirtens, also der Partnersuche, spielen natürlich eine ganze Reihe weiterer Faktoren eine Rolle, wie Optik und Ihr Erscheinungsbild. Von Belang ist, ob Sie sich „riechen" können, wie die „Wettbewerbssituation" aktuell ist und so einiges mehr. Elemente der Flirt-Kommunikation sind gute Ansatzpunkte für gelungene „Führungs-Kommunikation": Einstellung, Haltung dem Partner gegenüber, Freundlichkeit, Interesse am Partner, Umwerbung des Partners, Gesprächsbereitschaft, Einstellen auf den Partner, Wertschätzung und vieles mehr. Gut, bei Offenheit und Ehrlichkeit müssen in der Balz- und Werbungsphase Abstriche gemacht werden – wie bei Werbung allgemein. Das gleicht sich im Falle des Flirtens und der Partnersuche aus, denn es trifft meistens auf beide Teilnehmer der „Balz" zu.

Wenn Sie die Absicht haben, eine Frau oder einen Mann für sich zu gewinnen, das aber nicht gelingt, entspricht die Wirkung eben nicht Ihrer Absicht. Damit war alle Mühe umsonst. Sie können viel wollen. Wenn der Kommunikationspartner darauf nicht einsteigt, haben Sie das Kommunikationsziel verfehlt. Die gute Nachricht ist, dass es recht einfach funktioniert. Mit dem Kommunikationsexperten Wolfgang J. Linker kann man sagen, dass sich beim Kommunizieren viel mit wenig erreichen lässt. Dabei kommt es sehr viel stärker auf die Form als auf den Inhalt an – im Großen und Ganzen jedenfalls. Linker spricht davon, dass die Form, also das „Wie", eine Hauptursache unserer kommunikativen Erfolge ist.

Wirkung basiert vor allem auf „lernbaren Verhaltensweisen – auf verbalen und nonverbalen Mikromustern der Kommunikation"[164]. Zu den Mikromustern gehören beispielsweise Stimmmuster, Gesten, Blick, Pause, Atemkontrolle, sogenannte Faselindikatoren (u.a. Generalisierungen, Unterstellungen), Auge-Hand-Koordination, taktisches Berühren, Markieren und viele mehr. Das alles zu kennen und zu beherrschen ist mit Aufwand verbunden, wobei Sie vieles davon bewusst oder unbewusst bereits anwenden. Manche meinen, es nicht zu können, weil sie hinderliche Prägungen erfahren haben („Das kannst du sowieso nicht"), oder lassen sich weiter Defizite einreden – auch von sich selbst. Außerdem werden sie mit Spitzenvorbildern konfrontiert, was die eigene Leistung in ihren Augen weiter schmälert. Obama ist ein Spitzenredner – das aber ist weder Ihre noch meine Messlatte. Darauf müssen Sie nicht hinarbeiten, denn Sie sind gut und können Ihre Kommunikationsfähigkeiten weiter optimieren, Ihre Einstellung auf „gute Kommunikation" programmieren und einfach mehr Spaß an Vorträgen, Gesprächen und Präsentationen haben. Dann sind Sie automatisch „besser", das heißt, Sie erzielen die Wirkung, die Sie beabsichtigen, und werden entsprechend positiv von den Menschen wahrgenommen. Sie können einiges lernen, um Ihre kommunikative Wirkung zielgerichteter zu steuern. Dabei setzen Sie auf Ihre angeborenen, als Kind erworbenen und viele Jahre „geübten" Kommunikationsfähigkeiten. Die meisten von uns waren als Kinder spitze. Niemand fängt bei null an.

Beziehung vor Inhalt

Viele Studien und die Erkenntnisse der Psychologie zeigen, dass Kommunikation in erster Linie von emotionalen Faktoren getragen wird. Sind Sie in der Lage, das emotionale Gemenge eines Menschen zielgerichtet zu beeinflussen, sind die Chancen sehr groß, dass die Wirkung eintritt, die auch Ihrer Absicht entspricht. Dabei gibt es einige Einflussfaktoren in der Kommunikation, die besonders stark wirken und viel bewirken. Das hängt damit zusammen, dass Menschen dazu neigen, sich aus der Datenflut, die permanent auf sie einströmt, wenige Botschaften herauszupicken. Das geschieht unbewusst und hat mit den individuellen Erfahrungen und Erlebnissen des Einzelnen zu tun. Die Wirkung von Kommunikation hängt vom Empfänger ab, seinem Erfahrungshintergrund, seinen Interpretationen der Botschaften und seinen Bildern im Kopf.

Zur Steuerung Ihrer kommunikativen Wirkung sind Modelle und Regeln hilfreich. Ein Modell für Kommunikation ist das Eisbergmodell. Es besagt, dass auf den zwei Ebenen der Kommunikation, der Sachebene und der Beziehungsebene, das Wirkungsverhältnis etwa eins zu neun ist. Auf der Sachebene befinden sich vor allem Faktoren wie Inhalt, Zahlen, Daten und Fakten. Diese Ebene macht rund zehn Prozent der Wirkung aus. Auf der Beziehungsebene befinden sich viele auch unterbewusst wirkende Einflussfaktoren wie Körpersprache, Haltung, Mimik, Gestik, Betonung, Lautstärke oder Satzmelodie. Dazu kommen die Rahmenbedingungen (Tag, Nacht, Uhrzeit, etc.) das räumliche Umfeld und viele mehr. Auf der Beziehungsebene spielt die Musik, dort wirkt Kommunikation bis zu 90 Prozent. Es ist wie bei einem Eisberg, dessen sichtbarer Teil über Wasser rund zehn Prozent seiner Masse ausmacht, während sein Masseanteil unter der Wasseroberfläche etwa 90 Prozent beträgt.

Diese Wirkungswerte sind in Studien immer wieder bestätigt worden, auch wenn sie variieren. Beziehung geht vor Inhalt - GMV. So wird die Beziehungsebene immer angesprochen, selbst wenn Sie nichts sagen, also keine Inhalte von sich geben. Alleine durch Ihr Erscheinen, Ihr Aussehen, Ihre Haltung und Ihre Körpersprache. Sie täuschen sich, wenn Sie meinen nichts zu „sagen", wenn sie ruhig sind. „Man kann nicht nicht kommunizieren." Paul Watzlawick

Rationalisten gehen hier in Opposition. 90 Prozent Beziehungsebene? Das kann nicht sein. Ich entscheide und handle wohlüberlegt. Die Ratio unterscheidet uns ja schließlich vom Rest der Welt. Ich trainiere hin und wieder Ingenieure, also Menschen, die vermeintlich mehr rationale Anteile besitzen und sich auch so einschätzen. „Ich denke, also bin ich" (Descartes). So hätten wir es gerne. Es ist jedoch anders. Dies bestätigen neben Studien auch echte Erlebnisse. Ein schönes Beispiel liefert der Soziologe Dan Ariely, Autor des Buches „Denken hilft zwar, nützt aber nichts – warum wir immer wieder unvernünftige Entscheidungen treffen". Er erzählt in seinem Buch über wiederkehrende Erlebnisse mit einem Teilnehmer an seinen Vorträgen, meist ein Wirtschaftler, den er Mr. Logik nennt. In seinen Vorträgen bringt Ariely Untersuchungsergebnisse und Beispiele dafür, dass wir häufig irrational und damit falsch entscheiden. Die Einwürfe von Mr. Logik fallen wie folgt aus:

„Mir haben die vielen kleinen Irrationalitäten gefallen, die Sie in Ihren Experimenten zu Tage gefördert haben", sagte er zu mir (Ariely, der Autor) und überreichte mir seine Visitenkarte. „Sie sind ziemlich interessant – tolle Geschichten für Cocktail Partys". Er machte eine Pause. „Aber Sie haben keine Ahnung, wie es in der realen Welt aussieht. Wenn es um wichtige Entscheidungen geht, verschwinden natürlich all diese irrationalen Verhaltensweisen. Wo es wirklich darauf ankommt, wägen die Menschen ihre Wahlmöglichkeiten sorgfältig ab, bevor sie handeln." Ariely weiter: „Die grundlegenden Gedanken der Ökonomie und der Glaube an eine allumfassende Rationalität haben so tiefe Wurzeln in unserer Sicht der sozialen Welt geschlagen, dass Menschen aus allen Berufen sie als fundamentale Naturgesetze zu betrachten scheinen."[165]

Das Dogma des rationalen Menschen und des Homo oeconomicus[16] ist weitgehend vom Tisch – jedenfalls nach psychologischen und soziologischen Studien. Ariely zeigt in seinem Buch eindrucksvoll, dass wir irrational sind und deshalb Fehler machen. Unsere Ratio reicht nicht aus, um diese komplexe Welt in den Griff zu bekommen. Den hohen Wirkungswert der Beziehungsebene zeigt auch die sogenannte 7-38-55-Regel des amerikanischen Psychologen Albert Mehrabian. Er wurde bekannt durch eine Aussage zur Bedeutung nonverbaler Elemente in der menschlichen Kommunikation, wenn es dabei um Botschaften zu Gefühlen und Einstellungen geht. Die Studien dazu stammen von 1967 und haben nach wie vor Gültigkeit.

„Gemäß der sogenannten 7-38-55-Regel wird die Wirkung einer Mitteilung über das eigene emotionale Empfinden von Mögen/Ablehnung („like"/„dislike"), die in Bezug auf die Komponenten Inhalt, stimmlichem oder mimischen Ausdruck widersprüchlich ist, zu 7 Prozent durch den sprachlichen Inhalt, zu 38 Prozent durch den stimmlichen und zu 55 Prozent durch den mimischen Ausdruck bestimmt."[166]

So kann der Stimmausdruck nahezu alles bestimmen. Beispielsweise verwendet man das zugängliche Stimmmuster dann, wenn ein Gesprächspartner etwas vom anderen möchte. „Ach Schatz, reichst du mir bitte die Butter" kommt im Befehlston, dem natürlichen Gegner des zugänglichen Stimmmusters mit Namen „glaubhaftes Stimmmuster", nicht gut an. Nach einem forschen „Die Butter!" könnte das Milchprodukt in Ihrem Gesicht landen.

---

[16] Der Homo oeconomicus bezeichnet einen (fiktiven) Akteur, der eigeninteressiert und rational handelt, seinen eigenen Nutzen maximiert, auf veränderliche Restriktionen reagiert, feststehende Präferenzen hat und über (vollständige) Information verfügt. (...) Die Verhaltensökonomik stellt die Erklärungskraft des Homo oeconomicus grundsätzlich in Frage und sucht Erklärungen für vermeintlich irrationales Verhalten. Auch (Kauf-)Entscheidungen orientieren sich oft eher an simplen Entscheidungsbäumen als an einer strengen Nutzenmaximierung. Quelle: http://de.wikipedia.org/wiki/Homo_oeconomicus, 31.03.2012

Die Mimik wirkt noch stärker. Lächeln und direkter Augenkontakt (nicht anstarren) und offener Blick beeinflussten auf der Beziehungsebene positiv. Menschen, die sich vertrauen und mögen, schauen sich direkt an. Das ist fest in unserm Gehirn verankert. Stimmen Körpersprache und Inhalt nicht überein, kommt es zu seltsamen Reaktionen. Im Grunde genommen können Sie niemandem etwas vormachen – außer Sie sind Schauspieler, Magier oder Psychopath. Achten Sie einmal darauf, wie unzureichend manche Schauspieler in Talkshows herüberkommen. Und die trainieren das intensiv, sind aber eher gewohnt, Text auswendig gekonnt aufzusagen und dazu die passende Körpersprache nach Drehbuch abzuliefern.

Natürlich gibt die Mehrabian-Regel nur eine Tendenz wieder. Und zwar in einem bestimmten kommunikativen Zusammenhang. Nämlich dann, wenn die Botschaften von Gefühlen und Einstellungen handeln. Man kann diese Regel nicht auf jede Kommunikation übertragen. Das würde ja bedeuten, dass es egal ist, was wir sagen. Nach der 7-38-55-Regel sind 93 Prozent der Wirkung einer Botschaft von nichtsprachlichen Faktoren abhängig. Das ist Unsinn, wenn es auf den Inhalt ankommt. Und das tut es bei Reden, bei Diskussionen, Präsentationen und Vorträgen und in vielen Gesprächen. Mehrabian selbst soll verwundert darüber sein, dass diese Regel immer noch unreflektiert durch die Kommunikationswelt geistert. „Ohne [inhaltliche, der Autor] Substanz ist der Vortragende zum Scheitern verurteilt. Mehrabian selbst ist verblüfft, wie hartnäckig sich die irreführende Vereinfachung seiner Forschungsergebnisse hält."[167]

Ist alles Emotion?

Inhalt ist also wichtig. Dafür, wie er aufgenommen wird und wie nachhaltig er wirkt, spielen viele Faktoren zusammen. In Expertenkreisen ist klar, was uns der gesunde Menschenverstand schon immer gesagt hat. Die Vernunft, die Ratio ist bei Entscheidungen, in der Kommunikation und beim Handeln sowie in der Führung kein allzu großer Mitspieler (Controller bekommen bei dieser Aussage Zustände). Unsere Gefühle bestimmen unsere Welt, so die Wissenschaft. Gerade die Hirnforschung sorgt für Erkenntnisse, die unser Bild vom rationalen und selbstbestimmten Menschen ins Wanken bringt und gleichzeitig Nützliches für Führung und Kommunikation zu bieten hat. Menschen sind nicht frei, sondern determiniert. Oder wie es Wolf Singer, ein deutscher Hirnforscher, ausdrückt: „Ich bin frei, wenn ich mich frei fühle".

Und weil Emotionen unsere Entscheidungen mitbestimmen, entscheiden wir immer wieder unvernünftig.

- So beeinflusst uns das Gesetz der Sympathie stark. Wir glauben sympathischen Menschen eher als unsympathischen und halten sie für kompetenter.

- An getroffenen Entscheidungen halten wir auch unter ungünstigen Umständen fest – Gesetz der Konsistenz. Ganz ungünstig ist das in der Führung.

- Verluste empfinden wir stärker als Gewinne. Es kann dramatisch sein, wenn Sie Mitarbeitern geliebte Privilegien wegnehmen. Weniger schlimm ist es, wenn Sie sie nicht gewähren.

- Wir orientieren uns am Verhalten und den Entscheidungen der anderen, insbesondere der „Masse". Was viele denken oder tun muss richtig sein.

- „Unsere Gedanken haben eine spürbare Auswirkung darauf, wie wir unsere Umwelt wahrnehmen. Gedanken haben viel Kraft, sie haben Macht über uns und unsere Wirklichkeit."[168]

- Die Energie folgt der Aufmerksamkeit. Resonanz: Sind Sie lösungsorientiert, nehmen Sie die Welt anders wahr als wenn Sie problemorientiert sind. „Die Seele nimmt die Farbe deiner Gedanken an." Marc Aurel.

- Wir machen Erfahrungen und unsere Erfahrungen machen uns.

- Unser Leben wird weitgehend durch unser Unterbewusstsein bestimmt, nicht durch das Bewusstsein.

- Wir neigen zum Ausgleich. Das Gesetz der Reziprozität führt uns dazu im Zusammensein mit anderen immer wieder einen Ausgleich zu schaffen. Bekommen wir etwas geschenkt, wollen wir unbewusst etwas zurückgeben.

- Macht beeindruckt uns. Es genügen auch Machtsignale oder –insignien.

Einfache GMV-Hilfen

- Sorgen Sie dafür, dass es Ihnen grundsätzlich und in wichtigen Kommunikations- und Führungssituationen gut geht. Dann werden Sie automatisch positiver wahrgenommen als ein Miesepeter. Wohlbefinden beeinflusst die Beziehungsebene günstig – alles ist Beziehung.

- Achten Sie auf Ihr Gegenüber oder die Gruppe, je nach Kommunikationsanforderung. Signalisieren den Menschen verbal und körpersprachlich Offenheit und

Sympathie (echtes Lächeln, Lachen, offene Haltung, Blickkontakt). Erkennbar ist das über natürlichen Blickkontakt und Aufmerksamkeit.

- Wenn die Beziehungsebene nicht passt, also die Stimmung irgendwie schlecht ist, ändern Sie Ihre Stimmlage und Körperhaltung. „Singen" Sie mehr (zugängliches Stimmmuster), lockern Sie Ihre Haltung und bewegen Sie sich – verstärken Sie Mimik und Gestik.

Manchmal geht es um ganz einfache Dinge, damit Führungskommunikation gelingt. Respektieren Sie Ihre Gesprächspartner und bereiten Sie sich als Chef auf Gespräche gut vor. Ein Musterbeispiel dafür ist ein Bereichsleiter eines großen Unternehmens. Im Management-Review beurteilt er jedes Jahr seine Führungskräfte. Das geschieht nach einem vorgegeben Bewertungsmuster. Zum einen nimmt er sich Zeit, um die Bewertung auf Papier vorzunehmen, zum anderen geht er damit in ein Coaching. Darin besprechen wir anonymisiert seine Bewertungsansätze und er nimmt die Anregungen in seine Überlegungen auf. Zusätzlich spielen wir die Mitarbeitergespräche durch, legen seine eigenen Gesprächsziele fest und berücksichtigen die Situation jedes einzelnen Mitarbeiters, betrachten also dessen Perspektive, Wünsche und Ziele. Auch deshalb hat dieser Bereichsleiter hohe Reputation im Unternehmen. Das zu tun, ist nicht wirklich schwierig. Man braucht dafür keine besonderen Kompetenzen. Es eine Frage des eigenen Führungsstils, der Prioritäten und der Konsequenz. Letztlich kostet ein Coach-Honorar, das sich bezahlt macht. Unter dem Strich wendet der Bereichsleiter weniger Zeit für diese Thematik auf als mancher seiner Kollegen, der das weniger gründlich vorbereitet oder auf 08/15-Art erledigt. Für denjenigen, der das gut vorbereitet, gibt es kaum weitere Klärungsgespräche, weil mit dem professionellen Erstgespräch alles erledigt ist.

Beziehungsaufbau - Rapport

Rapport ist ein Begriff, der aus Coaching und Psychotherapie kommt. Patient und Therapeut oder Klient und Coach brauchen eine gute Beziehung zueinander. Der Klient braucht Vertrauen zum Coach, damit er sich sinnvoll auf einen Hilfs- und Lernprozess einlassen kann.

Anpassungen erfolgen durch ähnliche Sprache, Lautstärke, Betonung, durch ähnliche Körperhaltung und Bewegungen. Beobachten Sie Paare in einem Kaffee oder Restaurant. Am Rapport, der ähnlichen Haltung und den ähnlichen Bewegungen, können Sie erkennen, wie es gerade um die zwei bestellt ist. Dahinter steckt eines der wirksamsten Gesetze des Verhaltens, das Gesetz der Sympathie. Sympathische Menschen finden wir glaubwürdiger, vertrauen ihnen eher und stellen uns gerne auf sie ein. Und Ähnlichkeit fördert Sympathie. Das erfolgt durch die Technik des Spiegelns. Diese Technik können Sie bis in die kleinsten Details anwenden, indem Sie beispielsweise die Atemfrequenz übernehmen oder den Hautwiderstand ... nein, Scherz. Beschränken Sie sich auf drei wirksame Aktionen:

- Gleichen Sie Ihre Haltung der des Gesprächspartners an.

- Wiederholen Sie seine Worte oder paraphrasieren Sie seine Aussagen. Wiederholen Sie also mit anderen Worten. Geeignet: „Habe ich richtig verstanden, dass ...?"

- Übernehmen Sie die Energie des Gesprächspartners. Laut zu laut, aufgeregt zu aufgeregt, gelassen zu gelassen etc. – Motto: Ähnlichkeit macht sympathisch.

Kommunikation und Wahrheit

Kommunikation wirkt positiv, wenn sie verlässlich ist, wenn ich dem Gegenüber vertraue. Wahrheit ist eine der Voraussetzungen für funktionierende Kommunikation und Führung. Sie ist Voraussetzung für Vertrauen. Menschen sehnen sich nach integrer[169], ernst gemeinter und wahrer Kommunikation. Das liegt auch daran, dass wir es mittlerweile gewohnt sind, belogen zu werden: von Politikern, die öffentlich erklären, dass man sie im Wahlkampf nicht für voll nehmen soll; von Führungskräften, die falsche Zahlen und Prognosen abgeben; von Anlageberatern, die uns in ihrer unermesslichen Unwissenheit Gewinne vorgaukeln. Wir sprechen hier nicht von den kleinen Notlügen des Alltags, die wir schon mal anwenden, um Stress zu vermeiden oder niemanden zu verletzen. Es reicht, wenn Sie in normalen Lebenssituationen die Wahrheit sagen.

„Wer immer die Wahrheit sagt, kann sich ein schlechtes Gedächtnis leisten". Genau. Theodor Heuss, der erste Bundespräsident (1949 bis 1959), musste es ja wissen. Schließlich hat er sich Jahrzehnte in Diplomaten- und Politikerkreisen bewegt. Und die lügen bekanntlich, was das Zeug hält (GMV: Clinton, Barschel, Bush, Schröder ...). Aber unter dem Strich sind Sie und ich auch nicht viel besser. Wissenschaftlich ist heute klar: Lügen ist so etwas wie Atmen, Dummheit und Sex. Manchmal nötig, unvermeidlich und angeboren.

„Jeder Mensch lügt bis zu 200 Mal am Tag - allerdings nicht immer vorsätzlich. Oft lügen wir aus Höflichkeit, Bescheidenheit oder um uns besser darzustellen. (...) Der Hauptgrund für eine Lüge ist aber die Angst - wir lügen, wenn wir uns nicht sicher fühlen oder uns selbst beruhigen müssen. Dabei schwindeln wir nicht nur andere Menschen an, sondern auch uns selbst."[170] Und zwar ständig. Insbesondere unsere Vergangenheit verklären wir und verzerren sie zu unseren Gunsten:

„Männer lügen, wenn es um den Job, das Auto und die Freizeitaktivitäten geht – Frauen lügen eher über ihr Alter, ihr Gewicht und die Einkäufe. Und auch Kinder können wahre Meister des Lügens sein: Schon mit etwa vier Jahren beginnen sie, bewusst zu lügen. (...) Wissenschaftler sind sich einig: »Lügen lernen« ist Teil unserer geistigen Entwicklung."[171] Da lohnt es sich auch mit Blick auf Führung die Lüge unter die Lupe zu nehmen.

„Geübten Lügnern merkt man auf den ersten Blick oft nicht an, wenn sie die Unwahrheit sagen. Dabei kann alleine die Mimik eine Lüge enttarnen – manchmal selbst bei »Profis«. Spätestens durch einen Blick ins Gehirn kann auch die beste Lüge aufgedeckt werden. Kernspin-Aufnahmen zeigen, dass notorische Lügner eine andere Hirnstruktur als aufrichtige Menschen haben und mit Hilfe eines Magnetresonanztomographen wird deutlich: Lügen ist für das Gehirn anstrengender, als bei der Wahrheit zu bleiben."[172]

Woran Sie Lügner erkennen

Lügner vermeiden spezielle Worte

Sie können vermuten, einen Lügner vor sich zu haben, wenn bestimmte Worte nicht vorkommen (in Kombination mit anderen Anzeichen). Da sich Lügner innerlich auf Abstand von den Lügen halten wollen, benutzen sie selten Worte wie „ich", „mir", „mich" oder „mein". Im Übrigen ist es anstrengend, zu lügen. Man muss mehr nachdenken, bevor man etwas sagt. Deshalb bevorzugen Lügner einfache Satzkonstruktionen. Und es gilt die Erkenntnis: Wer immer die Wahrheit sagt, braucht kein gutes Gedächtnis. Umkehrschluss: Wer lügt, muss sich ständig konzentrieren.

Lügner verändern ihre Tonlage

Beim Lügen können aufkommende Nervosität und Unwohlsein die Stimme verändern. Sie kann höher und dünner werden. Auch das Sprechtempo kann sich bei einer Lüge ändern. Es kann sowohl schneller als auch langsamer werden.

Lügner schauen weg (oder erst recht hin)

Wenn jemand lügt, vermeidet er den Augenkontakt, denn das „Ins-Gesicht-Lügen" ist für die meisten Menschen unangenehm. Profilügner und Betrüger tun das bewusst – sie haben keine Probleme damit, dem anderen direkt in die Augen zu sehen. Dabei übertreiben sie den Augenkontakt, wenn es zur „Sache" geht, also wenn sie lügen.

Bedenken Sie jedoch, dass Menschen allgemein wegsehen, nach oben oder nach seitlich unten schauen, wenn sie nachdenken oder nach Inhalten suchen, insbesondere, wenn sie nach Antworten auf schwierige Fragen suchen. Lügner schauen auch bei leichten Fragen oder einfachen Antworten weg. Es gibt auch Menschen, die aus Gewohnheit und allgemeiner Unsicherheit dazu neigen, weg zu schauen, auch wenn sie die Wahrheit sagen.

Lügner atmen anders

Die Atemfrequenz ist ein Anzeichen für den inneren Zustand. Auch die Art der Atmung – Brust- oder eher Bauchatmung – deutet auf Anspannung oder Entspannung hin. Atmung erfolgt unbewusst und sie folgt der körperlichen Anstrengung und dem Zustand. Lügen ist für die meisten unangenehm, erzeugt also Stress. Deshalb atmen Lügner im Gespräch meistens schneller, selten auch langsamer.

Lügner blicken zur „Konstruktionsseite"

Lügner schauen nach rechts oder rechts oben von sich aus gesehen. Aus Sicht des Gesprächspartners also nach links, wenn er gegenübersitzt. Nach den Augenbewegungsmustern überlegt derjenige mit Blick nach rechts oder rechts oben auditiv konstruierte beziehungsweise visuell konstruierte Inhalte. Konstruieren bedeutet „erfinden". Bei Linkshändern kann das andersherum erfolgen. Sie können das testen, indem Sie eine Konstruktionsfrage stellen und dann auf die Augenbewegungen achten: Stelle dir vor, ich wäre nicht mehr da ... oder: Denke nicht an einen blauen Elefanten.

Lügner ändern ihr Verhalten

Auch Verhaltensänderungen gegenüber dem normalen Verhalten haben mit der Stresssituation des Lügners zu tun. Ändert eine Person im Gespräch auffällig ihr Verhalten gegenüber ihren sonstigen Gewohnheiten, kann dies ein Hinweis auf eine Lüge sein.

Lügner neigen zu Beruhigungshandlungen

Da für die meisten Lügner die Situation, in der sie lügen, unangenehm ist, versuchen sie sich durch bestimmte Handlungen zu beruhigen, also wieder in ein Gleichgewicht zu bringen. Solche Beruhigungshandlungen können das Kratzen oder Streicheln des Kopfes sein oder auch das Berühren und Kratzen an Nase oder Ohr.

Lügner wiederholen häufig

Da Lügner den gelogenen Inhalt konstruieren müssen und dies sehr viel Hirnschmalz braucht, neigt das Lügner-Gehirn durch automatische Wiederholungen dazu, zu vereinfachen. Deshalb wiederholen Lügner öfter das Gesagte, als es natürlicherweise aus Verständnisgründen üblich ist. Zum Beispiel: Haben Sie Frau Maier schon häufig persönlich beleidigt? Antwort: Nein, ich habe die Maier nicht beleidigt – schon gar nicht häufig.

Die Mimik der Lügner

Achtung, Profilügner und Betrüger setzen oft ein Pokerface auf und sind in der Lage, sehr natürlich zu bleiben, während sie Menschen belügen. An der Mimik ist dennoch einiges ablesbar. Das ist jedoch schwierig. Verräterisch kann eine gewisse Unruhe in der Mimik sein, wie ein Zucken der Mundwinkel, das Flattern der Augenlider oder das falsche Lächeln. Dabei handelt es sich um ein Lächeln, bei dem sich nur die Mundwinkel bewegen und die Augen nicht „mitlachen", sich also keine Lachfalten um die Augen bilden und die Augen unberührt bleiben.

Lügner wechseln das Thema ungeschickt

Da das „Lügenthema" (Wo warst du heute Nacht?) insgesamt unangenehm ist und Stress verursacht, versucht der Lügner, es so schnell als möglich hinter sich zu bringen. Am schnellsten kommt er „aus der Nummer" heraus, wenn er das Thema wechselt, was wegen der Stresssituation oft ungeschickt passiert. Lügner schweifen schnell vom eigentlichen Thema ab. „Ich bin bei Klaus geblieben – wir hatten ein paar Bierchen zu viel. Ich konnte nicht mehr fahren. Und was machen wir heute Nachmittag?"

Achtung vor Schnellschüssen

Lügen kommen nicht auf kurzen Beinen daher und machen sich nicht über lange Nasen bemerkbar. Trotz der Hinweise oben ist bei der Interpretation Vorsicht geboten. Zwei bekannte Autoren, die sich eingehend aus unterschiedlichen Blickwinkeln mit der Lüge beschäftigt haben, weisen darauf hin, dass die „Lügensignale" als Ganzes zu sehen sind. Einzelne Hinweise auf das Lügen können in die Irre führen. Der Emotionsforscher Paul Ekman (Buchtitel: Ich weiß, dass du lügst) und der ehemalige FBI-Agent Joe Navarro (Buchtitel: Menschen lesen) kommen in dieser Hinsicht zum selben Schluss.

„In einem Punkt sind sich die Autoren einig: Eine pauschale Anleitung für das Lesen von Körpersignalen (...) gibt es nicht. Ekman betont, es existiere kein physiologischer Beweis für Täuschung per se:»Keine Geste, kein Gesichtsausdruck und kein Muskelzucken allein ist ein Zeichen, dass jemand lügt.« Es gebe lediglich Hinweise etwa darauf, dass die Gefühle eines Menschen nicht mit seinen Äußerungen übereinstimmen. Der Forscher müsse diese unzähligen Details beobachten und auswerten, um eine einzige Lüge entlarven zu können. Letztlich erlaube dieses Vorgehen aber nur, die Wahrscheinlichkeit dafür einzuschätzen, dass jemand lügt – nicht mehr, und auch nicht weniger."[173]

Navarro kommt zu dem Schluss, dass Menschen, die lügen, sich in der Regel nicht wohlfühlen. Das Unwohlsein wiederum zeigt sich in Ausgleichsverhalten. Denn Lügen ist eine intellektuelle Leistung. Der Lügner muss das schon Gesagte mit dem Folgenden abgleichen und er muss es konstruieren. Anzeichen für die Anstrengungen und das Unwohlsein eines Lügners sind möglicherweise folgende:

Körperliche Reaktionen

Lügen können sich physiologisch zeigen. Der Herzschlag beschleunigt, man beginnt zu schwitzen. Der Blutdruck steigt, der Hautwiderstand verändert sich – der Ansatz für die Arbeit mit dem klassischen Lügendetektor.

Ausgleichsaktivitäten zur Beruhigung

Wer lügt, fühlt sich unwohl. Ausnahmen sind Profilügner und Psychopathen. Für normale Menschen ist es anstrengend und man muss auf der Hut sein. Zur Beruhigung erfolgt erhöhte Aktivität: Haltungsänderungen, Fußwippen, Fingertrommeln, abgehackte Gestik. Klare Anzeichen von Unbehagen sind beispielsweise, wenn sich jemand die Schläfen oder den Nacken reibt oder über den Hinterkopf streicht.

Abschotten und Barrieren bauen

Menschen, die sich unsicher und unwohl fühlen, neigen dazu, Hindernisse aufzubauen und Gegenstände als „Schutzschilde einzusetzen". Sie nutzen einen Aktenordner, den sie vor die Brust halten, einen Stuhl oder Tisch, hinter den sie sich stellen. Oder sie nutzen Gegenstände, die auf dem Tisch liegen, um eine „Barriere auf dem Tisch zu bauen".

Augenbewegungen und Blick

Ein Zeichen für Unwohlsein ist das „genervte Rollen der Augen". Ebenso deutlich wahrnehmbar ist das „Flimmern" der Augenlider, das ebenfalls auf Unwohlsein schließen lässt. Vermeidet jemand ständig oder bei einem bestimmten Thema unbewusst den Augenkontakt, kann das auf Unwahrheit schließen lassen – doch Vorsicht, dafür kann es auch andere Gründe geben als Lügen, beispielsweise Stress, wie Angst vor einer Person oder Schüchternheit. Profilügner und Betrüger halten sogar bewusst den Augenkontakt, wenn sie Menschen „linken". Sie haben das trainiert.

Kopfbewegungen sollten synchron sein

Viele sind sich nicht bewusst, dass der Kopf ständig mitspricht – entweder durch eine bestimmte Haltung oder durch Bewegungen. Legen Sie den Kopf schief, signalisieren Sie, dass Sie gefallen wollen. Das ist ein Relikt aus unserer Säugetiervergangenheit, das Sie auch von Hunden sehr gut kennen. Den Kopf schief zu legen und damit die Halsschlagader zu „präsentieren", ist eine Unterwerfungsgeste. Menschen legen den Kopf unbewusst schief, wenn sie sympathisch erscheinen wollen oder etwas vom anderen haben möchten. Aufrichtige Kopfbewegungen erkennen Sie daran, dass sie synchron, also zeitgleich zum Gesprochenen erfolgen. Damit wird das Gesagte bestätigt und unterstrichen.

Die Stimme

Unsere Stimme ist unter anderem von der Stimmung und der Verfassung abhängig In Stresssituationen oder wenn man sich unwohl fühlt, kann es zu interessanten Stimmphänomenen kommen. Die Stimme wird dünner, oft auch höher und „blechern" – es fehlen die mittleren und tiefen Frequenzanteile. Die Atmung verlagert sich in den Brustbereich, man wird kurzatmig. Dadurch verliert man Resonanzvolumen. Die Stimme kann besonders in unangenehmen und aufregenden Situationen „brechen" oder ins Stocken geraten.

Haltung – Charakter – Persönlichkeit

Mit dem Thema „Wahrheit und Lüge„ kommen wir in die Region der Werte. Werte sind wichtig für Führung und Kommunikation. Werte bestimmen Ihre grundsätzliche Haltung in der Kommunikation und diese Haltung ist Ihnen anzusehen. Man hört sie an der Stimmlage und spürt sie durch Faktoren wie Körpersprache oder Mimik. Haltung entspringt dem Denken, ebenso wie Handeln. Wenn Sie da nicht aufpassen, geraten Sie unmerklich in unruhiges Fahrwasser. Beispiel: Wir alle haben das eine oder andere Vorurteil. Ein Vorurteil ist eine Grundhaltung gegenüber einer Kategorie, beispielsweise die Kategorie Mitarbeiter.

Laut Studien sortieren Führungskräfte gute und schlechte Mitarbeiter vorschnell in „In"- und „Out"-Gruppen. Halten Sie Mitarbeiter für Versager, kommunizieren Sie entsprechend. Dann werden die Mitarbeiter tatsächlich zu Versagern, obwohl sie von vornherein keine Versager wären. Über den Halo-Effekt (Heiligenscheineffekt) neigen wir dazu, attraktive Menschen zu überschätzen und weniger attraktive zu unterschätzen. Personen, die uns sympathisch sind, bewerten wir positiver als uns unsympathische Menschen. Für Führung ist das fatal, denn wenn Sie Menschen für etwas gewinnen wollen, sollten Sie sie respektieren. Das geht, auch wenn es schwierig ist, wie das folgende Beispiel zeigt.

Von Agenten lernen

Agenten wollen oft Kriminelle als Informanten gewinnen, um die großen Fische dingfest machen zu können Das klappt, wenn es ihnen gelingt, auch diesen Menschen gegenüber Wertschätzung zu empfinden. Einer der erfolgreichsten Spitzel-Anwerber beherrscht das perfekt. Es ist Teil seiner Ausbildung, aber auch seiner Haltung, seines

Charakters und seiner Persönlichkeit. Einfach ist es nicht, Kriminellen wertschätzend gegenüberzutreten. Die Tricks, die der Agent anwendet, können Sie gut in der Führung gebrauchen, um auch ungeliebten Mitarbeitern Wertschätzung gegenüber zu zeigen.

„Sie müssen an einem Menschen, der es Ihnen womöglich nicht leicht macht, ihn zu mögen, zunächst etwas finden, das Sie wertschätzen können. (...) Mit diesem kleinen Trick der Wahrnehmungsveränderung schaffen wir es, auch nervende Zeitgenossen wertzuschätzen, und sorgen dafür, dass sie uns ebenfalls offener begegnen."[174]

Natürlich benötigt man Durchhaltevermögen, Empathie, Charakterstärke, um diese positive Haltung im kriminellen Milieu aufrecht zu erhalten. Diese Charaktereigenschaften sind auch hilfreich für Führungskräfte. Guten Agenten gelingt das unter anderem durch Coaching und Training. Wie viel einfacher ist es, seine Mitarbeiter, Vorgesetzten oder Kunden zu schätzen. Wertschätzung ist eines der von Mitarbeitern und Führungskräften oft genannten Merkmale guter Führung. Leider ist es auch ein Merkmal, das Angestellte und Manager in Umfragen oft vermissen.

Die Big Five

Motive, unsere wertegeladenen Treiber, und Persönlichkeitseigenschaften sind eine stabile Basis für eine Führungskraft. Sie sind zwar veränderbar, Motive beispielsweise durch Coaching und Training, Persönlichkeitseigenschaften durch Erfahrungen, stellen bei den meisten Erwachsenen jedoch ein recht kontinuierliches Gerüst dar, nach dem sie Entscheidungen treffen, handeln oder vermeiden. Für Führung wirken Persönlichkeitseigenschaften oder –dimensionen, Motive und Führungsfähigkeiten gegenseitig aufeinander ein. Persönlichkeit stellt nach Psychologen die große Basis der Basis dar. „Verfügt eine Führungskraft über eine entsprechende Motivausprägung, ausgeprägte Self-Leadership-Fähigkeiten und eine hohe affektive (emotionale, der Autor) Führungsmotivation, dann entspricht dies den zentralen Grundvoraussetzungen einer aktiven und effektiven Führungskraft. Die Persönlichkeitseigenschaften können sich hierbei verstärken auf die Motive, Fähigkeiten und die Motivation auswirken."[175]

In Coachings von Führungskräften zeigt sich das deutlich. So sehen sich manche Kandidaten für Chefpositionen als ruhige, introvertierte Persönlichkeiten und halten das für eine Negativeigenschaft für Führung. Das stimmt so nicht. Ruhige Menschen haben auch Vorteile in der Persönlichkeitsdimension Gewissenhaftigkeit und eine niedrige Ausprägung des Neurotizismus (emotionale Labilität, Angst, etc.). Introvertierte zeigen unter Umständen eine weniger egozentrische Neigung zum Motiv „Macht". Sie sehen sich nicht so sehr im Mittelpunkt. Vorteile: Die Ruhigen neigen zu reflektierter Selbstführung, zu Empathie-Kompetenz und verlässlichem, konsequentem Führungsverhalten. Ist im Coaching ein Reframing (Rahmenänderung) vorgenommen, haben wir also den Rahmen auf „introvertiert kann gut führen" innerlich gefestigt, ist die Coaching-Arbeit zu 80 Prozent getan. Oder wie es ein Klient ausdrückte: „So hatte ich das noch gar nicht betrachtet. Ich bin ja gar nicht so verkehrt. Und dass das Ruhige auch große Vorteile für Führungsaufgaben bringen kann, finde ich sehr ermutigend."

Wenn es um Charakter und Persönlichkeit geht, spielen die „Big Five" eine große Rolle. „Bei den Big Five (...) handelt es sich um ein Modell der Persönlichkeitspsychologie, das fünf Hauptdimensionen der Persönlichkeit postuliert. (…) Auf der Basis von Listen mit über 18.000 Begriffen wurden durch Faktorenanalyse fünf sehr stabile, unabhängige und weitgehend kulturstabile Faktoren, die Big Five, gefunden."[176]

Die fünf Hauptdimensionen der Persönlichkeit sollen weitgehend auf der ganzen Welt gültig sein. Sie spielen für Führung eine wichtige Rolle, denn sie bestimmen die Persönlichkeit und die wiederum strahlt auf Motive, Fähigkeiten und Motivationen aus. Für manche ist die Persönlichkeit eines der wichtigsten Merkmale für die Qualität von Führung. In ihr vereinen sich alle psychologischen Ebenen. Fähigkeiten, Werte und die Identität beeinflussen, wie eine Person führt und wie diese Führung wahrgenommen wird. Besonders die Wahrnehmung von Führung durch die Vorgesetzten, Kollegen und Mitarbeiter, aber auch durch den Führenden selbst (Selbstführung), ist ein wichtiger Faktor für gute oder eben weniger gute Führung.

Charakter	Ausprägung hoch	Niedrig
Neurotizismus emotionale Labilität	Erleben häufiger Angst, Nervosität, Anspannung, Trauer, Unsicherheit und Verlegenheit. Negative Gefühle werden leichter ausgelöst und bleiben länger bestehen.	eher ruhig, zufrieden, stabil, entspannt und sicher. Sie haben seltener negative Gefühle.
Verträglichkeit	Verständnis, Wohlwollen und Mitgefühl, sind bemüht, anderen zu helfen. Neigen zu zwischenmenschlichem Vertrauen, zur Kooperation und zur Nachgiebigkeit.	Egozentrisch und misstrauisch. Wettbewerbsorientiert, kämpferisch.
Rigidität Gewissenhaftigkeit	Organisiert, sorgfältig, planend, effektiv, verantwortlich, zuverlässig und überlegt.	Schlampig, unachtsam und ungenau.
Extraversion Aktivität und zwischenmenschliches Verhalten	Gesellig, aktiv, gesprächig, personenorientiert, herzlich, optimistisch und heiter.	Introvertiert: zurückhaltend, allein und unabhängig.
Offenheit für Erfahrungen	Reges Fantasieleben, nehmen Gefühle deutlich wahr. Wissbegierig, intellektuell, fantasievoll, experimentierfreudig und künstlerisch interessiert.	Konventionelles Verhalten, konservative Einstellungen. Bekanntes und Bewährtes vor Neuem.

Fixierte Persönlichkeits-Eigenschaften?

Es gibt widersprüchliche Angaben dazu, wann die Persönlichkeit, wann Charakterei-genschaften und damit eine Grundhaltung wirklich fixiert ist. Manche Studien be-haupten, die Eigenschaften blieben nach dem 30. Lebensjahr konstant, andere meinen eine dauerhafte Flexibilität bis ins hohe Alter festgestellt zu haben. Klar ist das aus wissenschaftlicher Sicht heute nicht. Der gesunde Menschenverstand sagt uns, dass Lebensgeschichte und Erfahrungen sich mit fortlaufender Dauer zunehmend festigen, dass Menschen bestimmte Eigenschaften mitbekommen haben. Er sagt uns aber auch, dass die „Starrheit" mit zunehmendem Alter nicht so ausgeprägt ist, wie das manche Volksweisheiten glauben machen: „Einen alten Baum verpflanzt man nicht mehr", stimmt für Bäume. Für die Führung bedeutet das, dass man auch ältere und erfahrene Arbeitnehmer und Fachkräfte flexibler behandeln kann, als viele meinen.

Ich kenne viele „Alte", die zu neuen Ufern aufbrechen, sich ändern, zugänglicher und geselliger werden und vieles mehr. Dazu tragen Mobilität und Technisierung wesent-lich bei. Denn der Umwelt- und Lernfaktor scheint eine große Rolle zu spielen. Neu-rophysiologisch ist heute klar, dass unser Gehirn lange flexibel ist und sich aktiv er-neuert. „Was Hänschen nicht lernt ..." ist längst überholt. Bis ins hohe Alter können wir gut lernen, wenn wir unser Gehirn nicht über Jahrzehnte lahmgelegt haben. Bis weit über 50 können sich Charaktereigenschaften anpassen oder gar ändern. Die Hirn-forschung bescheinigt den grauen Zellen lange Erneuerungsfähigkeit, so dass wir der Plastizität des Gehirns mehr zutrauen können, als wir bisher dachten.

Kommunikationsformen Führung

Abgesehen von den üblichen Kommunikations-Situationen, dir wir alle jeden Tag er-leben, haben Führungskräfte intern, also im Kollegenkreis oder mit Mitarbeitern, spe-zielle und wiederkehrende Formen der Kommunikation. Die eine Kategorie ist „Pub-likumskommunikation", richtet sich also an mehrere Personen, die andere ist Ge-spräch. Für beide gelten Regeln und Prinzipien. Schauen wir uns beides an und füttern es mit einigen erstaunlichen Geschichten und Beispielen, damit Sie Anregungen für Ihre eigene Führungs-Kommunikation mitnehmen können.

Die Ansage

Das machen Führungskräfte häufig – die Ansage. Sie geben Mitarbeitern einen Auftrag, stellen eine Situation klar, weisen auf einen Umstand hin oder korrigieren Prozesse, Ergebnisse oder Missverständnisse. Sie loben und motivieren einzeln oder in der Gruppe. Die Ansage ist kein Dialog. Sie sagen, was zu sagen ist, häufig vor der Gruppe und durchaus auch im Einzelgespräch. Die Ansage ist kurz und prägnant, die Ansprache länger und ausführlich. Wann Sie welche Form anwenden, sollten Sie selbst am besten wissen – im Prinzip ist das klar. GMV. Einer Ansage geht ein Erkenntnisprozess voraus, der klarstellt, dass eine Ansage angesagt ist. Sie braucht einen guten Grund (Auftrag erfolgreich abgeschlossen), einen Zweck (Lob) und ein Ziel (Motivation).

Die Ansage formal

- Einleitung und Anlass
- Inhalt und Absicht: was es zu sagen gibt und was erreicht werden soll
- Nach den „sechs W" (auch journalistische W genannt) geordnet: Was, Wer, Wann, Wo, Wie, Warum
- Vereinbarung (Erwartung und Meilensteine) und Abschluss

Wirkung vor Absicht

Um die Wirkung, vor allem die Ihrer Absicht gemäße Interpretation der Botschaft einer Ansage sicherzustellen, verteilen Sie nach der Ansage einen „Waschzettel", der die wichtigsten Punkte umfasst – immer. Lassen Sie nach der Ansage ein oder zwei Mitarbeiter wiedergeben, wie sie das verstanden haben. In der Regel werden hier gegebenenfalls Missverständnisse deutlich und ausgeräumt. Weisen Sie darauf hin, dass diese Rückmeldung wichtig für das Projekt, den Auftrag etc. ist. Erst dann bitten Sie die Mitarbeiter weitere Verständnisfragen zu stellen. Setzen Sie die Meilensteine, also die Berichts- und Kontrollpunkte, zeitlich so, dass mögliche Missverständnisse oder Fehlentwicklungen zeitnah deutlich werden und Sie früh gegensteuern können.

Ich bin o.k., du bist o.k.

Sorgen Sie dafür, dass Ihre Haltung und Einstellung grundsätzlich passt. Sie respektieren Ihre Mitarbeiter und räumen kritische Zustände und Beziehungsprobleme im Hintergrund aktiv aus. Wenn Sie „emotionale Probleme" mit bestimmten Personen haben, suchen Sie „positive Eigenschaften" und das Gespräch. Machen Sie nicht lange herum. Klären Sie alles frühzeitig. Sie bemühen sich um permanente Klarstellung und Beziehungsarbeit – keine Panik, das klingt hier nach „mehr", als es ist. Bleiben Sie einfach dran und machen Sie es zur wichtigen Führungsaufgabe. Und wenn Sie mit jemandem gar nicht klar kommen, müssen Sie sich eben trennen. GMV.

In der Ansage können Sie diese Haltung sprachlich einfließen lassen. Das funktioniert, wenn die Haltung und Ihr Verhalten dazu passen. In jedem anderen Fall ist es kontraproduktiv. In der Einleitung und am Schluss arbeiten Sie mit positiven Ich-Botschaften und mit allgemeinem Lob. Etwa: „Ich bin stolz auf das, was Sie die letzten Wochen geleistet haben. Genau deswegen winkt uns jetzt der Folgeauftrag. Unser Geschäftspartner hat die Qualität und Verlässlichkeit ausdrücklich hervorgehoben." Im Kritikfall: „Ich stehe unter starkem Druck bezüglich der Lieferansprüche des Kunden. Ich habe ihn fast täglich am Apparat. Ich weiß, dass sie an der Grenze arbeiten. Trotzdem sind wir um zwei Wochen im Verzug. Sie haben das Zeug dazu, das noch reinzuholen. Wie können sie das hin bekommen und was brauchen sie dazu?" Sprechen Sie hier nicht vom „Wir", denn die Mitarbeiter sollen das lösen und umsetzen, sonst erzeugen Sie Dissonanz und Unmut.

Oder Sie heben im Erfolgsfall einen Mitarbeiter besonders hervor – etwa so, wie Sie es von den Lobgesängen von Trainern nach guten Spielen und Leistungen kennen. Das Prinzip: Wenn es angebracht ist, hebe einen heraus, würdige die Leistung mit Blick auf das Team und würdige dann das gesamte Team. Zugegeben, im Sport, gerade im Fußball, wirkt das häufig aufgesetzt, wenn ein Spieler sich runterbewertet und das Team hervorhebt. Das ist angelernte Technik.

Emotionen

Im positiven Fall, also wenn ein Erfolg erzielt worden ist, können Sie Gas geben. „Zeichnen" Sie ein schönes Bild des Erfolgs, freuen Sie sich tatsächlich – alles andere ist Quatsch. Authentische Freude ist vom Typ abhängig. Nicht jeder trägt seine Freude ansteckend spazieren, mancher kann sich gar nicht richtig freuen, vielleicht weil er unter Dauerstress steht. Wer das mit der Freude besonders authentisch macht, ist Fußballtrainer Jürgen Klopp. Machen Sie das in jedem Fall auf Ihre eigene, echte Art und Weise. Zeigen Sie durch Ich-Botschaften, dass Sie sich freuen, dass Sie stolz sind. Geben Sie Lob von oben weiter (das wird oft vernachlässigt, während Druck von oben ganz flott den Weg bis zum Mitarbeiter findet). Geizen Sie nicht mit Lob, gerne auch persönlich, denn Menschen ist nach Studien echte Anerkennung wichtiger als Geld, um motiviert zu sein oder zu bleiben – sie muss also sehr viel Gewicht haben. GMV.

Nicht gemault ist gelobt genug?

Hartnäckig hält sich bei Führungskräften die Haltung „loben bringt nichts". Das ist nachvollziehbar, weil unser Schul- und Ausbildungssystem darauf gepolt ist, dann aktiv zu werden, wenn etwas schief läuft. Wenn die Leistungen passen, versinkt das im Alltagsgemurmel. Lediglich Spitzenleistungen werden hervorgehoben. Deshalb erfahren viele im Geschäftsalltag kaum Anerkennung und Lob. Studien zeigen, dass Lob und Anerkennung im Beruf stark vermisst werden. Dass das wichtig ist, wissen wir auch ohne Studien.

Kluge Führungskräfte loben öffentlich

Es tut gut, wenn man ein Lob bekommt. Muss ja nichts Großartiges sein. „Herr Maier, danke für die prompte Erledigung. Die Präsentation haben Sie professionell aufbereitet und waren zwei Tage vor unserem vereinbarten Termin fertig." Das dürfen gerne andere Mitarbeiter mitbekommen. Menschen sind „hungrig" nach Anerkennung. Sie sind motiviert und identifizieren sich, wenn sie sich bei ihrer Arbeit wohlfühlen. Geht Ihnen so, geht mir so, geht jedem so – GMV.

Voraussetzungen für wirkungsvolles Loben

Ein Lob wird dann akzeptiert und stärkt Wohlbefinden und Motivation, wenn

- das Lob von einer Person kommt, deren Wertschätzung einem wichtig ist,
- die lobende Person Kompetenz im Thema zugeschrieben bekommt,
- das Lob ehrlich gemeint ist und die gelobte Person das registriert,
- der Person zusteht, zu loben.[177]

Die Ansage als Kritik

Hat die Ansage kritische Hintergründe, gilt im Prinzip dasselbe wie bei Anerkennung und Lob. Meinen Sie es ehrlich und handeln Sie fair und konsequent. Zeigen Sie über Ich-Botschaften, was die kritische Situation für Sie bedeutet – auch emotional: „Das macht mich sauer und gleichzeitig unsicher – gerade, wenn ich den Kunden täglich an der Strippe habe. Aus dem Zustand möchte ich raus. Wie bekommen sie das hin, was brauchen sie dafür?" Dann nehmen Sie die Emotionen raus – auch das ist Kommunizieren nach dem Emotions-Prinzip. Sie gehen aktiv mit Emotionen um, denn die zählen: „Also, schauen wir uns den Prozess an, ..."

Schicken Sie die Kritik in der Ansage nicht an einzelne Teammitglieder, sondern verallgemeinern Sie die kritischen Punkte auf das Team und nehmen Sie sich mit hinein. Hier ist „Wir" wichtig. Gehen Sie dann raus aus den negativen Emotionen und machen Sie auf „sachliche Hintergründe" aufmerksam: „An bestimmten Schnittstellen haben wir Übergabeprobleme. Das kostet uns zu viel Zeit. Das bringt den Kunden in Probleme und auf die Palme. Also, Schnittstellen optimieren. Wie schaffen sie das? Was brauchen sie dafür?"

Fazit: Ansagen sind ein starkes Steuerinstrument und sie bedürfen einer starken Führungskraft mit wirkungsvoller Kommunikation, damit sie ihre Wirkung entfalten können. Entscheidend ist, dass Ansagen Gewicht haben, wichtig sind und in der Folge konsequent Konsequenzen nach sich ziehen. Kein Blabla – niemals. Konsequenzen können Meilensteine, Unterstützung durch die Führungskraft, im negativen Fall Eskalation und im positiven Fall spürbare Anerkennung sein.

Die Präsentation

Wer im Geschäftsleben viele Präsentationen halten darf und selbst als Teilnehmer häufig in den Genuss der bekannten Power Point-Schlachten kommt, weiß, dass wir von einem „Waterloo" der Kommunikation sprechen. Zu Deutsch: Sie (vielleicht) und ich (sicher) haben schon unterirdische Präsentationen gehalten. Hin und wieder werden Präsentatoren von Schnarchgeräuschen, von vom Stuhl kippenden Teilnehmern oder von durchgedrehten Kollegen, die aus dem Fenster springen wollen und nur mühsam zurückgehalten werden können, aus ihrer Präsentations-Trance nach 40 Minuten bei Folie 106 geholt. Was ist nur schiefgelaufen?

Eine Präsentation ist kein Vortrag (der dauert länger) und keine Rede (sie hat andere Anlässe). Die übliche Geschäftspräsentation, Mitarbeiterinformation, Projektbericht, Verkaufspräsentation oder der Bericht beim Vorstand muss nicht wirklich jedes Mal wochenlang geübt werden und mit einem 20-köpfigen Tross von Technikern versehen sein. Hier wird Zeit vergeudet. Versuchen Sie nicht wie Steve Jobs zu präsentieren, so wie er seine neuen Apple-Produkte zelebrierte, konnte das eben nur er. Das ist etwas anderes als eine ganz normale geschäftliche Präsentation – wirklich. Sie treten selten vor Millionen Menschen aus aller Welt auf, die die halbe Nacht aufgeblieben sind, um die neuste Produkteinführung zu erleben. Also – Ruhe bewahren und die Kirche im Dorf lassen. Ihre Präsentationen sollten nicht die Qualität eines Stundenge-sprächs im Schnellvorlauf haben oder vollgekleisterte Folien im Dreisekundenrhyth-mus abschießen. Es gibt viele Führungs- und Fachkräfte, die es nicht mögen, zu prä-sentieren. Wenn das der Fall ist, versuchen Sie es zu lassen und überlassen Sie einem Kollegen oder einer Kollegin die Show. Am besten jemandem, der das gerne tut. Falls es doch sein muss: Es gibt einen guten Mittelweg mit GMV, wie Sie Inhalte interes-sant und unterhaltsam darbieten können:

- Bereiten Sie das Wichtige sinnvoll auf (Substanz und Relevanz). Grundsatz: Reduzieren Sie Ihren Erstentwurf um die Hälfte und nehmen Sie davon 50 Pro-zent weg – weniger ist viel mehr!

- Setzen Sie die Medien ein, die verstärkend wirken. Eine Power Point-Folie nur mit Text ist Unsinn – Power Point-Regeln finden Sie im Web in Hülle und Fülle. Die vielleicht wichtigste: Prüfen Sie, ob Sie es brauchen – denn leider er-lebe ich immer wieder, dass Power Point falsch eingesetzt wird. Ein Flipchart, eventuell vorbereitete Blätter, tut es oft auch – wie erholsam. Manchmal ist es sogar besser, Sie berichten ohne Medien und geben danach eine Zusammenfas-sung in Papierform aus.

- Präsentieren Sie verständlich und bildhaft (gehirngerecht). Dabei kommt es auf eine einfache und bildhafte Sprache und Geschichten an. Der Einsatz von Bil-dern ist nur bedingt gemeint. Wenn Sie Zahlen präsentieren, reduzieren Sie auf das Wichtigste und liefern Sie wenige, gute Grafiken und Vergleiche.

- Bieten Sie die Inhalte und sich unterhaltsam dar. Sprache, Modulation, Körper-sprache, Praxis, Interaktion – sorgen Sie dafür, dass es Ihnen gut geht und Sie locker sind und bleiben.

- Üben Sie jede Präsentation dreimal, egal wie wichtig oder unwichtig sie ist – alleine dadurch werden Sie besser.

- Lassen Sie sich ein Feedback, eine persönliche Rückmeldung, zu Ihrer Präsentation geben – Sie lernen und werden besser:

Power Point spielt gerade im Geschäftsalltag eine herausragende Rolle. Manche bedauern das zutiefst, weil die meisten Präsentatoren damit einfach nicht wirklich umgehen können. Da spielen sich wahre Dramen galoppierender Langeweile, Über- und Unterforderung oder auch Zeitverschwendung ab. Um nicht zu diesen Kategorein der Präsentatoren zu gehören, hilft es, die Lieblingserwartungen an Power Point und die größten Nervtöter von Power Point und ähnlicher Software-Werkzeuge zu kennen. Zur Gestaltung von Power Point-Präsentationen hat die Unternehmensberatung „The Mercer Group" in einer Studie ermittelt, was die Zuschauer von Präsentationen nervt:

- reines Vorlesen der Folie: 60,4 Prozent
- unleserlicher, weil zu kleiner Text: 50,9 Prozent
- ganze Sätze statt Stichworte: 47,8 Prozent
- durch Farbwahl stark erschwerte Lesbarkeit: 37,1 Prozent
- überbordende und unpassende Animationen: 24,5 Prozent
- unpassende und nervende Geräusche: 22,0 Prozent
- überfüllte, unübersichtliche Folien und Diagramme: 22,0 Prozent

Natürlich gab es auch Punkte, die als die beliebtesten angegeben wurden und auf die Sie achten sollten, wenn Sie Präsentationen vorbereiten und dazu Power Point, verwenden. Wobei diese Erwartungshaltung nicht nur über die Gestaltung der Präsentationen zu erreichen ist. Der Präsentator muss dann schon auch noch ein Profi sein. Und das kommt noch seltener vor, als gut gestaltete Power Points. Was also erwarten Teilnehmer von Präsentationen – sie wünschen sich (in dieser Reihenfolge):

- Beeindruckt zu werden
- Unterhalten zu werden
- Angeregt zu werden
- Informiert zu werden [178]

Vorlesen der Folie	60,4
Zu kleiner Text	50,9
Sätze statt Stichworte	47,8
schwer lesbar wg. Farben	37,1
unpassende Animationen	24,5
überfüllte Folien	22

0   10   20   30   40   50   60   70

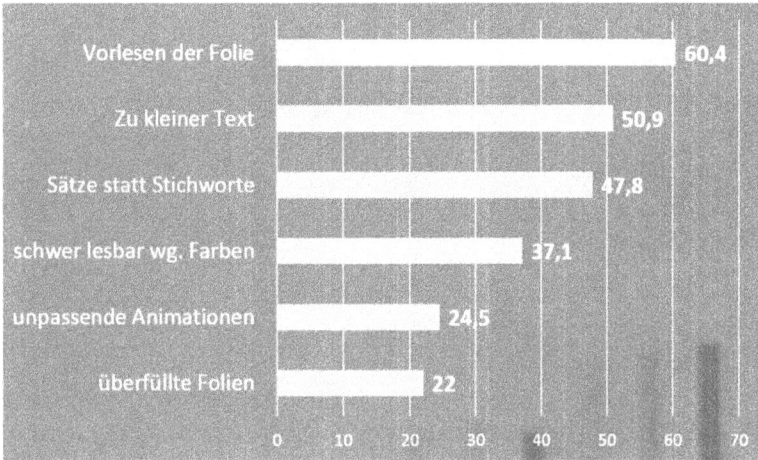

Das nervt bei Power Point Präsentationen

Beeindrucken

Unterhalten

Anregen

Informieren

Das wünscht das Publikum

Quelle: http://www.bk-wv-ar.de/do...mad...n_...sentationsregeln_powerpoint_01.pd...

Infografik 8: Plusminus-Kriterien für das Präsentieren mit Power Point

Wie Sie mit Power Point punkten

Wenn Sie Power Point verwenden, dann geht das auch gut. Das heißt, dass die Software, wenn Sie richtig eingesetzt wird, Präsentationen immens aufwerten kann – für den Teilnehmer wohlgemerkt: interessant, anschaulich, verständlich, beeindruckend. Dazu gibt es Untersuchungen, deren Ergebnisse Sie nutzen können:

Foliengestaltung

Verwenden Sie Text und setzen Sie dafür visuelle Reize wie Symbole, Grafiken oder Diagramme ein. Ihre mündlichen Erklärungen sollten den Inhalt der Folie ergänzen und ihn nicht wörtlich wiederholen. Die Schriftgröße soll mindestens 32 Punkt betragen. Insgesamt sollte eine Folie nicht mehr als sieben Informationsteile – Textblöcke, Bilder, Grafiken, Symbole – enthalten. Manche Präsentationsprofis empfehlen eine Information in Bild- oder Grafikform. Zu viele „Infobrocken" auf der Folie lenken vom Präsentator ab. Außerdem ist die Kapazität des Arbeitsgedächtnisses, je nach Komplexität des Inhaltes, auf fünf bis sieben Elemente begrenzt.

Die Blick- und Denkrichtung lenken Sie durch Pfeile. Verwenden Sie eigene Grafiken und Bilder und keine gekauften Bilder oder Vorlagen. Je individueller, desto besser bleiben die Inhalte im Gedächtnis der Zuschauer – das Gehirn liebt Neues. Entwickeln Sie „Master"-Folien mit einfachen grafischen Elementen, der „guten Form" – einfache Formen helfen dem Gehirn beim „Sortieren" (Quadrat, Dreieck, Stern, Kreis).

Farben

Farben haben Wirkung und die können Sie nutzen. „Farben sind Schwingungen, die von unserem Organismus aufgenommen werden und sowohl auf den Körper als auch auf die Psyche wirken. (...) Farben ziehen die Aufmerksamkeit auf sich. Sie lösen beim Betrachter Gefühle und Assoziationen aus und können zu unbewussten Reaktionen führen. Diese Wirkungen entstehen aus Erfahrungen, die verinnerlicht wurden – Erfahrungen, die nicht unbedingt persönlicher Art sein müssen, sondern die auch aufgrund jahrhundertealter Überlieferungen innerhalb eines Kulturkreises lebendig sind."[179]

- **Rot**: Aufmerksamkeit, Vitalität, Liebe, Leidenschaft. Aber auch Wut, Zorn und Brutalität.

- **Orange**: Optimismus und Lebensfreude. Signalisiert Aufgeschlossenheit, Kontaktfreude und Jugendlichkeit, Gesundheit und Selbstvertrauen. Aber auch: Leichtlebigkeit, Aufdringlichkeit und Ausschweifung.
- **Gelb**: Licht, Heiterkeit, Freude. Wissen, Weisheit, Vernunft und Logik. Schmutzige Gelbtöne: Assoziationen wie Täuschung, Rachsucht, Pessimismus, Egoismus, Geiz und Neid.
- **Grün**: Beruhigend. Steht für Großzügigkeit, Sicherheit, Harmonie, Hoffnung, Erneuerung des Lebens. Auch: Neid, Gleichgültigkeit, Stagnation und Müdigkeit.
- **Cyan/Türkis:** Frische, Wachheit, Bewusstheit, Klarheit, geistige Offenheit und Freiheit. Auch: kühl und distanziert.
- **Blau**: Ruhe, Vertrauen, Pflichttreue, Schönheit, Sehnsucht. Auch: Melancholie.
- **Violett**: Würde, Inspiration, Mystik, Magie und Kunst. Frömmigkeit, Buße, Opferbereitschaft. Auch: Stolz, Arroganz.
- **Magenta/Pink:** Idealismus, Dankbarkeit, Engagement, Ordnung und Mitgefühl. Auch: Snobismus, Arroganz und Dominanz.
- **Weiß**: Reinheit, Klarheit, Erhabenheit und Unschuld. Auch: Unnahbarkeit, Empfindsamkeit und kühle Reserviertheit.
- **Grau**: Neutralität, Vorsicht, Zurückhaltung und Kompromissbereitschaft. Auch: Langeweile, Eintönigkeit, Unsicherheit und Lebensangst.
- **Schwarz**: Trauer, Unergründlichkeit, Unabänderlichkeit, furchterregend und geheimnisumwittert. Auch: Würde und Ansehen. [180]

Entgegen der Corporate-Design-Forderung von Marketing-Leuten hören Sie lieber auf Lernexperten und Psychologen, wenn es um die Gestaltung von Präsentationsfolien geht – setzen Sie unterstützende Farben ein. Denn wir verarbeiten jedes Bild, jede Folie aufs Neue – wenn die Folien zu großen Teilen gleich oder ähnlich aussehen, zieht das Gehirn den Schluss „bekannt" und fährt herunter – Aufmerksamkeit weg. Corporate Identity ist oft streng gefordert. Versuchen Sie die Chefs durch Information und einen firmeninternen Versuch zu überzeugen.

Kompromiss: Stellen Sie am Anfang sich und das Unternehmen im Corporate-Identity-Design (Schriften, Farben, Logos, Präsentations-Master) vor und beenden Sie die Präsentation auch wieder damit. Nennen wir das die CI-Sandwich-Technik. Danach sollten Sie die Corporate Identity verlassen und sich auf Inhalte und dazu sinnvolle Gestaltung konzentrieren. Das macht die Präsentation nicht nur bunter, sondern – richtig eingesetzt – interessanter und außergewöhnlich. Zum Ende setzen Sie nochmals auf Ihre CI und verankern sie so bei den Teilnehmern.

Bewegungen/Animationen

Grundsatz: Weniger ist mehr und mit Funktion. Animationen können eine hilfreiche methodische Hilfe sein, wenn sie mit Know-how und GMV eingesetzt werden. Untersuchungen zeigen, dass der schrittweise Aufbau einer Folie der Verarbeitung im Gehirn entgegenkommt. Denn wir neigen dazu, alles zu scannen, was auf einer Folie steht, werden also abgelenkt, wenn auch der letzte Punkt schon dargestellt ist.

Benutzen Sie einfache Animationen wie „Erscheinen", „Verblassen", „Strecken", „Kasten", „Zoomen" und „Wischen". Das Animationstempo wählen Sie so, dass die Teilnehmer es bewusst wahrnehmen können. Halten Sie Animationen einfach und beschränken Sie sich auf die aufbauende oder auch hinzufügende Animation, die ein Gesamtbild entstehen lässt.

Weniger ist mehr (schon wieder)

„Ganz wichtig: Setzen Sie das Programm nie länger als sieben Minuten am Stück ein! Im Mittelpunkt Ihrer Präsentation müssen Sie und Ihr gesprochener Vortrag stehen. Die Software kann helfen, einzelne Informationen zu erläutern und visuell darzustellen, sie darf aber auf keinen Fall als »Alleinunterhalter« herhalten. (...) Gibt es während einer Power Point-Präsentation Fragen oder entwickelt sich eine Diskussion, verwenden Sie die »B«-Taste. Dann wird das Bild sofort schwarz, und die gesamte Aufmerksamkeit richtet sich auf Sie. Zum Fortfahren genügt wieder ein Druck auf die »B«-Taste – und die Folie erscheint erneut."[181]

Die Rede

Führungskräfte halten hin und wieder eine Rede. Anlässe sind Geburtstage in der Abteilung, Jubiläen, der Abschluss großer Projekte, Tagungen, Meetings, aber auch kleinere Begebenheiten. Leider ist manche Führungskraft nicht dafür geschaffen. Sie kennen wahrscheinlich den einen oder anderen Kandidaten, der in dieses Raster passt.

Reden sind längere Ausführungen, im Gegensatz zur Ansage. Sie sollten von Personen gehalten werden, die dafür Talent mitbringen. Erkennbar ist das daran, dass solche Menschen schon in der Kindes- und Jugendzeit kaum den Mund halten konnten. Aber nicht nur in Selbstgesprächen vor sich hin gebrabbelt haben, sondern gerne vor Publikum sprachen. Andere Zeitgenossen bekommen Zustände, wenn sie nur an eine Rede denken – die sollten es lassen und, falls sie Führungskraft sind, Reden delegieren. Allerdings gehört es auf gewissen Führungsebenen dazu, Reden halten zu können. Auch wenn Sie im privaten, politischen oder Hobby-Umfeld Aufgaben übernehmen – Vereinsvorstand, Stadtratsmitglied oder Kassierer bei den Rotariern –, kommen Sie möglicherweise um Reden nicht herum. Auch wer Kinder im heiratsfähigen Alter hat, kann schon einmal anfangen zu üben – einer muss die Hochzeitsrede ja halten. Keine Sorge, das kann gelingen, auch wenn Sie früher gerne alleine mit Ihren Legobausteinen kommuniziert haben. Cicero gilt als einer der frühen Redekünstler. Er lebte und sprach vor allem als römischer Redner und Schriftsteller von 106 bis 43 vor Christus. Dabei hatte er es gerne einfach, arbeitete also mit GMV, so mein Eindruck. Drei Dinge zeichnen ihm Zufolge eine gute Rede aus:

- Information – sie soll informieren, Neues liefern, relevant sein

- Unterhaltung – sie soll anregen, spannend sein, Humor beinhalten

- Bewegung (Motivation) – sie soll Zuhörer emotional ansprechen und zum Handeln motivieren

Klingt einfach und ist offensichtlich schwer zu erreichen, denn wir werden täglich von langweiligen, faktenschwangeren und endlosen Reden und Vorträgen überschwemmt – im Berufsleben, am Fernseher, beim Vereinsjubiläum und bei Hochzeiten. Das mag daran liegen, dass Rhetorik im Gegensatz zur Zeit Ciceros heute nicht mehr zum Wissenschaftskanon zählt. Man lernt Kommunikation, also auch Rhetorik, allenfalls in Seminaren und für bestimmte Berufe, die vom Sprechen leben. Dazu gehören Schauspieler, Moderatoren und Journalisten in TV und Hörfunk oder Politiker (da bin ich mir nicht sicher). Viele andere, für die Sprechen, Vortragen, Reden halten, ebenfalls ein wichtiger Bestandteil ihrer Profession darstellt, wie Rechtsanwälte, Lehrer und Hochschullehrer, befassen sich mit der Rede, dem Vortrag, der Präsentation selten. Die Folge: In Klassenzimmern ist Schulschluss noch immer der Höhepunkt jedes Tages und Hörsäle mutieren regelmäßig zu Schlafsälen, weil nur wenige Lehrer und Professoren Kommunikationsprofis sind. Auch Führungskräfte überzeugen in der Praxis eher selten.

Lernen am Nicht-Modell: machen Sie das Gegenteil

Viele Chefs reden ohne etwas sagen zu wollen. So eine Analyse von Kommunikationswissenschaftlern um Frank Brettschneider von der Universität Stuttgart-Hohenheim. Sie untersuchten in Zusammenarbeit mit dem Handelsblatt regelmäßig die Reden von Chefs bei Aktionärsversammlungen. Professionelle Nicht-Kommunikation, von Militärs und Politikern seit Jahrhunderten kultiviert, findet sich auch dort. Motto: Viel reden, nichts sagen. Hier ist Kommunikations-Coaching angesagt.

In der Kürze liegt die Würze

Ein Gradmesser für die Verständlichkeit gesprochenen Wortes ist die Länge der Sätze. „Seine [Brettscheiders, der Autor] Studie beurteilt die formale Verständlichkeit und schaut dafür beispielsweise auf die Länge von Sätzen, deren Aufbau, die Portionierung von Informationen oder auf den Fremdwörteranteil"[182] (Dieses Zitat hat 25 Wörter, das geht besser). Sie fanden heraus, dass die meisten Bosse bei Aktionärsversammlungen Kauderwelsch bevorzugen und Klartext vermeiden. Absoluter Spitzenreiter der gewollten Unverständlichkeit ist Norbert Steiner, Chef des Kasseler Dünger- und Salzproduzenten K+S. Laut Brettschneider und Kollegen produzierte er bei der studienrelevanten Hauptversammlung eine unverständliche Rede. Das Highlight darin ein wirklich bemerkenswerter Satz, der dem Bürgerlichen Gesetzbuch alle Ehre machen würde. 51 Wörter, ein Komma, ein Punkt:

„In den neun zwischen der K+S Aktiengesellschaft und ihren jeweils 100-prozentigen Tochtergesellschaften geschlossenen Beherrschungs- und Gewinnabführungsverträgen soll klargestellt werden, dass der in den Verträgen bereits bislang enthaltene Verweis auf die gesetzliche Regelung zur Verlustübernahme gemäß Paragraf 302 Aktiengesetz sich stets auf die jeweils gültige Fassung dieser Vorschrift in ihrer Gesamtheit bezieht."[183]

Kommunikation als Nebelkerze

Alles klar? Klar soll es ja gar nicht sein, so dieser Ansatz. Aktionäre oder Mitarbeiter, die wirklich wissen, was im Konzern los ist, können lästig werden. Manche Politiker stimmen ja auch über Themen ab, von denen sie keine Ahnung haben. Klarheit in den „Regierungserklärungen" der Konzernchefs kann kaum gelingen, denn die Reden werden von professionellen Redenschreibern verfasst, so die Studienleiter. Profis schreiben verdunkelnd, Rechtsabteilungen prüfen und Fachabteilungen beeinflussen die Vortragswerke. Hier gilt: viele Köche verderben den Brei. Allerdings ist da noch der Redner. Ein Boss, der kommunikativ etwas auf sich hält und Vertrauen bei den Aktionären und Mitarbeitern fördern möchte, sorgt für Transparenz und Verständlichkeit. Er lässt sich nicht alles vorschreiben (schönes Wortspiel). Manche Chefs interessiert das, andere nicht.

Chefsache gute Kommunikation

Ex-BMW-Chef Norbert Reithofer zeigt, dass es auch anders geht. Laut der Studie ist er besonders um Klartext bemüht, Rechts- und Fachabteilungen hin oder her. Er führt die Studie an. Andere Chefs sollten sich lieber auf Bilanzen oder Strategien fokussieren, denn Kommunikation ist offensichtlich nicht ihr Ding.

Lernen am Modell

Es gibt natürlich auch große Redner-Vorbilder. Martin Luther King (I have a dream), John F. Kennedy (Ich bin ein Berliner), Winston Churchill, Nelson Mandela und Barak Obama (Yes we can) werden gerne hergenommen. Sie haben insbesondere mit ihren berühmten Reden Wirkung erzielt. Sie brachten oder bringen Talent mit, haben Charisma und ihre Reden sind gut vorbereitet – nichts wird dem Zufall überlassen und doch wirken sie locker und entspannt konzentriert. Es hilft, sich diese Koryphäen als Vorbild zu nehmen, sich ihre Reden und Präsentationen einzuverleiben. Auf dem Videoportal „YouTube" finden Sie eine Menge großartiger Reden dieser besonderen Personen. Schauen Sie sich die Persönlichkeiten gelegentlich an. Achten Sie auf die Sprache, Wortwahl und Rhetorik (Sprachfiguren), die Körpersprache, Tempo, Betonung, Stimmmuster, Sprachmelodie, die Pausen und den Inhalt. Achten Sie auf die Reaktionen des Publikums und genießen Sie es.

Zwei Zitate von Mark Twain zur Rede inspirieren auf ihre eigene Weise. Ersteres erlebt man immer wieder einmal, das Zweite ist ein echter Tipp:

„Das menschliche Gehirn ist eine großartige Sache. Es funktioniert bis zu dem Zeitpunkt, wo du aufstehst, um eine Rede zu halten."
„Eine gute Rede hat einen guten Anfang und ein gutes Ende - und beide sollten möglichst dicht beieinander liegen."

Tipps für Ihre Rede

Inhalt: Was ist Ihre Kernbotschaft? Welche Relevanz, Bedeutung, hat das für die Zuhörer? Können Sie das Wichtige in drei Sätzen ausdrücken? Dann passt es. Motto: Weniger ist mehr. Die kürzeste Rede, die mir bekannt ist, ist von Winston Churchill: „Never give up! Never, Never, Never!"[17]

Unterhaltung: Unterhaltung hat mit Spannung und Entspannung zu tun – das kennen Sie von jedem guten Blockbuster. Wie erzeugen Sie Spannung und Entspannung in einer Rede oder einem Vortrag?

Abgesehen von dem passenden Einsatz der Stimme eignen sich bestimmte Mittel sehr gut: Schaffen Sie ein Informationsdefizit – reißen Sie etwas Interessantes an und lösen Sie es später erst auf – „Jetzt erfahren Sie, wie es zu diesem genialen Erfolg kommen konnte"; erzählen Sie Geschichten, benutzen Sie Metaphern (Vergleiche) und sprechen Sie in Bildern.

Innerlich und äußerlich bewegen: Hier geht es um Emotionen. Um Emotionen anzusprechen und Gefühle bei den Menschen auszulösen, müssen Sie als Redner selbst emotional sein. Erlauben Sie sich, Emotionen zu zeigen. Nur wenn Emotionen echt sind, nicht vorgeschoben, können sie Menschen bewegen. Nationalhymnen und heulende Sportler zaubern bei vielen Menschen den berühmten Kloß in den Hals – das ist echt. (Eigene) Geschichten, Vergleiche und kurze, deutliche Sätze mit starker Aussage und starkem Ausdruck zum rechten Moment können die Zuhörer zum Schwingen bringen.

Gesten können ebenfalls Wirkung erzielen, wenn sie zur rechten Zeit am rechten Ort in angemessener Größe erfolgen. Wenn sie dann noch überraschend eingesetzt werden, ist die Wirkung potenziert. Wie der Kniefall vom damaligen Bundeskanzler Willi Brand, der vor dem Ehrenmal der Helden des Ghettos in Warschau 1972 einen Kranz niederlegte. Nach dem Richten der Kranzschleife blieb er nicht wie üblich stehen, sondern kniete einige Zeit schweigend nieder. Das Bild ging um die Welt.

---

[17] Anekdote: Als Winston Churchill seine letzte öffentliche Rede hielt, drängten viele Leute in den Saal, da angekündigt worden war, dass der ehemalige Premierminister ein persönliches Resümee aus seinem Leben ziehen wollte. Er betrat die Bühne, rief „Gib niemals auf! Nie! Nie! Nie!" und ging wieder. Alles sah sich überrascht an, war das die Lehre aus Churchills Leben? Plötzlich fing jemand an zu applaudieren, woraus ein Sturm von Jubel und Begeisterung wurde, dass der Saal erbebte.

Die großen Gesten sind nicht immer und überall geeignet, in dieser Form selten im geschäftlichen Umfeld, bei der Rede zum Vereinsjubiläum oder bei der Hochzeit von Tochter oder Sohn. Und doch haben es diese Anlässe verdient, vor allem die Zuhörer, und Sie als Redner selbst, bestens informiert, unterhalten und bewegt zu werden. Beginnen Sie Ihre Quartalszahlen-Rede oder die Rede zum Jubiläum verdienter Mitarbeiter einfach mit einer selbst erlebten Geschichte, statt mit den üblichen Floskeln. Steigen Sie bei der Hochzeit Ihrer Tochter mit Ihren Gefühlen bei ihrer Geburt ein, starten Sie bei der Hauptversammlung mit Ihrem schönsten Erlebnis des letzten Jahres im Verein. Erlauben Sie sich Gefühle und erzählen Sie Geschichten. Damit werden Sie Zuhörer überraschen und begeistern. Natürlich nur, wenn Sie geübt haben – GMV.

Große Rede einer Nicht-Rednerin

Beim Geburtstag eines Freundes hielt seine Frau eine Rede. Sie hasst Redenhalten. Sie kann es auch nicht besonders gut. Sie hatte uns gewarnt. Sie las vom Zettel ab. Alleine das war – na, sagen wir mal, suboptimal. Aber im Zusammenspiel mit ihrem Charme, ihrer offen gezeigten Nervosität und ihren echten und warmherzigen Gefühlen für ihren Mann hat sie uns in ihren Bann gezogen. Als sie dann, nachdem sie erzählt hatte, was sie alles durchgemacht hatten und was für ein außergewöhnlicher toller Mensch ihr Mann sei (wir wussten, dass es so ist), mit Tränen der Rührung sagte „Ich liebe dich über alles", brach tosender Applaus aus. Kein Gefälligkeitsapplaus. Wir alle waren baff vor Rührung und Begeisterung und heulten mit.

Für die Ambitionierten unter Ihnen hier noch sieben Punkte für die Meisterschaft, den „schwarzen Gürtel" für Redner sozusagen:

- Erarbeiten Sie eine starke Kernbotschaft – sie trägt als roter Faden und darf wiederholt wiederholt werden: „Yes you can."

- Gliedern Sie Ihre Rede einfach und klar. Benennen Sie die Gliederungspunkte am Anfang insgesamt – schließen Sie jeden Punkt deutlich ab.

- Verwenden Sie Bilder, Metaphern und Geschichten – das Gehirn liebt Bilder und mag es einfach. Erzählen Sie an einer Person entlang – auch gerne an sich, Ihre Erlebnisse sind möglicherweise spannender als allgemeine Floskeln und unpersönliche Botschaften (einen Inhalt an einer Person entlang erzählen ist ein Stilmittel aus der journalistischen Berichterstattung).

- Halten Sie sich an die drei Forderungen Ciceros an eine gute Rede: Informieren, Unterhalten, Bewegen.

- Zeigen Sie Ihre emotionale Position, Ihre Gefühle zum Thema, zum Sachverhalt, zur Situation. Benennen Sie die Vorteile und die Nachteile, die sachlichen und die emotionalen.

- Bleiben Sie entspannt und ruhig – lassen Sie Ihre Körpersprache natürlich mit dem Inhalt und dem Spannungsbogen der Rede fließen. Sprechen Sie ruhig und modulieren Sie angemessen.

- Bieten Sie einen unvergesslichen Schluss – Sie müssen nicht in Tränen ausbrechen, wie im Beispiel vorhin, aber schlecht kam das nicht an. Emotion, Lachen, Überraschung, Interaktion sind ein paar Möglichkeiten dafür.

Das Meeting

Meetings, Sitzungen, Arbeitstreffen sind in vielen Firmen zu einem der größten Zeitdiebe geworden. Das liegt an einer GMV-freien Meeting-Kultur – wird eine neue Kaffeemaschine erwogen, macht die Abteilung ein Meeting. Dazu kommen unprofessionelle Organisation und Durchführung. Gerade Letzteres ist Sache von Meeting-Leitern und damit von Führungskräften. Wichtig ist eine angemessene und professionelle Meeting-Kommunikation und Moderation.

Untersuchungen zeigen, dass in Meetings viel Zeit verplempert wird. Manche Führungskräfte verbringen bis zu zwei Drittel ihrer Arbeitszeit in Meetings – wann arbeiten sie etwas? Wann führen sie Leute? Wann machen sie ihren Job? Dass dringender Bedarf besteht und viel Zeit und Geld gespart werden können, zeigen die Ergebnisse einer Untersuchung des Bundesverbands Sekretariat und Büromanagement:

- 50 Prozent der Protokolle landen ungelesen in der Ablage.

- 35 Prozent der Meetings fangen verspätet an, weil die Teilnehmer unpünktlich erscheinen.

- 36 Prozent der Besprechungen dauern länger als geplant (was an der laschen Meeting-Kommunikation liegt und oft an Chefs, die sich nicht an vorhandene Regeln halten und endlos palavern).

- 25 Prozent der Meeting-Teilnehmer haben mit dem Thema nichts zu tun.

Ineffiziente Meetings kosten Zeit, Geld und Nerven

Bild: Graphic Stock_IMG_8572-1291

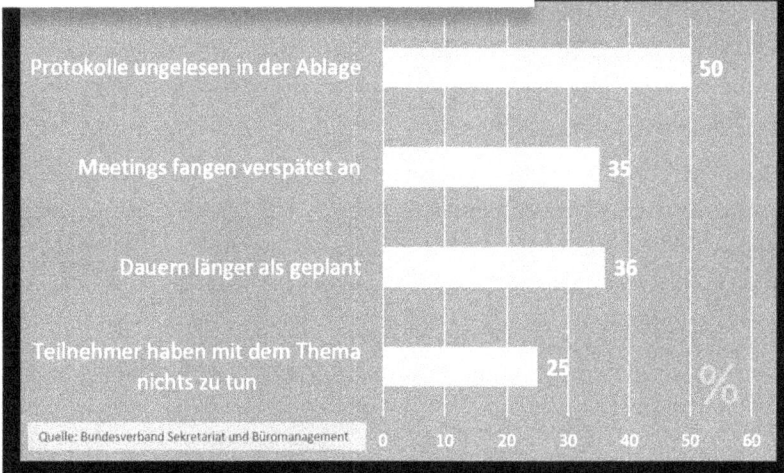

	%
Protokolle ungelesen in der Ablage	50
Meetings fangen verspätet an	35
Dauern länger als geplant	36
Teilnehmer haben mit dem Thema nichts zu tun	25

Quelle: Bundesverband Sekretariat und Büromanagement

0   10   20   30   40   50   60

Infografik 9: Meetings, Meetings, Meetings – ineffizient und schlecht vorbereitet

Durch professionelle Vorbereitung kann bei weniger Aufwand mehr Ergebnis erzielt werden. Weiteres Potenzial liegt in der Meeting-Durchführung: effizientere Meetings durch strenges Moderationskonzept. Sie können durch den Einsatz von GMV und eine professionelle Meeting-Leitung Zeit und Geld einsparen und sinnvoller nutzen. Dabei geht es nicht nur – aber auch – um Kommunikations-Struktur und gute Moderation.

Fünf Tipps für effiziente Meetings:

Wählen Sie die richtigen Teilnehmer. Wählen Sie nach Kompetenz, Kreativität, Teamfähigkeit und thematisch passend aus. Überlassen nichts dem Zufall und über-prüfen Sie die Zusammenstellung der Meeting-Teilnehmer regelmäßig, denn manche Teilnehmer kommen routinemäßig seit Jahren in Sitzungen, in denen sie nicht verloren haben.

Zum Beispiel: Für ein Innovationsmeeting benötigen Sie unterschiedliche Charaktere (z. B. den Spinner, den Rechner, den Emotionalen, den Ruhigen, den Sachlichen). Für Geschäftsfeldentwicklung oder Marketingstrategie brauchen Sie vor allem Fachkompetenz.

Verpflichten Sie die Teilnehmer durch gezielte Informationen vorbereitet zu erscheinen. Prinzip: Informationen zum Thema sollen sich die Teilnehmer bereits einverleibt haben – das Meeting dient dem Austausch darüber. Ausnahme: Es handelt sich um ein Informationsmeeting – Stand der Dinge, Neuigkeiten etc. In einem solchen Meeting findet dann aber auch keine Abstimmung oder Entscheidung statt. Alles zusammen dauert länger, als Informationsmeeting und Entscheidungsmeeting getrennt zu wählen.

Erarbeiten Sie eine feste Meeting-Struktur. Die Teilnehmer präsentieren ihre Beiträge grundsätzlich nach einer festgelegten Reihenfolge, wenn es sich um wiederkehrende Teilnehmer bei Regelmeetings handelt. Diskussionen sind gesteuert und mit Zeitlimits versehen. Dazu braucht es einen professionellen Moderator oder eine professionelle Moderatorin. Das ist in der Regel ist Chefsache. Also trainieren Sie Ihre Moderationskompetenz.

Unterstützen Sie inhaltlich durch den Aushang von Plakaten oder zwei, drei Flipchart-Blättern, die das Thema mit Fakten und Zusammenfassung belegen. Das führt a) zu einer direkten Themenzentrierung und b) zu unbewusster Lösungsarbeit.

Seien Sie konsequent. Sie halten sich als Meeting-Leiter und Moderator zu 120 Prozent an die Regeln. Sie setzen ein Meeting auf 90 Minuten an und beenden es nach 90 Minuten. Begründete und abgestimmte Flexibilität mit GMV ist möglich.

Das Gespräch

Miteinander reden ist eine feine Sache. Wir wissen auch, dass es Gespräche sind, die zu Missverständnissen, Scheidungen und Kriegen führen können. Häufiger dürfte es das „Nicht-Reden" sein, das zur Eskalation (engl. Steigerung), zur Verschärfung einer Situation oder einer Beziehung führt. In Gesprächen wirken viele Faktoren, die den Erfolg mitbestimmen. Inhalte sind die eine Sache. Das ist überschaubar und man kann es gut vorbereiten. Worte eine zweite. Sie können identische Inhalte mit unterschiedlichen Worten ausdrücken. Das kann die Wirkung völlig verändern, denn es gibt starke und weniger starke Worte. Worte, die weniger und mehr vorbelastet sind – und diese „konnotativen Vorbelastungen" (Sprachwiss. mit einem Wort verbundene zusätzliche Vorstellung, Duden) sind von Mensch zu Mensch verschieden.

Beispiele

„Die Lage des Unternehmens ist schwierig. Wir müssen den Gürtel gemeinsam enger schnallen."

„Die Umsätze sind um 70 Prozent eingebrochen. Wir melden kommende Woche Kurzarbeit an."

Auch die Struktur der gesprochenen Sätze kann unterschiedliche Wirkung haben. Wir sprechen, wenn wir das frei tun, eher kompliziert, weil unser Gehirn vernetzt und nicht linear arbeitet. Wir schieben Sätze ein und springen von einem Punkt zum anderen. Das hat damit zu tun, wie unser Gehirn funktioniert – es arbeitet assoziativ (lat.: verbindend, verknüpfend, vernetzend). Einen linearen Gedanken bis zum Ende zu verfolgen, ist die Ausnahme. Werkzeuge wie die Mind-Map[18] (engl. Gedankenlandkarte)

---

[18] Eine Mind-Map (englisch: mind map; auch: Gedanken[land]karte, Gedächtnis[land]karte) beschreibt eine besonders von Tony Buzan geprägte kognitive Technik, die man z. B. zum Erschließen und visuellen Darstellen eines Themengebietes, zum Planen oder für Mitschriften nutzen kann. Hierbei soll das Prinzip der Assoziation helfen, Gedanken frei zu entfalten und die Fähigkeiten des Gehirns zu nutzen. Die Mind-Map

sind gehirngerecht, d. h., sie sind auf diese assoziative Arbeitsweise abgestimmt. Leider ist unsere Aufnahmestruktur des gesprochenen Wortes eher entgegengesetzt. Hier mag es unser Denkorgan einfach. Kommen die Botschaften schlicht und in klaren Aussagesätzen daher, verstehen wir das leichter, als wenn wir verschachtelte Sätze um die Ohren bekommen. Das hat die Natur ungünstig eingerichtet, denn wir denken „verschachtelt" (eines kommt zum anderen) und wir sprechen im Normalfall auch eher so, verstehen aber besser, wenn eins nach dem anderen ankommt.

Test

Wenn Sie schreiben, agieren Sie eher linear. Sie können sich leicht darauf konzentrieren, kurze und klare Sätze zu einem Thema zu formulieren und niederzuschreiben. Schreiben Sie zehn Sätze zum Thema „gute Gespräche".

Nun machen Sie dasselbe, indem Sie zehn Sätze frei diktieren – beispielsweise in die Diktierfunktion Ihres Handys. Welchen Unterschied stellen Sie fest?

Demonstration:

Ich schreibe jetzt selbst zehn Sätze zu „gute Gespräche" und diktiere dann zehn Sätze direkt in diesen Text hinein (das geht ganz gut mit einer entsprechenden Software). Sie werden feststellen, dass sich die Texte und die Wirkung unterschieden, denn wir denken beim Schreiben anders als beim Sprechen. Mal sehen, was dabei herauskommt – ich werde es nicht nachbessern.

Geschrieben:

Gute Gespräche führen zu können, ist das Salz in der Suppe. Das trifft sowohl auf das Geschäfts- wie auf das Privatleben zu. Gute Gespräche leben vom Zuhören. Erstaunt? Wer sich mit Kommunikation beschäftigt, weiß, dass Zuhören auf verschiedenen Ebenen wirkt. Auf der Beziehungsebene fördert Zuhören Wertschätzung und Interesse, auf der Sachebene das Verstehen des Inhaltes. Bekannt ist auch „aktives Zuhören". Damit ist gemeint, dass der Zuhörer dem Sprecher signalisiert, dass er zuhört. Das geschieht durch Kopfnicken, kurze Zustimmungslaute (Hm, Aha, verstehe) oder auch Wiederholen oder Zusammenfassen.

---

wird nach bestimmten Regeln erstellt und gelesen. Den Prozess bzw. das Themengebiet bzw. die Technik bezeichnet man als Mind-Mapping. Quelle: http://de.wikipedia.org/wiki/Mind-Map

Diktiert:

„Was sind gute Gespräche? Oder besser: Was macht sie aus? Na ja, zum einen sollten die beiden, die miteinander reden, das auch wollen. Sonst wird es zumindest für einen weniger witzig. Dann kann ich mir vorstellen, dass es schon wichtig ist, wenn die Gesprächspartner gut miteinander können. Fachsprachlich, wenn die Beziehungsebene passt. Hm, dafür kann man eine Menge tun, also das unterstützen, dass es zu einer guten Beziehungsebene kommt. Das passiert vor allem am Anfang. Während des Gesprächs hilft es, wenn man sich für den anderen echt interessiert, gute Fragen stellt und wirklich auf die Fragen und Interessen des anderen eingeht. Ja, also, an einer guten Beziehung sollte weiter gearbeitet werden. Es hilft ja nix, wenn es am Anfang passt und dann irgendwie schlechter wird und das Gespräch doch den Bach runter geht."

Die wichtigste Botschaft ist, dass jeder gute Gespräche führen kann, denn wir sind dafür „gemacht". Unsere Art der Kommunikation ist einmalig auf diesem Planeten – nach heutigem Wissensstand. Wir wollen hier nicht alle Formen von Gesprächen betrachten und zerlegt erörtern, wie etwa den Dialog, das Geplauder, die Konversation oder die Diskussion. Wir schauen uns das an, was mit gesundem Menschenverstand betrachtet als Gespräch bezeichnet wird: den Dialog im privaten oder geschäftlichen Bereich. Zwei Menschen sprechen miteinander und hören sich zu. Dahinter steckt ein Ziel, eine Absicht. Beispiele: Sie wollen sich unterhalten und Spaß haben, eine Person möchte die andere von etwas überzeugen, eine Person möchte etwas verkaufen, eine Person möchte etwas kaufen, die Personen treffen eine Vereinbarung, eine Person kritisiert die zweite Person. Gespräche können gut oder schlecht laufen oder irgendetwas dazwischen.

Warum laufen Gespräche schlecht?

- Nur einer spricht, der andere hört zu. Er kommt nicht zu Wort.
- Das Gespräch wird zum ziellosen Geplauder – aber man versteht sich gut (muss also nicht schlecht sein, außer Sie hatten eigentlich eine Absicht und ein Ziel, beispielsweise im beruflichen Bereich).
- Die Beziehung stimmt nicht. Es herrscht schlechte Stimmung. Keiner tut etwas dafür, die Beziehung zu verbessern.

- Ein Gesprächsteilnehmer ist unaufmerksam, desinteressiert oder unterbricht ständig – beispielsweise durch Telefonieren.
- Die Gesprächspartner reden aneinander vorbei und bemühen sich nicht, den anderen zu verstehen.
- Das Gespräch endet in einem Streit oder in gegenseitigen Anschuldigungen.

Es ließen sich noch Punkte aufführen, warum Gespräche nicht gut verlaufen. Besser, wir kümmern uns um Ausführungen, die Ihnen helfen, bessere Gespräche führen. Vorab drei Tipps mit GMV. Stellen Sie diese jedem Gespräch, auch Mitarbeitergesprächen, konsequent voran, ist das schon die „halbe Miete".

- Wenn Sie keine Lust haben, ein Gespräch zu führen, dann lassen Sie es. Egal ob Sie die Person oder das Thema anspricht oder interessiert.
- Wenn es Ihnen nicht gut geht, führen Sie keine wichtigen Gespräche. Wenn Sie doch Gespräche führen müssen (hinterfragen Sie das), weisen Sie auf Ihren Zustand hin. Sonst kann der Gesprächspartner Sie nicht einschätzen. Ihre eigenen Möglichkeiten sind im schlechten Zustand beschränkt.
- Beginnen Sie mit dem Beziehungsaufbau, egal mit wem und zu welchem Anlass oder Thema. Solange die Beziehung nicht geklärt ist beziehungsweise Sie nichts für die Beziehung getan haben, verläuft jedes Gespräch in unruhigem Fahrwasser.

Die ersten beiden Punkte sind eindeutig. Zum dritten Punkt einige Erläuterungen. Warum ist Beziehungsaufbau so wichtig und wie bekommen Sie das hin?

Die Beziehungsebene beeinflusst zu einem größeren Anteil Ihre Wirkung im Gespräch als die Sachebene – oft im Verhältnis 90 zu 10. Auf der Beziehungsebene wirken viele Signale unbewusst und deshalb stark. Hier fließen viele Faktoren ein und werden in Bruchteilen von Sekunden aufgenommen und bewertet. Was neu ist, was unsere Aufmerksamkeit erregt (z. B. Bewegung), was Emotionen und Assoziationen auslöst, schafft es ins Bewusstsein. Es geht nichts verloren, denn alles andere landet im Unterbewusstsein. Was wirkt in Gesprächen unbewusst auf die Beziehungsebene ein?

- **Der erste Eindruck**: Aussehen, Kleidung, Gesamterscheinung Achten Sie insbesondere im Geschäftskontext auf ein angemessenes, passendes und gepflegtes Äußeres – 3/10 Sekunden und die Sache ist durch.

- **Körpersprache:** Gestik, Mimik, Haltung, Bewegungen. Eine lebendige Körpersprache hat zwei Effekte: Zum einen unterstreicht sie Inhalt und Aussagekraft und wird als Bewegung unter „anregend" eingestuft. Zum anderen deutet lebendige Körpersprache, vor allem Gestik, auf „Wahrheit" hin – sprechen wir wenig und haben eine „eingefrorene" Gestik und Körpersprache ist das ein mögliches Zeichen für „Lügen".

- **Sprache: Stimme,** Aussprache, Tempo, Modulation, Lautstärke, Muster (glaubhaft, zugänglich) – der Ton macht die Musik

- **Verhaltensgesetze:** vor allem Sympathie. Ähnlichkeit macht sympathisch. Stellen Sie Ähnlichkeit her, indem Sie am Anfang spiegeln, also den Gesprächspartner nachahmen. Beispielsweise durch ähnliche Haltung und Bewegungen, durch Wiederholen von Worten und Sätzen. Suchen Sie nach Gemeinsamkeiten wie Hobby, Sportverein, Stadt des Studiums, gleiche Uni usw. und sprechen Sie etwas davon an.

- *Interesse und Wertschätzung – Emotionen:* Interesse an der Person und an dem, was die Person sagt, löst positive Emotionen aus. Wertschätzung durch Zuwendung, Lob, Komplimente verstärkt das noch. Gute Gefühle sind eine ausgezeichnete „Ursuppe" für gute Gespräche.

Wir reden hier nicht von Small Talk oder Geplauder. Hier geht es um Gespräche mit Richtung, Absicht und Ziel. Im privaten Bereich kann das ein Gespräch mit den Eltern, dem Lebenspartner oder mit einem Freund sein, in dem Sie etwas klären (Missverständnis), Sie eine gemeinsame Entscheidung treffen (Umzug, Anschaffung) oder die andere Person von etwas überzeugen wollen (Urlaub am Meer statt in den Bergen).

Im Geschäftsleben geht es um Chef-, Kollegen-, Mitarbeiter- oder Kundengespräche. Das können Besprechungen mit mehreren Mitarbeitern und Kollegen, Zielvereinbarungs-, Kritik-, Verkaufs- oder Reklamationsgespräche sein. Für beide Bereiche und alle Themen sind die folgenden Punkte hilfreich und empfehlenswert. Dabei geht nicht nur, wie viele vermuten, um inhaltliche und faktische Vorbereitung. Die ist wichtig, keine Frage. Es geht zusätzlich um Sie selbst, den Kontext des Gesprächs und die individuelle Vorbereitung auf den oder die Gesprächspartner. Mit dieser Kombination schaffen Sie gute Voraussetzungen für gelingende Gespräche, insbesondere im Führungskontext.

Gesprächsvorbereitung

Über die Hälfte des Erfolgs eines Gesprächs macht eine gute Vorbereitung aus. Denn Sie sprechen mit einer Absicht zu einem bestimmten Thema und einem Ziel miteinander. Fangen Sie in der Vorbereitung mit dem Ende, dem Ziel oder Ergebnis an. Wenn Sie bereits zu Beginn das Ende im Sinn haben, ergeben sich viele Dinge fast von alleine – GMV. Dabei kommt es sowohl auf Ihre persönlichen Zielvorstellungen als auch auf die „sachlichen Ziele" an. Das sind die Ziele, die über Ihren persönlichen stehen. In einer Partnerschaft geht es immer auch um das Gemeinsame, in einem Unternehmen um die Ziele der Abteilung und der Firma.

Zielführende Fragen

- Welche Ziele stecken hinter dem Gesprächsanlass?
- Gemeinsame Ziele, Abteilungs-, Projekt-, Unternehmensziele?
- Was wollen Sie mit welchen Mitteln bewirken?
- Beziehungsaufbau – wie? Sachfragen: Was wollen Sie erfahren, wissen? Beziehungsfragen: Wie wollen Sie Interesse zeigen?
- Gesprächspartner: Wie tickt diese Person?
- Was wollen Sie in diesem Gespräch erreichen?
- Was ist Ihre Absicht? Was soll herauskommen? Was ist das optimale Ergebnis? Was ist der größte Kompromiss, den Sie eingehen wollen?
- Was wollen Sie möglicherweise lernen und herausfinden?

Wenn Sie das für sich geklärt haben, sind Ziele auf verschiedenen Ebenen durchdacht und Sie können sicher in das Gespräch gehen. Sie dürfen ein wenig Energie in die Vorbereitung stecken.

Inhalt

Besorgen Sie sich ZDF – Zahlen, Daten Fakten – und weiterführende Informationen zum Thema. Beispiel: Führen Sie ein Zielvereinbarungsgespräch mit einem Mitarbeiter, informieren Sie sich darüber, was die Person in der letzten Zeit gemacht hat, wie sie sich in Meetings verhalten hat, welche Kundenreaktionen zu dieser Person gegebenenfalls vorliegen, wie Urlaube und Krankheitstage zu Buche schlagen. Eventuell liegen Leistungsdaten vor, wie Umsatzzahlen oder Kundenbesuche mit Protokollen.

Strategie

Strategie[19] ist der Plan für den Weg zum Ziel. Sie können Ihre einzelnen Schritte planen. Dabei sollten Sie auch den Plan des Gesprächspartners berücksichtigen. Und Sie sollten Hemmnisse und Ihre Antworten darauf vorwegnehmen. Das macht Sie flexibler und minimiert die „Überraschungen". Bei wichtigen Gesprächen können Sie das Ereignis vorwegnehmen, indem Sie das Gespräch mit einem Coach durchspielen. Das führt zu mehr Wissen über den Gesprächspartner, lässt Sie den Gesprächsverlauf üben und bringt sogar Lösungen für hemmende Gesprächsmuster. Das gelingt besonders gut, wenn es sich um ein Gespräch mit einer vertrauten Person handelt, mit der Sie oft Gespräche führen. Denn da entstehen solche Muster, durch die Gespräche ähnlich ablaufen. Dazu gehören Streitgespräche mit dem Partner, sich wiederholende Themengespräche mit dem Chef oder bestimmten Mitarbeitern.

Ihr Verhandlungsrahmen

Verhandlungen folgen eigenen Gesetzen, denn die Partner gehen von vorne herein beide vorbereitet und mit klaren eigenen Zielen in das jeweilige Gespräch. Geht es bei Ihrem Gespräch um eine Verhandlung, beispielsweise Gehaltsverhandlung, Aushandeln von Ressourcen für ein Projekt oder für Ihre aktuelle Aufgabe, oder eine Verkaufsgesprächssituation, sind folgende Fragen hilfreich:

- Was ist das optimale Ergebnis aus Ihrer Sicht?
- Was ist ein gutes Ergebnis?
- Was ist der größte annehmbare Kompromiss?
- Welches Ergebnis wäre schlecht für Sie?
- Was ist das schlechteste anzunehmende Ergebnis?

Was bedeutet in dieser Verhandlung das Prinzip „Gewinn, Gewinn oder kein Geschäft" für Sie?[184] Beispiel Gehaltsverhandlung: Sie bekommen mehr Geld, übernehmen dafür eine weitere Aufgabe (einen neuen Kunden) und zusätzlich die Verantwortung für einen Bereich (Kundennewsletter).

---

[19] Strategie (von altgriechisch strategós „Feldherr, Kommandant") ist ein längerfristig ausgerichtetes Anstreben eines Ziels unter Berücksichtigung der verfügbaren Mittel und Ressourcen. Quelle: http://de.wikipedia.org/wiki/Strategie

Gewinn, Gewinn…

Die Beantwortung der letzten Frage sollte an erster Stelle stehen. „Gewinn, Gewinn" bedeutet, dass es zu guten Lösungen für beide Seiten kommt. „Kein Geschäft" bedeutet, dass sich beide Parteien darüber einig sind, dass es, wenn es zu keinen für beide Seiten angenehmen Lösungen kommt, kein Geschäft gibt. Es werden keine Erwartungen aufgebaut, es entsteht kein Druck. So lässt sich gelassen und frei verhandeln und um die guten Lösungen ringen. Denn das Prinzip bedeutet nicht, dass Verhandlungen dadurch weniger dynamisch sind. Sie sind nur freier, offener und von einer sehr positiven Grundhaltung getragen. Überzeugungstechniken, die häufig zum Überreden und Überrumpeln eingesetzt werden (z. B. Spiegeln, Gesetz auf Gegenseitigkeit, Aktives Zuhören etc.), dienen nach dem Prinzip „Gewinn, Gewinn oder kein Geschäft" dem ehrlichen Aufbau einer guten Beziehungsebene und dazu, dass sich die Gesprächs- oder Verhandlungspartner inhaltlich besser verstehen und Missverständnissen vorbeugen. Klären Sie also Ihre „Gewinn, Gewinn oder kein Geschäft"-Haltung und überlegen Sie vorab, wie Sie dem Gesprächspartner diese Haltung näherbringen. Schreiben Sie Ihre Gedanken und die Antworten zu den Fragen oben auf und nehmen Sie sie mit in die Verhandlung oder das Gespräch. Damit schaffen Sie eine 80-Prozent-Voraussetzung für erfolgreiche Gespräche.

Haltung: Partnerschaft

Handeln Sie nach dem Prinzip „Gewinn, Gewinn oder kein Geschäft", schließt es eine partnerschaftliche Einstellung ein. Ohne diese Einstellung können Sie das Prinzip nicht „leben". Sie erinnern sich an „Silberrücken". Er hatte eine fatale Grundeinstellung: Ich bin besser, du bist nichts. Und – noch fataler: Wenn ich im Hochstand bin, bin ich gut und mutig, wenn ich im Tiefstand bin, bin ich schlapp und feige. Diese Grundeinstellungen führten nicht nur in der Geschichte mit dem „zusammengefalteten" Schichtleiter zu einer Verlierer-Verlierer-Situation. Letztlich verliert Silberrücken dabei „gegen sich selbst". Denn im Inneren laufen bei diesem Verhalten aggressive Selbstgespräche ab, Adrenalin rauscht durch den Körper (ungesund, wenn man das nicht durch körperliche Arbeit abbauen kann) und im Tiefstand-Gespräch (z. B. als Schuldner) fühlt sich eine solche Person schlecht, weil sie normalerweise Stärke und „Gebrüll" von sich erwartet. Die Folge ist Aufschieberitis (Prokrastination) der unangenehmen Gespräche und damit das Vergrößern von Problemen.

Augenhöhe: Du bist o.k. – ich bin o.k.

Aus der Transaktions-Analyse (TA), einer psychologischen Theorie über das Denken, Fühlen und Verhalten von Menschen von Thomas A. Harris und Eric Berne, die ständig weiterentwickelt wurde, ist der Zustand (TA: Lebensskript) „Du bist o. k., ich bin o. k." bekannt. „Die Transaktionsanalyse (TA) geht davon aus, dass jeder Mensch in seiner Kindheit eine eigene Lebensgeschichte, ein Skript, entwirft. Dazu gehören:

- Ich bin nicht o. k. und du bist nicht o. k.
- Ich bin nicht o. k. und du bist o. k.
- Ich bin o. k. und du bist nicht o. k.
- Ich bin o. k. und du bist o. k.

Dies geschieht automatisch durch das, was wir im Außen erleben (Eltern-Ich) und an Gefühlen im Inneren (Kind-Ich) kennen lernen. Eltern übermitteln auch die Botschaft „Ich bin ok und du bist nicht ok". Das muss nicht bewusst vermittelt werden, aber es wird vom Kind wahrgenommen. Dadurch entwickelt das Kind die Botschaft „ich bin nicht ok und du bist ok." Falls das Kind im Laufe der Zeit erkennt, dass Eltern auch nur Menschen sind, verändert sich dieses Skript fallweise in „ich bin nicht ok und du bist nicht ok." Der dritte Ich-Zustand kommt aus den Dramapositionen heraus und führt uns zu einem Skript von „ich bin ok und du bist ok". Dies erreichen wir, wenn wir im Erwachsenen-Ich sind. Bis zum siebten Lebensjahr ist der Entwurf dieser Geschichte nach der TA fertig. Das Lebensskript ist dem erwachsenen Menschen oft nicht bewusst, dennoch steuert es das Leben meistens so, dass dieses Leben zum entsprechenden Skript passt."[185]

Vereinfacht auf die Kommunikation übertragen bedeutet dieses „Skript", das gemäß der TA dem Erwachsenen-Ich entspringt, dass wir in dieser Grundhaltung partnerschaftlich agieren können.

„Für die eigene Einstellung dem Gesprächspartner gegenüber gibt es einen Königsweg: Es gilt, sich weder überlegen noch unterlegen zu fühlen, weder feindlich noch zu vertrauensselig zu sein. Versuchen Sie ihn oder sie als gleichberechtigten Partner zu sehen. (...) Sehen Sie Ihren Gesprächspartner nicht als Gegner, nicht als Feind, aber auch nicht als Opfer oder wertlosen Menschen. (...) Sehen Sie ihn einfach als Menschen."[186]

Sie können Ihre Einstellung nicht verbergen – GMV

Wir alle haben für die Grundhaltung, die uns jemand entgegenbringt, hochsensible Antennen. Wir merken sofort, wenn „etwas nicht stimmt". Im Umkehrschluss kann man gerade in intensiven Gesprächen kaum jemandem etwas vormachen. Ihre Einstellung wird spürbar, wird registriert, auch wenn das dem Gesprächspartner nicht bewusst ist. Sie senden nonverbale Signale aus, die Ihrer Einstellung und Stimmung entsprechen, ohne dass Sie das kontrollieren können. Stimmlage und Tonfall machen was sie wollen, Ihre Körpersprache, insbesondere Gestik und Mimik, führt ein unbewusstes Eigenleben. Im Positiven registriert Ihr Gesprächspartner, ebenfalls unbewusst, dass alles bestens ist.

Erst verstehen ... einfühlendes Zuhören

Verstehen setzt neben dem aktiven Zuhören das einfühlende Zuhören voraus. Das Dilemma liegt weit davor. Menschen wollen erst einmal verstanden werden, denn wir sind von unseren eigenen Haltungen, unserem Wissen und unserer Autobiografie erfüllt, wie es der amerikanische Coach Stephen R. Covey nennt. Sie erinnern sich an das Phänomen des Egozentrismus. Wir neigen dazu, unsere eigene Position über zu bewerten. Auch deshalb tendieren wir dazu, mehr zu reden als zuzuhören. Und wenn Leute zuhören „hören sie nicht zu, um zu verstehen; sie hören zu, um zu antworten". Oft ist es so, dass Menschen nur halb zuhören und sich, während der andere spricht, bereits die Antwort im Kopf zurechtlegen. Deshalb gibt es Missverständnisse – wir verstehen etwas anders, als gemeint ist, denn wir hören nicht richtig zu. Absicht und Wirkung gehen auseinander. Wir verstehen nicht. Das liegt daran, dass wir Informationen vor unserem eigenen Erfahrungshorizont, unserem Wissensstand und unserem aktuellen Zustand interpretieren. Das führt zum „Hellsehen". Seine Aufgabe besteht darin, das tatsächlich Gemeinte des Senders herauszufinden. Kommunikations-Experte Wolfgang J. Linker spricht von der Tiefenstruktur, den Exformationen, den individuell mitschwingenden Inhalten, die nicht ausgesprochen sind. Diese Inhalte ergänzen wir bewusst oder unbewusst. Wenn Sie jetzt nicht nachfragen, sich nicht einfühlen, ob Ihre Interpretation mit der Absicht und den Exformationen des Senders übereinstimmt, kommt es zum Missverständnis. Schon wieder. „Exformationen sind herausgelassene Infos (...). Der Volksmund kennt die Idee, er spricht von Infos, die wir zwischen den Zeilen heraushören (-lesen), wiewohl sie genau genommen nicht ausgesprochen (geschrieben) wurden."[187]

Einfühlendes Zuhören

Eine Person nur anhand ihrer Worte verstehen zu wollen, begrenzt uns auf das eigentlich oberflächliche, den Inhalt. Nur über Inhalte und Fakten kommen wir nicht an die Person heran – im wahrsten Sinne des Wortes. Wenn Sie nonverbale (nichtsprachliche) Signale mit heranziehen, kommen Sie schon ein ganzes Stück weiter. Dazu gehören Körpersprache, Mimik, Betonung und andere. Am besten gelingt Kommunikation, wenn Sie „einfühlendes Zuhören" nach Stephen R. Covey anwenden. Dabei zapfen Sie sowohl die linke (analytisch) als auch die rechte (bildhaft, emotional) Gehirnhälfte an. Hier gibt es vier Stadien.

1. Stadium – aktives Zuhören

Dieses Stadium entspricht in etwa dem aktiven Zuhören. Sie geben Rückmeldungen des Zuhörens und wiederholen den Inhalt. So ist zumindest sichergestellt, dass Sie aufnehmen, was gesagt wird, und der Gesprächspartner das wahrnimmt. Hierbei müssen Sie nicht einmal nachdenken. Aber im Sinne der Ähnlichkeit (die Worte des Gesprächspartners) und des Signalisierens von „Zuhören" ist das besser als nichts.

A. Mir reicht es. In diesem Laden klappt nichts.

B. Ihnen reicht es also, weil hier nichts klappt.

2. Paraphrasieren – neu formulieren

Sie geben die Aussage mit Ihren Worten wieder. Dazu müssen Sie über das Gesagte nachdenken. Ein weiterer, tiefer gehender Aspekt des Zuhörens und der Aufmerksamkeit. Sie bleiben in der analytischen, der linken Gehirnhälfte.

A. Mir reicht es. In diesem Laden klappt nichts.

B. Sie möchten hier nicht mehr arbeiten.

3. Gefühle ins Spiel bringen

Sie reflektieren Gefühle und bringen damit die rechte Gehirnhälfte in Bewegung. Sie achten besonders darauf, wie sich der Gesprächspartner fühlt. Damit erreichen Sie eine andere Ebene des Verstehens.

A. Mir reicht es. In diesem Laden klappt nichts.

B. Sie sind ja richtiggehend frustriert.

4. Kombination aus 2 und 3

Sie paraphrasieren und reflektieren die Gefühle. Damit verwenden Sie beide Seiten des Gehirns und können so beide Seiten verstehen.

A. Mir reicht es. In diesem Laden klappt nichts.

B. Sie sind von unserer Firma ja richtiggehend frustriert.

„Wenn Sie versuchen, ganz echt zu verstehen, den Inhalt neu formulieren und die Gefühle reflektieren, geben Sie ihm (dem Gesprächspartner, der Autor) psychische Luft. Außerdem helfen Sie ihm, seine eigenen Gedanken und Gefühle durchzuarbeiten. Wenn sein Vertrauen wächst, dass Sie ihm ernsthaft zuhören und ihn verstehen wollen, verschwindet die Barriere zwischen dem, was in ihm los ist, und dem, was er Ihnen mitteilt."[188]

Diese Art des „einfühlenden Zuhörens" erfordert, dass Sie den Gesprächspartner als Partner auf Augenhöhe anerkennen, also nach dem Prinzip „Ich bin o. k. – du bist o. k." eingestellt sind. Sie setzen sich mit seinen Inhalten, seinen Sichtweisen und seinen Gefühlen auseinander. Dazu müssen Sie diese weder gutheißen noch damit übereinstimmen, „nur" verstehen, respektieren und akzeptieren. Und das ist schwer genug. Es erfordert für viele Menschen einen Paradigmenwechsel und danach Übung.

... dann verstanden werden

Viele beschränken sich auf den Inhalt und die Argumentation und damit auf die linkshirnige, analytische Welt. Denken Sie nur einmal an die Telefon- und Verkaufsgesprächsleitfäden oder Einwand-Behandlungen. Sicher sind inhaltliche Substanz und gute Argumente wichtig – es ist nicht egal, was Sie sagen. Inhalt ist jedoch nur ein Teil, der für gute Kommunikation entscheidend ist. Sie erinnern sich an die 7-38-55-Regel, die in bestimmten Situationen gültig ist. Andere Experten gehen davon aus, dass gerade einmal zehn Prozent über Worte, den Inhalt vermittelt werden, 30 Prozent über Töne, also Stimme, Lautstärke, Melodie usw., und 60 Prozent über die Körpersprache, die wir sehen oder unbewusst wahrnehmen. Mindestens drei Teile beeinflussen gute Kommunikation. Das erkannten schon die alten Griechen mit ihrem „Ethos, Pathos und Logos" – dem Charakter, den Beziehungen und Emotionen und der Struktur und Logik des Vortrages.

- Stellen Sie zu Beginn, nachdem Sie einfühlend zugehört oder sich um den Standpunkt des Gesprächspartners bemüht haben, dessen Position dar. Zeigen Sie, dass Sie seinen Standpunkt respektieren. Zeigen Sie dadurch Respekt – das ist Ihr Charakter.

- Tragen Sie dann Ihren Standpunkt so vor, dass Zuhörer zuerst erfahren, was Ihnen besonders wichtig ist und was es für Sie bedeutet. Flechten Sie den Standpunkt des Gesprächspartners ein. Dadurch fördern Sie den Beziehungsaspekt und können Gefühle ansprechen.

- Liefern Sie stichhaltige Argumente, die gut strukturiert sind. Verwenden Sie eine einfache Sprache, damit Sie verstanden werden können. Stellen am Ende Verständnisfragen und fördern Sie den Dialog.

„Wenn wir unsere eigenen Ideen klar, spezifisch, visuell und vor allem kontextuell – im Kontext eines tiefen Verstehens der Paradigmen und Interessen der anderen – präsentieren können, steigt die Glaubwürdigkeit erheblich. Da sind wir nicht nur in unsere eigene Angelegenheit versunken, liefern keine grandiose Rhetorik, sind keine Marktschreier. Nein, wir verstehen wirklich. Was wir präsentieren, kann sich sogar von dem unterscheiden, was wir ursprünglich im Sinn hatten, da wir bei dem Bemühen, zu verstehen, auch etwas gelernt haben."[189]

Stoppen Sie „Sprechdurchfall"

Verstehen bedeutet nicht Schweigen. Wenn Sie einfühlend zuhören, besteht die Gefahr, dass Sie nur zuhören. Manche Zeitgenossen haben noch eine andere Einstellung zur Gesprächsführung und entpuppen sich als Vielredner oder, wenn es ganz schlimm kommt, als Schwätzer.

So sorgen Sie dafür, dass Sie zu Wort kommen

- Unterbrechen Sie nach angemessener Zeit und in höflichem Ton.
- Gut geeignet sind Formulierungen wie ...

... habe ich richtig verstanden, dass Sie ...?

... wenn ich Sie richtig verstanden habe, dann ...

... Genau (Pause) – das mit dem Thema ist ein interessanter Aspekt

- Zeigen Sie Desinteresse – nach einer angemessenen Zeit.
- Schauen Sie den Vielredner nicht an, besonders nicht in die Augen. Denn das zeigt Interesse und ist ein Beziehungssignal.

In der Kürze liegt die Würze

Wie lange hört Ihnen ein Gesprächspartner zu? Wann beginnt er unruhig zu werden, weil er etwas loswerden möchte? In aller Regel früher als später. Nach 20 bis 30 Sekunden beginnen Menschen bei einem Thema abzuschalten – deshalb sind auch Werbespots zwischen 15 und 30 Sekunden lang (und weil jede Sekunde Geld kostet). Tragen Sie das, was Sie zu sagen haben, so kurz wie möglich vor. Am besten, Sie stoßen sogar den Dialog durch eine abschließende Frage an. Länger als eine halbe Minute sollten Sie in Gesprächen keine Monologe halten.

Selbst nachfragen

Manche gehen lieber dumm nach Hause, als sich eine vermeintliche Blöße zu geben und einmal nachzufragen, wenn sie etwas nicht verstanden haben. Häufig erlebe ich das in Meetings und Geschäftsbesprechungen oder bei Kundengesprächen. Ein Gesprächsteilnehmer hat etwas nicht oder nicht genau verstanden, möchte sich aber keine Blöße geben. Denn womöglich wird man als inkompetent abgestempelt, wenn man eine Verständnisfrage stellt. Wenn Sie wirklich Dinge wissen müssten, und sie haben Lücken, sollten Sie sich das Wissen rechtzeitig holen (Holschuld). In allen anderen Fällen fragen Sie nach. Denn nur so können Sie am weiteren Gespräch sinnvoll teilnehmen. Im Übrigen kommt es darauf an, wie Sie fragen.

Beispiele

- „Das habe ich noch nicht ganz verstanden ...“ (wichtig ist das „noch“)
- „Ich kann Ihnen nicht ganz folgen ...“ (nicht ganz)
- „Ich war unaufmerksam, Entschuldigung, können Sie bitte ...“ (entwaffnend)

Achtung – rhetorische Fallen

Möchte jemand Nachfragen, Widerspruch oder Diskussionen vermeiden, verwendet er rhetorische Floskeln:

- „Wie Sie bestimmt wissen …“
- „… aber das ist ja allgemein bekannt.“
- „Ich erzähle ja nichts Neues, wenn ich …“

Fragen, fragen, fragen

Ja, es stimmt, wer fragt, der führt. Sie kennen das aus der Schule und dem Elternhaus sowie von Ihrem Chef. „Wo warst du?“, „Wieso hat das so lange gedauert?“, „Wann bist du endlich fertig?“, „Wo waren Sie gestern zwischen 20 und 22 Uhr?“. Diese Art von Fragen ist nicht gemeint. Hier handelt es sich um Verhörfragen. Wir nutzen sinnvolle und „weiche“ offene Fragen, um möglichst viel zu erfahren und zu lernen und um ein Gespräch in eine Gewinn-Gewinn-Richtung zu befördern.

Beispiele:

- „Was meinen Sie mit der Darstellung genau?“
- „Wie kann ich mir den Prozess vorstellen?“
- „Wozu sind Fragen aufgetaucht?“
- „Warum genau ist das so?“
- „Welche Hemmnisse kalkulieren Sie ein?“

Beginnen Sie ein Gespräch, egal, ob am Telefon oder Auge in Auge, können Sie durch eine bestimmte Kombination positiven Einfluss auf den Gesprächsfortgang nehmen. Gleiches gilt, wenn ein laufendes Gespräch ins Stocken gerät. Es ist einfach – wirklich: Erklären Sie Ihre Absicht, also was Sie in diesem Gespräch erreichen wollen (z. B. „Ich möchte Sie als Kunden gewinnen.“) und stellen Sie dann eine „Superfrage“. Das sind Fragen, die nahezu immer funktionieren und jedes Gespräch weiterbringen, wenn Sie nach der Frage wirklich eine Pause machen und sie aushalten:

Beispiele:

- „Wie geht es jetzt weiter?“ (Pause)
- „Wie ist bei Ihnen der Weg?“ (Pause)
- „Was kann ich als Nächstes tun?“ (Pause)
- „Und jetzt?“ (Pause)

Bildhafte Sprache und Beispiele

Wenn Sie wollen, dass Ihre Botschaften besonders gut im Gedächtnis der Gesprächspartner hängen bleiben, reden Sie in Bildern, verwenden Sie Metaphern und erzählen
Sie Geschichten. Bilder und Geschichten sind wie Düngemittel für das Gehirn. Kommen Sie mit einem Bild daher, ist es so, als würden Sie eine Schleuse öffnen. Die
Information rauscht ins Gehirn. Es versteht sofort.

- Vergleich: 100.000 Kilometer – etwa zweieinhalb Mal um die Erde
- Vergleich: Flink wie ein Wiesel, lahm wie eine Schnecke
- Bildhafte Metapher: Wüstenschiff – bildhafter Begriff für Kamel
- Vergleichende Metapher: Der Chef steht da, wie ein Fels in der Brandung

Zielvereinbarung

In großen Unternehmen ist das Zielvereinbarungsgespräch Pflicht. So führen die
Chefs dann auch oft durch – schlecht vorbereitet, wenig motivierend, kaum informa-
tiv. Einmal im Jahr setzen sich Vorgesetzter und Mitarbeiter zu einem Vieraugengespräch zusammen und vereinbaren Ziele – und zwar die spezifischen Ziele für den
Mitarbeiter im Unternehmen. Es geht dabei um die Weiterentwicklung des Mitarbeiters, denn Anforderungen steigen oder Beförderungen sind nicht zu umgehen. Dann
muss der Mitarbeiter sich auch entwickeln können. Zielvereinbarungsgespräche sind
ein Führungswerkzeug, das aus dem Prinzip „Management by Objectives" kommt.
Neu ist dieses Prinzip nicht.

„Management by Objectives (MbO) (zu Deutsch: Führung/Führen durch Zielvereinbarung) ist eine Methode aus der Betriebswirtschaftslehre zur Führung von Mitarbeitern eines Unternehmens, die 1955 von Peter Ferdinand Drucker erfunden wurde. Unter arbeits- und organisationspsychologischen Gesichtspunkten ist MbO eine Form
transaktionaler Führung[20]."[190]

---

[20] „Der Begriff Transaktionale Führung bezeichnet einen Führungsstil, der auf einem Austauschverhältnis
zwischen einer Führungskraft und ihrem Mitarbeiter beruht. Ein Beispiel ist die Zielvereinbarung, in der ge-
regelt ist, welche Erwartungen an den Mitarbeiter gestellt werden, und welche finanziellen oder immateriel-
len Vorteile (oder Nachteile) er zu erwarten hat, wenn er die Anforderungen erfüllt (oder nicht erfüllt)."
Quelle: http://de.wikipedia.org/wiki/Transaktionale_F%C3%BChrung

Drei verschiedene Ziel-Typen

Erhaltensziele: Sie sichern die Leistungsfähigkeit und Fachkompetenz bzw. Führungskompetenz des Mitarbeiters auch in Zukunft. Es handelt sich in der Regel um Weiterbildungsziele. (Beispiel: Einarbeitung in eine neue Software.)

Veränderungsziele: Dabei werden vor allem Fertigkeiten und Fähigkeiten optimiert. Hierbei handelt es sich um Maßnahmen im Bereich Fortbildung, Weiterbildung bzw. Mentoring. (Beispiel: Sachbearbeiter wird zum Kundenbetreuer – Kommunikationsschulungen.)

Innovationsziele: Hier geht es darum, dass der Mitarbeiter etwas Neues ausprobiert, was er bis dahin noch nicht getan hat. Etwas, das sogar für den Arbeitsbereich neu sein kann. (Beispiel: Nachwuchsführungskraft geht in ausländische Filialen.)

In der Praxis, so bestätigen Mitarbeiter und Führungskräfte immer wieder, funktioniert das mit den Zielvereinbarungen nur leidlich. Quantitativ werden die Ziele eingehalten, also erledigt. Was qualitativ dabei herauskommt, ist dürftig. Das liegt aus GMV-Sicht an drei Dingen:

- Zielvereinbarungsgespräche finden einmal im Jahr statt. Die Welt dreht sich jedoch weiter. Vereinbarte Ziele überleben sich, verlieren an Relevanz und werden damit uninteressant. Neue Situationen und persönliche Entwicklungen werden im Laufe eines Jahres zu wenig berücksichtigt.

- Die Ziele, über die gesprochen wird und die vereinbart werden, sind nicht praxisnah. Oder sie sind nicht machbar und nicht messbar – die zwei Grundkriterien für Ziele.

- Mitarbeitern werden nicht oder nur schleppend die Arbeits- und Hilfsmittel sowie Maßnahmen zur Verfügung gestellt, die sie brauchen, um vereinbarte Ziele erreichen zu können.

Hier ist die Haltung der Führungskraft entscheidend, denn sie beeinflusst, wie das Zielvereinbarungsgespräch wirkt und vom Mitarbeiter gesehen wird. Dabei geht es um die Ernsthaftigkeit und die Absicht der Führungskraft, Ziele auch erreichbar zu machen. Das beginnt ganz am Anfang. Und da gilt, einfach und mit GMV:

Checkliste: Zielvereinbarungsgespräch

- Ist der Mitarbeiter informiert, dass es in dem anstehenden Gespräch um Zielvereinbarungen für ihn persönlich geht?

- Haben Sie ihn über Thema und Ablauf informiert?

- Haben Sie den Mitarbeiter rechtzeitig und persönlich eingeladen?

- Sind Termin und Ort verbindlich abgestimmt?

- Haben Sie sich vorbereitet und Stichpunkte gemacht?

- Haben Sie Informationen vor dem Gespräch zum Mitarbeiter besorgt?

- Haben Sie die Perspektive des Mitarbeiters vorab eingenommen?

- Wie stellen Sie sicher, dass Sie im Gespräch Zeit haben?

- Haben Sie eine Zeitbegrenzung vereinbart? Sie gewährleistet Ziel- und Ergebnisorientierung.

- Geben Sie ungeteilte Aufmerksamkeit? (Telefon geblockt, Handy, PC aus?)

Sinn des Zielvereinbarungsgesprächs

Ein Hemmnis für den Sinn von Zielvereinbarungs-Gesprächen ist, dass vereinbarte Ziele Placebo-Ziele sind – also Ziele, die für „Erhalt, Veränderung, Innovation" wenig Relevanz haben. Motto: „Wir müssen da etwas zu Weiterbildung vereinbaren, Sie wissen ja, wie das ist. Suchen Sie sich irgendetwas aus. Das tragen wir dann ein." Hier landen Zielvereinbarungsgespräche schnell im Reich der Farce und werden entsprechend umgesetzt. Sinnvoll ist es, dem Mitarbeiter zu erklären, was persönliche Berufsziele mit den Zielen und dem Erfolg „seines" Unternehmens zu tun haben. Dazu muss sich die Führungskraft Gedanken machen.

„Entscheidend ist es dabei, dem Mitarbeiter deutlich zu machen, was er zum Erfolg der Firma beiträgt oder – mit anderen Worten – warum das Erreichen seines Ziels wichtig dafür ist, dass das Unternehmen als Ganzes Erfolg hat. Sonst denkt der Mitarbeiter schnell: »Die wollen doch nur, dass wir wieder einmal mehr tun« oder »Ich soll das ändern, weil es gerade so in Mode ist«."[191]

Falle – widersprüchliche Ziele: Wenn Sie widersprüchliche Ziele vereinbaren, kann das nichts werden – GMV. Vereinbaren Sie beispielsweise mehr Selbstständigkeit und Eigenverantwortung und gleichzeitig prinzipielle Abstimmung aller Arbeiten und Projekte, kommt es automatisch zur Ziel-Kollision.

Fünf oder 100 Ziele? Vereinbaren Sie maximal drei bis fünf Ziele. Sonst verlieren Sie und der Mitarbeiter den Überblick. Dann wird es schnell unübersichtlich wie in einem Supermarkt mit 300 Schokoladensorten.[192]

Meilensteine zum Dranbleiben

Aus der Ziele-Psychologie wissen wir, dass das Dranbleiben erfolgsentscheidend ist und gleichzeitig schwer fällt. Hilfreich sind Zwischenziele auf dem Weg zu einem größeren Ziel. Sie sind leichter zu erreichen und wirken so motivierend. Wenn Sie in drei Monaten 11 Kilogramm abnehmen wollen, ist das ein großes Vorhaben. Setzen Sie sich für den ersten Monat zwei Kilogramm als Zwischenziel, auch Meilenstein (Milestone) genannt, sieht das schon einfacher aus, hört und fühlt sich besser an. In der ersten Woche verzichten Sie auf Alkohol und gehen zweimal eine Stunde flott spazieren, in der zweiten Woche lassen Sie noch die Schokolade weg und gehen einmal spazieren und einmal locker laufen oder schwimmen. So kommt eine Maßnahme zur anderen, ohne Sie sofort zu „stressen". Damit hat der Erfolg durch das Dranbleiben eine Chance.

„Zielvereinbarungen wirken am stärksten, wenn sie logisch aufeinander aufbauen und verknüpft werden können. Am besten sind sie mit Etappen auf einem Weg zu vergleichen. Umwege können sinnvoll sein, müssen aber begründet werden."[193]

Konkret vor abstrakt

Die Schwäche von Unternehmenszielen ist manchmal, dass sie zu konkret sind. Mit starken Unternehmenszielen sollen sich ja möglichst viele, unterschiedliche Menschen identifizieren können. Die Schwäche von Zielvereinbarungs-Zielen besteht oft darin, dass sie zu abstrakt sind. Sie haben einen starken persönlichen Bezug, beziehen sich auf Haltung, Verhalten und Kommunikation des Mitarbeiters. Je stärker und je weiter „heruntergebrochen" sie diese Faktoren betreffen, desto konkreter sollten sie formuliert sein. So kann Kundenzufriedenheit heißen, dass jede Kundenanfrage innerhalb von zwei Tagen beantwortet wird. Jeder Außendienstmitarbeiter den Kunden einmal im Jahr besucht, die Fehlerrate an unseren Geräten unter 0,5 Prozent liegen soll, wir 24 Stunden für den Kunden zur Verfügung stehen. Dass wir von acht bis 18 Uhr da sind, unsere Preise unter denen der Konkurrenz liegen, wir eine 0130-Nummer einrichten für kostengünstige Kundenanfragen. Konkret bedeutet auch, dass Mitarbeiter wissen, was genau bis wann mit welchem Ergebnis zu tun ist. Dabei ist das Einsetzen des GMV von großem Vorteil. Denn manches geht nicht oder nur unter schwierigen Bedingungen. Und zu vereinbarten Zielen müssen eben auch die Mitarbeiter überzeugt „ja" sagen. Sonst werden Ziele schlichtweg nicht erreicht.

Praxis-Beispiel

Der Geschäftsführer eines Personaldienstleistungs-Unternehmens hatte mit seinen Kundenbetreuern „vereinbart" („Sie machen das!"), dass sie Telefonakquise, also neben der bisherigen Anfragenbearbeitung auch Neukunden aktiv gewinnen sollten. Insgesamt hatte der Chef wenig Wertschätzung für seine Leute und damit ein Haltungsproblem, so meine Einschätzung. Ich wurde engagiert, um den Damen und Herren professionelles Telefonieren mit Akquise-Themen näherzubringen. Die Zielvereinbarung war eher ein Befehl. Ein Hilfsmittel in Form von Weiterbildung wurde gegeben – das passte immerhin. Allerdings bestand das Telefonseminar zu einem Drittel aus „Frust abladen", denn keiner hatte innerlich „ja" zu diesem Ziel gesagt. Erst als die Teilnehmer erkannten, dass sie etwas mitnehmen konnten, das sie auch im restlichen Leben gut gebrauchen konnten, Kommunikationspsychologie beispielsweise, kamen wir gut ins Arbeiten. Die Akquise-Bemühungen waren in der Praxis trotzdem bescheiden und versandeten in „Aufschieberitis" und Ausreden. Die Grundhaltung und echte Zustimmung der Mitarbeiter zur zusätzlichen Aufgabe wurde nicht behandelt und so ging die Maßnahme schief. Eine Mitarbeiterin kündigte einen Monat nach dem Seminar – jedoch, wie sie mir versicherte, nicht wegen des Seminars, sondern wegen des Chefs.

Ziele, denen die Mitarbeiter nicht wirklich zustimmen, werden nicht erreicht – GMV. Machen Sie sich als Führungskraft nichts vor, indem Sie den Leuten Ziele „aufs Auge drücken". Auch abgeholte „Jas" im Vieraugengespräch gelten unter solchen Umständen in der Regel wenig. Sie sind vorgeschoben – damit der Mitarbeiter seine Ruhe hat. Wir hatten das schon mal: Behandeln Sie Ihre Mitarbeiter wie Kunden. Sie sollen wirklich „ja" sagen und Ziele, Maßnahmen, Projekt, Vorhaben, Vereinbarungen „kaufen". Das gilt insbesondere für Zielvereinbarungsgespräche und die Vereinbarungen – ein Kaufvertrag. Wird das nicht ernst genommen, muss man sich „fragen, ob Zielvereinbarungen überhaupt den gewünschten Effekt haben. Eigentlich könnte es so einfach sein: Mitarbeiter setzen sich mit ihren Chefs zusammen und entwickeln eine Strategie, wie sie ihre Ziele am besten erreichen können und welche Ergebnisse bis Jahresende erzielt werden sollen. Ihre Beschlüsse legen sie dann in einer Zielvereinbarung fest. Doch so oft solche Verträge in der Arbeitswelt geschlossen werden, so undurchsichtig sind die Regelungen, was eigentlich darin stehen sollte und was nicht."[194]

Tipps für gute Zielvereinbarungsgespräche

- Entwickeln Sie Ziele, die wichtig sind. Achten Sie darauf, dass der Mitarbeiter die Ziele **verstanden** hat und **einverstanden** ist, klar „JA" sagt.

- Formulieren Sie schriftlich und konkret. Schreiben Sie nicht „Das Verhalten gegenüber den Mitarbeitern soll sich bessern", sondern „Herr Müller äußert seine Kritik an den Kollegen in Gruppengesprächen offen und unterbreitet konkrete Vorschläge zur Verbesserung der Zusammenarbeit".

- Vereinbaren Sie Ziele, die der Mitarbeiter aus eigener Kraft erreichen kann. Sie sollen machbar und messbar sein. Stellen Sie Arbeits- und Hilfsmittel sicher.

- Legen Sie Meilensteine mit Zwischenzielen fest. Prüfen Sie den Zwischenstand und justieren Sie mit dem Mitarbeiter nach. Bieten Sie Hilfe an.

- Geben Sie Kriterien an, anhand derer Sie und der Mitarbeiter feststellen, ob das Ziel erreicht ist: fünf Prozent mehr Umsatz, 20 Aufträge im Jahr, 100 Kundengespräche im Monat ...

- Geben Sie exakte Zeitpunkte an. Schreiben Sie nicht Mitte Mai oder am Ende des Jahres, sondern am 15. Mai oder 31.12. Achtung: Diese Tage sollten Arbeitstage sein!

- Formulieren Sie positiv und verbindlich und vermeiden Sie „könnte" und „sollte". Formulieren Sie Ziele im Präsens, der Gegenwartsform, so, als seien die Ziele bereits erreicht. So haben sie mehr Verbindlichkeit: „Frau Meier spricht monatlich mit 100 Bestandskunden und teilt sie in A-, B- und C-Kunden ein."

Das Kritikgespräch

Kritik mag niemand gerne. Sie ist jedoch hin und wieder notwendig – GMV: wenn Fehler gemacht werden, Verhaltensweisen unangemessen sind oder jemand den Arbeitsablauf oder gar Team- oder Unternehmensfrieden stört. Es gibt auch Chefs, die gerne kritisieren. Motto: Wir sind hier nicht im Kuschelzoo. Dann wird konstruktive Kritik mit Machtdemonstrationen verwechselt. Ich habe als Berater und Trainer dazu unglaubliche Situationen erlebt. Sie erinnern sich an die Geschichte mit dem „Silberrücken". Am „Silberrückenbeispiel" erkennen Sie, was im Kritikgespräch nicht geht – gar nicht!

- Kritik vor Dritten äußern

- Kritik ins Persönliche ziehen

- Kritik ohne Wertschätzung

- Kritik ohne Lösungs- und Verbesserungsansatz

- Kritik als Machtdemonstration

- Kritik als Dampfablassen

Die andere Seite: Manchen Führungskräften fällt es schwer, Kritik zu äußern. Für die meisten Menschen ist Harmonie sehr wichtig. Sie drücken sich vor Kritikgesprächen. Weder das Überziehen noch das Unterlassen von Kritik ist sinnvoll. Beides führt zu Problemen und löst sie nicht. Das Überziehen von Kritik und die damit verbundene Machtdemonstration (Silberrücken) veranlassen den Kritisierten dicht zu machen. Das kann bis zur inneren oder tatsächlichen Kündigung gehen. Im Übrigen geht diese Art des „Fertigmachens" in Richtung „Mobbing"[21]. Zum anderen ist Kritik notwendig und sinnvoll. Sie muss auf die richtige Art und Weise gegeben werden – GMV.

---

21 Die Gesetzgebung in Bezug auf Mobbing am Arbeitsplatz in unterschiedlichen Ländern ist stark verschieden. In manchen Ländern (etwa Schweden, Frankreich oder Spanien) gibt es Gesetze gegen Mobbing am Arbeitsplatz. In anderen Ländern besteht kein Schutz gegen Mobbing, solange nicht einzelne Handlungen rechtliche Tatbestände erfüllen. In Deutschland kann Mobbing am Arbeitsplatz als systematisches Anfeinden, Schikanieren oder Diskriminieren von Arbeitnehmern untereinander oder durch Vorgesetzte beschrieben werden. Es ist gekennzeichnet durch ein wiederholtes feindliches, herabwürdigendes, einschüchterndes, erniedrigendes oder beleidigendes Verhalten, das bei den Opfern häufig seelische Beeinträchtigungen und in der Folge auch psychosomatische Beschwerden hervorruft. Quelle: http://de.wikipedia.org/wiki/Mobbing_(Arbeitsrecht)

Kritik üben, Vorwürfe loswerden

Es muss möglich sein, Befindlichkeiten und Vorwürfe loszuwerden. Alles schlucken ist ungesund – GMV. Dazu gibt es für das Geschäftsleben Mediatoren und Coachs, die das begleiten und steuern, falls Sie meinen, es selbst nicht gut hinzubekommen. Im Normalfall kann das der Chef selbst – es gehört zu seinen Aufgaben. Und wenn es Stress mit dem Mitarbeiter und der Situation gibt, dann kommt eben Hilfe und Unterstützung von außen. In vielen Unternehmen kommt sie jedoch nicht. Aus Kostengründen, aber auch, weil sich Vorgesetzte keine Blöße geben wollen oder dürfen – das schadet der Sache. Hier bleibt GMV auf der Strecke und die Situation verschlechtert sich. Selbst bei einfachen Anlässen kann es sinnvoll sein, sich Unterstützung von außen zu holen. Zum Beispiel weil es der Führungskraft unangenehm ist, sich der Situation zu stellen, oder weil schon alles Mögliche versucht wurde, ohne ein Ergebnis zu bringen. Oder, weil es wirklich sinnvoll ist, auch im Sinne des betroffenen Mitarbeiters, das Problem vom „Tagesgeschäft", vom Chef und den Kollegen durch externe Hilfe zu trennen.

Beispiel: „Eine delikate Angelegenheit"

Im Rahmen eines Coachings kam der Chef eines mittelalten, begabten Mannes auf mich zu. In einer delikaten Angelegenheit, wie er meinte. Der Mitarbeiter sei eine der Stützen der Abteilung und hätte sicher eine gute Zukunft im Hause vor sich. Da gäbe es nur ein Problem. Er hätte recht deftigen Körpergeruch, so der Chef, und würde das nicht merken. Die Kollegen hätten ihn schon im Spaß darauf angesprochen. Der Mitarbeiter zeige sich dann immer etwas verwundert. Geändert habe sich nichts. Die Frauen in der Abteilung machten schon einen Bogen um den Kollegen, der sonst kompetent, sympathisch und zuvorkommend sei. Er könne den Mann kaum mit Kunden zusammenbringen, obwohl das mit zu seinen Aufgaben gehöre. Er, der Chef, habe sich jetzt entschlossen, selbst mit ihm zu sprechen – oder sei es etwa besser, wenn Sie das übernähmen?

Anzeichen der Erleichterung waren feststellbar, als der Vorgesetzte die letzten Worte aussprach. Das konnte ein guter Lösungsansatz sein. Ich hatte ein Coaching mit der betreffenden Person zu anderen Themen vor mir. So konnte ich das kombinieren. Allerdings, darauf bestand ich, musste das auch zum Coaching-Auftrag gehören. Das bedeutete, dass der Mitarbeiter von mir erfuhr, dass mich sein Chef beauftragt hatte, das Thema anzusprechen. Nachdem diese formellen Dinge mit psychologischem Hintergrund – es musste wie immer alles offen und transparent sein, sonst funktioniert Coaching nicht – erledigt waren, konnte ich das Thema in der ersten Sitzung ansprechen und Lösungsversuche starten.

Sicher geht es um ein sensibles und sehr persönliches Thema. Für Coaches ist das jedoch eher Alltag als Sonderfall. Wir konnten das elegant lösen, weil wir gelernt haben, wie man das individuell anpackt. Interessant: Der Mitarbeiter war dankbar, dass wir das Thema ernsthaft besprachen – er hatte das bisher für irgendeinen komischen Witz gehalten. Er fand selbst eine gute Lösung. Allerdings nur für einen gewissen Zeitraum, wie sich später herausstellte.

Tipp

Wenn jemand etwas nicht wahrnimmt, kann Coaching einen Impuls geben. Es ist jedoch damit zu rechnen, dass Rückfälle vorkommen. Als Kollege oder Chef sollten Sie gerade in der ersten Zeit nach Bearbeitung „delikater Angelegenheiten" dranbleiben und positive Verstärkung liefern. Oder im Fall des schnellen „Rückfalls" sofort das Gespräch suchen und Hilfe anbieten.

Sie können jedes Thema auf die richtige Art und Weise mit jedem Menschen besprechen. Meistens führen nicht Thema oder Inhalt, führen nicht die Worte zu Problemen und Eskalation, sondern die Art und Weise, wie etwas gesagt wird. Hier greift die 7-38-55-Regel, denn es geht neben Fehlern und Lösungen im Arbeitsumfeld, wo Menschen täglich miteinander zu tun haben, um Beziehungen, Emotionen und Vertrauen. Wie Kritik geäußert wird, ist wesentlich relevanter als der Inhalt der Kritik. Experten beschreiben zwei Kardinalfehler, die dazu führen, dass es zu „Gefechten" kommt, die nur Verlierer zurücklassen: frustrierte und verärgerte Chefs, demotivierte und saure Mitarbeiter.

Fehler 1: Häufig wollen wir nur schnell das Verhalten des anderen ändern. Wir wollen nicht zeigen, was wir empfinden, und ein Fehler-/Lösungsgespräch führen. Folge: Du-Botschaften mit „gestrecktem Zeigefinger": „Du kommst ständig zu spät. Das geht mir auf den Wecker."

Fehler 2: Wir äußern nicht, was wir wirklich meinen. Oft meinen wir etwas anderes, als wir sagen. Das ist keine Diplomatie, sondern „Feigheit vor dem Freund" (Mitarbeiter, Kollege, Chef). Ich will nicht nur sagen, dass mich das Zuspätkommen stört.

Ich möchte, dass es abgestellt wird. Das sage ich aber nicht. So kann ich mich bald wieder aufregen.

Fehler 3: Wir bieten selbst zu früh die Lösung für den Konflikt an, weil wir meinen, es besser zu wissen. Das führt häufig zur inneren Ablehnung des Gegenübers oder dazu, dass passives Verhalten gelernt wird. Mitarbeiter beispielsweise denken in kritischen Gesprächen schon gar nicht mehr mit, weil sie wissen: „Der Chef sagt dann schon, was wie zu machen ist".

Alle drei Kardinalfehler passieren, wenn der Kritiker emotional aufgeladen ist. Das ist ein taktischer Fehler, den Führungskräfte begehen. Sie stürzen sich zu schnell auf den „Schwachkopf, der es einfach nicht schafft, pünktlich zu kommen". Abstand ist wichtig. Anstand ebenfalls – achten Sie auf Ihre Wortwahl. Sie dürfen sauer sein und innerlich und äußerlich schimpfen oder fluchen. Das dann folgende Kritikgespräch führen Sie jedoch „emotional aufgeräumt", wertschätzend, souverän und zielorientiert. Und Sie überlassen Lösungsvorschläge erst einmal Ihrem Gesprächspartner. Der findet unter Umständen häufig eine Lösung, die für ihn passt..

Das Kritikgespräch in 7 Schritten[195]

1. Schritt: Gehen Sie gelassen in das Kritikgespräch

Gehen Sie nie in ein Kritikgespräch, wenn Sie selbst noch emotional erregt sind. Das führt in den meisten Fällen zur Eskalation. Damit ist niemandem geholfen. Bewährt hat sich die 48-Stunden-Regel. Das sollen selbst Führungskräfte bei der Bundeswehr so handhaben. Führen Sie also Kritikgespräche nach zwei Tagen.

Beschreiben Sie ein konkretes (Fehl-)Verhalten des Mitarbeiters. Weisen Sie darauf hin, dass es ausschließlich um diesen Punkt geht, nicht um sein gesamtes Verhalten. Persönliche Angriffe sind untersagt.

2. Schritt: Beschreiben Sie die Sachlage konkret

Beschreiben Sie die Sachlage genau und sachlich: Was ist zu sehen und zu hören? Sie liegen richtig, wenn Sie das darlegen, was Sie bei einer Filmaufnahme beschreiben könnten. Das genaue und sachliche Beschreiben verdeutlicht, dass es Ihnen ernst ist.

„Herr Meier, Sie sind diese Woche am Montag, Dienstag und Donnerstag zu spät gekommen. Am Montag um 45 Minuten, am Dienstag um 30 Minuten und gestern um 40 Minuten."

3. Schritt: Äußern Sie Ihre Gefühle

Verbergen Sie Ihre Gefühle nicht. Sie greifen den Mitarbeiter nicht persönlich an. Wenn Sie sich ärgern, enttäuscht sind, selbst durch das Verhalten des Mitarbeiters ein Problem bekommen und sich deshalb unwohl fühlen, sagen Sie das in aller Deutlichkeit mit einer Ich-Botschaft (kein Angriff).

„Ich bin verärgert, denn jedes Mal, wenn Sie unentschuldigt zu spät kommen, muss ich die Arbeitsplatzbelegung neu einteilen. Die Kollegen sind sauer und meine anderen Aufgaben bleiben liegen."

4. Schritt: Holen Sie sich eine Rückmeldung

Fragen Sie den Mitarbeiter immer, ob er Sachverhalt und Gefühle verstanden hat und nachvollziehen kann. Wenn nicht, beschreiben Sie alles nochmals und holen sich wieder Rückmeldung. Verhindern Sie Rechtfertigungen seinerseits.

5. Schritt: Geben Sie Ihrem Mitarbeiter konkrete Zielvorgaben

Erörtern Sie deutlich, wie Sie sich das künftige Verhalten des Mitarbeiters vorstellen. Beschreiben Sie das Ziel konkret, messbar und machbar.

„Herr Meier, ich erwarte, dass Sie ab morgen täglich pünktlich zur Arbeit erscheinen."

6. Schritt: Fragen Sie Ihren Mitarbeiter, wie er das Ziel erreichen möchte

Wie stellt sich der Mitarbeiter vor, das Ziel zu erreichen? Fordern Sie ihn auf, sich selbst Gedanken über die Lösung und das Erreichen des Zieles zu machen. Notieren Sie das Ergebnis des Gesprächs und legen Sie einen zeitnahen Zwischencheck fest.

7. Schritt: Machen Sie Ihrem Mitarbeiter klar, welchen Nutzen seine Verhaltensänderung haben wird

Wir alle haben gerne etwas davon, wenn wir etwas tun oder lassen – wir mögen Nutzen und Vorteile. Wenn dem Mitarbeiter klarzumachen ist, welche Vorteile er selbst von einer Verhaltensänderung hat, wird er motivierter sein und dranbleiben. Noch wirkungsvoller ist, wenn der Mitarbeiter selbst auf Vorteile kommt.

Nachbereitung

Kritikgespräche sind Kritikgespräche, keine Förderprozesse und Ähnliches, wie es politisch korrekt dargestellt wird. Hier geht es darum, dass eine Person ein Verhalten verändert, das nicht akzeptiert werden kann. Basta. Da das gewünschte und sinnvolle Verhalten auf Dauer geändert werden soll, ist es hilfreich, zu prüfen und Rückmeldungen zu geben. Der Mitarbeiter darf merken, dass Sie überprüfen, dass Ihnen das wichtig ist. Wann immer es möglich ist, geben Sie positive Rückmeldung. Wenn es nicht vorangeht, werden Sie aktiv – sofort.

„Fällt Ihr Mitarbeiter wieder in das alte Verhalten zurück, sollten Sie nicht zögern, ein weiteres Gespräch zu führen. So signalisieren Sie, dass Sie es ernst meinen und er lediglich zwei Möglichkeiten hat: entweder hart an sich zu arbeiten oder mit den Konsequenzen zu leben."[196]

Konsequenz ist ein wichtiges Stichwort. Denn daran krankt es häufig bei Führungskräften. Sie kritisieren (oft falsch) und halten dann die angesprochenen Konsequenzen nicht ein. Im Ärger wird teilweise sogar alles Mögliche angedroht – schon hier passieren mehrere Fehler gleichzeitig –, wenn dann Konsequenzen überlegt benannt werden, sind sie auch einzuhalten. Jedes Kritikgespräch wird zur Lachnummer, wenn die Mitarbeiter wissen, dass es keine Konsequenzen gibt. Parallelen zur Kindererziehung sind rein zufällig – Menschen ticken nun einmal so.

Eine hilfreiche Kurzanleitung

Verbindliche Begrüßung: Schon hier ist klar, dass es etwas Ernstes zu besprechen gibt. Beginnen Sie also nicht mit „Weichmachern" wie: „Schön, dass Sie Zeit haben, Kaffee, Tee, Gebäck ...", sondern: „ Guten Morgen, Herr Meier, bitte nehmen Sie Platz. Sie wissen, worum es geht ..."

Benennen des Themas: Sagen Sie klar, was Sie stört, was Sie nicht akzeptieren und begründen Sie das sachlich. „Ihr Kunde Müller beschwert sich zum wiederholten Mal, dass er auf Anfragen keine Antwort von Ihnen bekommt. So gehen wir mit unseren Kunden nicht um."

Konkretisieren Sie die Kritik: „Laut dieser Mail von gestern an mich hat Müller am (konkrete Daten nennen) an Sie geschrieben oder versucht Sie zu erreichen. In diesen sechs Wochen hat er keine Antwort erhalten."

Ihre Absicht benennen: „Wir haben gemeinsam festgelegt, Kundenanfragen innerhalb 24 Stunden zu beantworten. Ich erwarte, dass sich alle, auch Sie, daran halten und eine Verletzung dieser Regel nicht wieder vorkommt."

Ich-Botschaft: „Für mich stellt Ihr Verhalten ein echtes Problem dar. Ich muss mich nun bereits zum vierten Mal mit diesem Thema beschäftigen. Was noch schlimmer ist, der Kunde droht mit Abwanderung."

Konsequenzen benennen: „Ist es Ihnen nicht möglich, das abzustellen, ziehe ich den Kunden von Ihnen ab. Sie verlieren dann pro Jahr XY Provisionen."

Lösung einfordern – sehr offene Fragestellung: „Was nun?"

Pause (!)

Diese Vorgehensweise bewährt sich immer wieder in der Laborsituation, also in Workshops und Trainings. Das Umsetzen in die Praxis ist nicht schwierig, weil es ein einfaches und merkbares Muster ist. Feedbacks von Teilnehmern zeigen, dass Dinge dadurch besser laufen. Hemmnis: Manche Teilnehmer gehen nach Trainings zur Tagesordnung über und probieren den Ansatz nicht aus. Deshalb arbeite ich in Workshops mit Transfer-Methoden, einige mich mit den Teilnehmern auf verbindliche Hausaufgaben und rufe drei Wochen später bei ihnen an, um die Praxiserlebnisse zu besprechen. Da die meisten Teilnehmer „gezwungenermaßen" (verbindliche Hausaufgabe) erleben, dass die „Kurzanleitung" in der Praxis funktioniert, ist das Eis gebrochen. Sie wenden diese zielgerichtete und klare Form des Kritikgesprächs weiterhin an. Mit der Übung in der Praxis wird es noch besser. Ziel erreicht.

Das alternative Kritikgespräch: Feedback

Feedback oder auch Rückmeldung ist eine andere Form des Spiegelns von Verhalten und Kommunikation und anstelle des Kritikgesprächs gut einsetzbar. Manche Experten behaupten sogar, Feedback sollte das Kritikgespräch ersetzen, da Kritik nicht weiterbringt. Feedbacks werden in Trainings und Seminaren eingesetzt, um Übungsverhalten zu beschreiben und Verbesserungstipps zu geben. In diesem Sinne kann es auch das Kritikgespräch ersetzen, wenn es konsequent zur Verbesserung und Lösungsfindung eingesetzt wird.

„Kritik ist sinnlos", sagt (Rhetorik-Trainer, der Autor) Michael Rossié, „denn sie führt oft dazu, dass beide Seiten verlieren." Etwas zu kritisieren, ist einfach, wenn es egal ist, wie es danach weitergeht. Mit Kollegen oder Mitarbeitern muss man jedoch hinterher weiterarbeiten. „Kritik zu üben, ohne die Beziehung zum anderen zu stören, ist eine schwierige Aufgabe", so Rossié. Konstruktives Feedback ist im Gegensatz zu Kritik von großer Bedeutung für die Zusammenarbeit mit Vorgesetzten und Kollegen. Wer keine Rückmeldung zu seiner Arbeit bekommt, arbeitet schlechter und entwickelt auf Dauer das Gefühl, dass sich niemand für ihn interessiert.[197] Rückmeldungen sind nicht nur im Kritikfall ein probates Mittel, sie sind ein wichtiges Dauermittel, um die Motivation von Mitarbeitern aufrechtzuerhalten und zu fördern. In beiden Fällen, dem fördernden Rückmelden wie dem Feedback im Kritikfall, helfen folgende Hinweise[198]:

- **Beschreibend, nicht wertend:** Geben Sie eine konkrete Beschreibung des Verhaltens und Ihrer Reaktionen darauf. Keine kritische Infragestellung der Person und keine Interpretation („Hellsehen" ist eine der Ursachen für Missverständnisse).

- **Konkret:** Immer auf begrenztes, beschreibbares Verhalten bezogen, nicht allgemein auf die ganze Person.

- **Angemessen:** Die Bedürfnisse aller beteiligten Personen berücksichtigen.

- **Machbar:** Feedback bezieht sich nur auf Verhaltensweisen, die die Person auch ändern kann.

- **Keine Änderungen fordern:** Sie können dem Empfänger nur Informationen darüber liefern, was seine Kommunikation bei Ihnen auslöst. Ob er aufgrund dieser Informationen sein Verhalten ändert, muss er selbst entscheiden. Sie können ihn sich anders wünschen, aber ihn nicht dazu zwingen. (Ändert er es nicht, trägt er die Konsequenzen)

- **Zeitnah:** Rückmeldung sollte so bald wie möglich gegeben werden. Je weiter in der Vergangenheit das Verhalten liegt, das Sie ansprechen, umso weniger kann der Mitarbeiter mit dem Feedback etwas anfangen.

- **Nicht zu viel auf einmal:** Nicht mehr Informationen, als der Empfänger verarbeiten kann. Besser öfter Gespräche führen als das „große Aufräumen".

- **Bereitschaft des Empfängers:** Vergewissern Sie sich, ob der Empfänger im Augenblick dazu in der Lage ist, Ihr Feedback zu hören und anzunehmen. Optimal: Wenn er selbst darum bittet. Sonst äußern Sie Ihren Wunsch und warten Sie seine Reaktion ab.

- **Feedback-Reaktionen vorhersehen:** Warum wollen Sie eigentlich ein Feedback geben? Werden Sie sich Ihrer Gefühle und Intentionen klar. Wollen Sie Ihre Kommunikation verbessern? Ihm helfen? Oder ihm auf gruppendynamisch elegante Weise eins auswischen? Wie könnte Ihr Gegenüber reagieren? Wie die Gruppe? Welche Wirkung könnte das Feedback auf den Gruppenprozess haben?

Führungs-Stile

Führungsstile sind ein Anhaltspunkt, nicht mehr. Gute Führung entlehnt situationsbezogen aus allen Stilen Elemente, je nach Persönlichkeit, Herausforderung im Unternehmen und persönlicher Entwicklung. Stichwort „situatives Führen". Bezüglich der Führungsstile herrscht bei vielen Managern Unklarheit. Auch deswegen, weil sie Führung nicht lernen und nebenher betreiben. Der richtige Weg zwischen den Stilen von gestern und heute scheint noch nicht gefunden. „Ich habe den Eindruck gewonnen, dass heutzutage nicht nur das seit vielen Jahren beschworene kooperative Führen noch nicht recht funktioniert, sondern dass darüber hinaus die Vorzüge des autoritären Führens nicht mehr funktionieren."[199]

Die gute Nachricht: Ihr Führungsstil darf sich je nach Situation und Anforderungen ändern. Das erfolgt kurzfristig. Er ändert sich soundso, weil auch Sie sich ändern, GMV. Das ist dann aber eher eine langfristige Angelegenheit. Ihr Stil und Sie sind nicht in Stein gemeißelt. Ein Führungsstil ist nur so gut, wie er zur Persönlichkeit passt und für gute Führung und gute wirtschaftliche Ergebnisse sorgt. Sie werden selten hören, dass Menschen sagen, das sei eine Top-Führungskraft, ein Super-Chef, auch wenn wir wegen schwacher Ergebnisse Leute entlassen müssen, keine Prämien erhalten oder als Lieferanten auf unser Geld bis zum Nimmerleinstag warten müssen.

Führung ist in erster Linie dazu da, Unternehmen erfolgreich zu machen und unternehmerische Ziele zu erreichen. Dauerhafte Erfolge erzielen Sie mit nachgefragten Produkten und Dienstleistungen, Kunden- und Serviceorientierung, Top-Management, motivierten und kompetenten Mitarbeitern. Darauf sollte sich Führung unabhängig von der Führungskultur eines Unternehmens oder dem Führungsstil einer Person konzentrieren. Egal welchen Stil Sie bevorzugen, die wichtigsten Fähigkeiten sind „Analysevermögen, Handlungs- und Resultats Orientierung, Motivationsfähigkeit, Zielorientierung, Durchsetzungs- und Konfliktfähigkeit, Einfühlungsvermögen und soziale Flexibilität, Kommunikations- und Überzeugungskraft, unternehmerisches und strategisches Denken sowie Selbstreflexion und Veränderungsbereitschaft."[200] Manche Führungsstile sind out, andere in. Das sagt aber nichts über ihre Qualität aus. Ein autoritärer Führungsstil kann passen, wenn er zur Person passt und wirklich ausgefüllt wird – der Chef muss dann kompetent sein und selbst die Verantwortung übernehmen. Und er kann passen, wenn der Chef ihn mit Respekt umsetzt.

Übersicht Führungs-Stile

- **Autoritärer Stil:** Chef entscheidet und ordnet an

- **Patriarchalisch:** Führungskraft entscheidet und versucht, andere von der Anordnung zu überzeugen.

- **Beratend:** Chef entscheidet, gestattet Fragen. Die Beantwortung der Fragen soll Akzeptanz bewirken.

- **Kooperativ:** Führungskraft informiert über beabsichtigte Entscheidungen. Untergebene können Meinung äußern, Vorgesetzter entscheidet.

- **Partizipativ:** Team entwickelt Vorschläge, Chef entscheidet aus den gemeinsamen Lösungsvorschlägen.

- **Delegativ:** Führungskraft zeigt Problem auf, legt Grenzen des Entscheidungsspielraumes fest, Team entscheidet.

- **Netzwerk-Stil:** Führungskraft erkennt, dass aus sich heraus motivierte Mitarbeiter in internen Netzwerken Unterstützung geben und erhalten können. Das Motto ist: erst anbieten, dann nehmen. Werte werden selbst entwickelt und gelebt. Die Netzwerkgruppe kann schnell entscheiden. Die Führungskraft ist einfaches Mitglied, wenn sie Bestandteil der Netzwerkgruppe sein will.

Autoritärer Führungs-Stil

Der Chef trifft Entscheidungen alleine. Seine Entscheidungen sind Anordnungen mit Sanktionsfolgen. Der Chef kontrolliert, inwieweit die Anordnungen befolgt werden. Druck und Sanktionen sind nötig, um Ziele zu erreichen. Die Mitarbeiter haben keine Kontrollrechte. Das erinnert an Befehl und Gehorsam. Befehle beim Militär darf nur geben, wer die entsprechende Ausbildung und Erfahrung hat. Dazu kommt, dass beim Militär die Vorgesetzten Stufen der Untergebenen selbst durchgemacht und erlebt haben und sich den Regeln des Befehlssystems unterordnen. Bei Chefs in der Wirtschaft fehlt das weitgehend. Autoritäre Chefs sind manchmal selbstverliebt, kritikunfähig und neigen dazu, spontane Entscheidungen ohne Absprachen zu treffen. Da ist man als Mitarbeiter überrascht, dass jetzt alles anders läuft. In meiner Zeit als PR- und Medienmanager in einer Agentur in den 1990er Jahren hatte ich so einen Chef: brillant, cholerisch, herrisch, autoritär ohne Autorität zu besitzen. Seine Alleingänge und einsamen Entscheidungen sowie die fragwürdigen Arbeitsbedingungen haben mit dazu beigetragen, dass ich bei der ersten Gelegenheit das Weite suchte.

Autoritär: Vorteile und Nachteile

Es gibt einen großen Vorteil des autoritären Führungsstils: es werden in der Regel tatsächlich und manchmal sogar schnell Entscheidungen getroffen. Die Entscheidungsschwäche vieler Führungskräfte, gerade in großen Unternehmen, wie sie in Studien aufgezeigt wird, findet auch hier statt. Wer am Chef vorbei entscheidet, bekommt eine auf den Deckel. Aber zumindest einer sagt, wo es lang geht.

Die Nachteile dieses Führungsstils überwiegen, so meine Erfahrung. Die Mitarbeiter sind wenig motiviert sich einzubringen, auch weil autoritäre Chefs gerne mit Zuckerbrot und Peitsche arbeiten. Das führt zu geringer Selbstständigkeit. Die Leute lernen nur das zu tun, was man ihnen sagt. Das geht einher mit sehr gefestigten Strukturen und wenig Entwicklungsmöglichkeiten für den Einzelnen bei gleichzeitiger Überforderung der Führungskräfte unter dem Big Boss. Die Gefahr von Fehlentscheidungen durch die einsam getragene Entscheidungskultur, das nicht vorhandene Hinterfragen und Nichteinbeziehen kompetenter Mitarbeiter, ist groß. Kaum jemand wagt es, etwas dagegen zu halten, wenn Dinge aus dem Ruder laufen. Alles schweigt und macht mit. Teile aus diesem Führungsstil und die Neigung des Menschen, den Weg des geringsten Widerstandes zu gehen, fördern auch die großen Skandale: Volkswagen, Siemens, Deutsche Bank. Manche Konzernchefs pflegen immer noch diesen antiquierten Führungsstil.

Kooperativer Führungs-Stil

Dieser Führungsstil wird am häufigsten von Chefs genannt, wenn man sie nach ihrem Führungsstil fragt. Ob das dann auch in der Praxis so ist, sei dahingestellt. Diese Führungskräfte treffen Entscheidungen vor allem auf der fachlichen Ebene. Eine Form der strukturierten Selbstkontrolle löst Fremdkontrolle weitgehend ab, wobei häufig Kontrollinstanzen, wie die Controlling-Abteilung, nach festgelegten, Kriterien, objektivierte Kontrolle, insbesondere der wirtschaftlichen Zahlen, durchführen. Hier hat der Mitarbeiter Kontrollrechte gegenüber seiner Führungskraft, was nicht jedem Chef gefällt und womit manche nicht gut umgehen können. Verantwortungswille und Verantwortungsfähigkeit sind hier Grundanforderungen an die Mitarbeiter. In der Praxis sind diese Verantwortungen nicht bei jedem Mitarbeiter anzutreffen. Anders gesagt. Diese Grundanforderungen werden nicht wirklich erfüllt, GMV. Die Arbeit der Chefs an der Führung nimmt zu. Sie benötigen für Führung mehr Zeit. Sie brauchen für effiziente Führung eigene Kompetenzen, wie Team- und Kommunikationsfähigkeit, Management- und Prozess-Knowhow oder auch Moderations- und Konfliktkompetenz. Für manchen ein Buch mit sieben Siegeln.

Kooperativ: Vorteile - Nachteile

Zu den Vorteilen des kooperativen Führungsstils gehört die Entlastung der Führungskraft. Sie muss nicht alles alleine entscheiden, sondern bezieht Fachexperten und Mitarbeiter in die Entscheidungsprozesse ein. Das System lässt sich optimieren durch Mitarbeiterförderung, die durch Qualifizierungs- und Entwicklungssysteme befeuert wird. Dazu gehören Fort- und Weiterbildung, Führungs- und Expertenkarrieren sowie Paten- und Mentorensysteme. Sie bringen etwas, wenn sie ordentlich entwickelt und durchgeführt werden. Das aber, so Experten, ist eher selten der Fall. „Scharen von Führungskräften pilgern nach wie vor in Seminare, um die Essens guten Führens kennenzulernen – und in der Unternehmens Praxis bleibt alles beim Alten. Es kommt nicht nur auf Führen und Verstehen, sondern auch auf Ausprobieren und Umsetzen an."[201] Wenn Chefs Gelerntes umsetzen, führt das zu einer höheren Motivation, Leistungsbereitschaft und Leistungsfähigkeit der Mitarbeiter sowie zu einer emotionalen Bindung an das Unternehmen. Emotionale Bindung hat viel mit der Qualität der Führung zu tun, wie Studienergebnisse ergeben. Sie zeigen aber auch, dass die emotionale Bindung der Mitarbeiter in deutschen Unternehmen nicht ausgeprägt ist, auch wenn viele Unternehmen und ihre Chefs sich gerne einen kooperativen Führungsstil an ihre Fahnen heften.

Nachteile Kooperativ

Auch im kooperativen Stil liegen die Nachteile auf der Hand. Entscheidungen werden langsamer getroffen, weil mehrere Stufen durchlaufen werden und mehr Personen an

Entscheidungen beteiligt sind. Das nutzen „unreife" Mitarbeiter aus, indem sie für sich vermeintlich nachteilige Entscheidungen verzögern und torpedieren.

Delegativer Führungs-Stil

„Unter dem delegativen Führungsstil wird verstanden, dass die Mitarbeiter entscheiden, nachdem die Führungskraft die Probleme dargelegt und die Grenzen der Entscheidungsspielräume festgelegt hat."[202] Mitarbeiter haben bei diesem Führungsstil große Freiheit und damit Selbstverantwortung. Überspitzt gesagt, fließen Informationen selbstgesteuert und die Mitarbeiter kontrollieren Projekte, Ergebnisse und Leistung selbst. Der Vorteil besteht in einem hohen Grad an Mitarbeiterfreiheit. Das kann zur Identifikation mit dem Unternehmen führen und die emotionale Bindung der Mitarbeiter ans Unternehmen mit allen positiven Nebenwirkungen optimieren helfen. Darin stecken allerdings auch die Nachteile. Hier sind Unordnung, Chaos und unter Umständen mangelhafte Leistungen zu nennen. Auch die Führungskräfte können sich in eine Komfortzone zurückziehen, indem sie ihre Verantwortung nicht wahrnehmen. Mitarbeiter nutzen das aus und es besteht latent die Gefahr von Fehlentscheidungen durch „unreife" Mitarbeiter.

Netzwerk-Stil

Den Netzwerkstil finden Sie so nicht in der Fachliteratur. Er ist das Konzept-Ergebnis aus Netzwerkarbeit im Empfehlungsmarketing. Die positiven Ansätze daraus lassen sich auf Führung übertragen und führen zu einem ergänzenden Führungsstil oder besser einem „ergänzenden Führungs- und Organisationskonzept".

Die Führungskraft schafft für Netzwerken ein Umfeld, indem sich Mitarbeiter selbst in Netzwerkgruppen organisieren. Dort gibt es keine Hierarchien. Kernzweck der Netzwerkgruppen sind Vertrauensaufbau und Transparenz, insbesondere zu Unternehmensinformationen und –Aktivitäten in den verschiedenen Bereichen einer Firma. Wie oft erlebe ich in den Gesprächen und Coachings mit Managern, dass sie wenig bis nichts zu den Strategien und Zielen des Unternehmens wissen, nicht zu den Aktivitäten in den Abteilungen oder in Konzernen zu den Vorgehensweisen der verschiedenen Gesellschaften. Ich beobachte, dass Vertriebsleute aus unterschiedlichen Abteilungen den gleichen Kunden zeitgleich „anbaggern" oder dass ein Kunde im Gespräch einen Vertriebler fragt, ob er über dessen Firma eine Leistung XY bekommen kann, der das aber nicht weiß, obwohl die Leistung angeboten wird – eben nur von einer anderen Abteilung oder Tochtergesellschaft. Hier gehen aus Unwissenheit und wegen des „Kirchturmdenkens" Potenziale an Umsatz und Effizienz verloren. Der Netzwerkstil fördert Informationstransparenz, Identität und Motivation der Mitarbeiter. Ebenso wie es die Empfehlungswürdigkeit und –kompetenz von Unternehmern im angesprochenen Empfehlungsnetzwerk entwickelt und zu neuen Vertriebs- und Lieferantenbeziehungen führt.

Regelmäßig, verantwortlich, offen

In einer Netzwerkgruppe gelten feste Regeln, die alle Mitglieder befolgen. Genau das ist eine der Führungsaufgaben, die beim Netzwerkstil gefordert ist. Alle Teilnehmer an einer Netzwerkgruppe sind zielorientiert und bringen sich aktiv ein. Die Teilnehmer kommen aus einer Abteilung (vertikales Netzwerk), wenn es darum geht, ein fachlich motiviertes Netzwerk (optimieren Vertrieb, Einkauf, Forschung & Entwicklung) oder ein teamförderndes, internes Netzwerk zu installieren. Sie kommen aus verschiedenen Abteilungen oder Gesellschaften eines Unternehmens (horizontales Netzwerk), um die Effizienz zu steigern, Synergien zu finden und zu nutzen, Transparenz zu fördern oder Kundenmanagement zu optimieren.

Aus der Praxis

Aus einem Angebot, das wir einem großen Unternehmen gemacht haben, dass internes Netzwerken strukturiert einführen möchte, ersehen Sie, wie strukturiertes Netzwerken im Unternehmen aufgebaut werden kann und was es beinhaltet. Die folgenden Punkte geben eine Übersicht.

- Schritt 1: Zusammenführen von „netzwerk-interessierten" „Unternehmern im Unternehmen", Führungs- und Fachkräften (nicht funktionsbezogen, intrinsisch motiviert)

- Philosophie: transparent sein, Offenheit leben (gegen das „Kirchturmdenken"). Erst geben, dann nehmen (Informationen, Hilfe anbieten, Offenheit)

Möglichkeiten der Gruppenzusammensetzung:

- Themenbezogen / aufgabenbezogen (z.b. Vertrieb, Innovation)
- Themenübergreifend (z.b. Gesellschaftsintern, Abteilungsintern, Branchenmanager, Regionalmanager)

Kommunikationsregeln in der Netzwerkgruppe

- Interne Regelkommunikation mit auf Ziele und Zielgruppen abgestimmten Teilnehmern mit festgelegter Agenda
- Festgelegte Aufgaben (Empfehlungen generieren, für Gruppe einsetzen, Infos weitergeben etc. – Ehrenkodex entwickeln)

Gruppenstruktur

- Jede Gruppe hat maximal 20 Teilnehmer (handverlesen – intrinsisch motiviert, als Kunden behandelt und damit aufgewertet)
- Basis: Freiwilligkeit und Verpflichtung zu den Standards und zum vereinbarten Ehrenkodex

Netzwerkgruppen-Regeln:

- Pünktlichkeit, Teilnahmeverpflichtung
- Vertreter im Falle von Krankheit, Urlaub oder Geschäftsreise – maximal fünf Vertretungen pro Jahr
- Aktive Mitarbeit in der Gruppe, inkl. Führungsaufgaben (alternierend jährlich)

Netzwerk Zielgruppen und Ziele (Beispiele):

- Vertrieb, Einkauf, Personal – Entwicklung eines Empfehlungsmarketings
- Personal – Optimierung internes Wissens- und Kommunikationsmanagement, Einbeziehen der internen Software, Intranet
- Produktion, Personal – Optimierung Ressourcenmanagement
- Management – Optimierung Informationsmanagement, Führungskompetenzen,

Ziele übergreifend

- Menschenzentrierung, -orientierung (Aufwertung)

- Neue Kunden und mehr Kundennutzen
- Effizientes Wissens- und Informationsmanagement
- „Menschen- und vertrauensbasierte" Kommunikationskultur
- Effizienterer Ressourceneinsatz

Trainings, Qualifizierung, methodischer Aufbau:

- Vorstellen des Konzeptes „Internes Netzwerken"
- Ehrenkodex wird gemeinsam erarbeitet und vereinbart
- Standard-Eigenpräsentation pro Teilnehmer wird erarbeitet (60-Sekunden-Präsentation), Rückmeldung der anderen Teilnehmer, Optimierung
- Strukturierte Netzwerk-Agenda vorstellen, Anpassungen vornehmen.
- Erste Netzwerktreffen vorbereiten: Führungsteam, Ablauf, Material. Sitzung 1 mit Standard-Agenda und Feedback durch den Netzwerk-Coach
- Einladungsstrategien, welche Besucher aus dem Unternehmen werden eingeladen
- Qualifizieren der Teilnehmer durch Netzwerktrainings

Netzwerkstil: Vorteile – Nachteile

Wenn die Chefetage entscheidet, netzwerkartige Führung aufzusetzen oder diesen Stil als einen Teil des Führungs- und Managementstils anzudocken, entstehen Vorteile, die für Unternehmen eine immer größere Bedeutung gewinnen. So wächst durch Netzwerken bei Mitarbeitern und Führungskräften der Grad an intrinsischer Motivation. Hohe Mitarbeiterfreiheit, ein großes Maß an Transparenz und gegenseitiges Helfen werden durch permanenten Austausch gefördert. Synergien werden entdeckt und genutzt, Leistung und Entscheidungsqualität verbessern sich. Nachteile: Manche Manager und Chefs kommen mit möglichen Machtverlusten nicht klar. In einer unternehmenseigenen Netzwerkgruppe verpflichten sich alle auf dieselben Regeln und lassen die hierarchischen Unterschiede außen vor. Außerdem existiert die Netzwerkstruktur neben der vorherrschenden Aufbau- oder Matrixstruktur eines Unternehmens und ist in das Gesamtkonzept zu integrieren. Eine Herausforderung für Management und Organisation.

Führungs-Tipps

Für Führung entscheiden

Hopp oder Topp: Wenn Sie sich für Führung entscheiden, dann mit Haut und Haaren. Nicht jeder ist geeignet, ein guter Chef zu sein. Aber jeder kann es werden, der es wirklich will. Schauen Sie auf Ihre wichtigen Treiber, Ihre Motive – sowohl die bewussten als auch die unbewussten. Die Motive Macht, Leistung und Bindung erachten Experten als förderliche Treiber für Führungspersönlichkeiten.

Lernen am Vorbild

Nutzen Sie Informationen zu Führungs-Vorbildern. Die können aus der Politik, aus Wirtschaft, Sport, Kultur oder sonst woher kommen. Hilfreich ist es, wenn Ihre Vorbilder Sie auch emotional ansprechen. Lesen Sie Biografien dieser Menschen. Oft finden Sie gute Kriterien und Prinzipien für Führung, wie etwa bei Nelson Mandela, dem ehemaligen Präsidenten Südafrikas, mit einer besonderen Lebensgeschichte.

Mandelas Führungsgrundsätze

Der ehemalige südafrikanische Präsident und Friedensnobelpreisträger starb im Dezember 2013 mit 95 Jahren. Er brachte Herz und Verstand so zusammen, dass er seine großen Ziele erreichte und die Menschen ihm begeistert folgten. Führung mit gesundem Menschenverstand – GMV. Dabei kam es ihm vor allem darauf an, Altes hinter sich zu lassen, an die Zukunft zu denken und für sie zu leben. Und er überwand Grenzen: die zwischen schwarz und weiß, die zwischen Freunden und Feinden, die zwischen gestern und morgen, die zwischen Theorie und Praxis. Hier sind seine Grundsätze guter Führung. Impuls und Inspiration für uns alle.[203]

Mut ist nicht die Abwesenheit von Angst

Mut in der Führung heißt, andere zu inspirieren, Angst zu überwinden. In der Führung kann man nicht nur vorgeben mutig zu sein und es mit der Welt aufnehmen zu können.

Als Führer kann man die Menschen dies jedoch nicht wissen lassen. Eine gewisse Außendarstellung ist wichtig. Mandela wusste, dass er ein Vorbild für andere war. Das gab ihm die Kraft seine eigenen Ängste zu überwinden.

Führen Sie von der Spitze...

... aber lassen Sie die Basis nicht zurück. Verweigern zu verhandeln war für Mandela kein Grundprinzip von Führung – es war Taktik. Sein gesamtes Leben lang machte er diese Unterscheidung. Sein (Umsturz der Apartheit und "one man one vote") war absolut unveränderlich. Jedoch war alles was ihm half diese Ziele zu erreichen eine Taktik.

Führen Sie von hinten...

... und lassen Sie andere glauben, sie wären an der Spitze. "Wissen Sie, man kann nur von hinten führen." Der Trick, was Führung angeht, liegt darin, sich zu erlauben auch geführt zu werden. "Es ist weise Menschen zu überzeugen und Dinge tun zu lassen und sie glauben zu lassen, es wären ihre eigenen Ideen gewesen."

Kennen Sie Ihre Feinde...

... – und was ihr Lieblingssport ist. In den 1960ern lernte Mandela Afrikaans, die Sprache der weißen Südafrikaner. Er versprach sich davon, etwas von ihrer Weltanschauung zu verstehen. Er wusste, dass sein Schicksal mit ihrem verknüpft war. In diesem Zusammenhang lernte er viel über Rugby, den Lieblingssport der weißen Südafrikaner.

Halten Sie Ihre Freunde nahe...

... und Ihre Feinde noch näher. "Menschen handeln schlicht in ihrem eigenen Interesse." war eine von Mandelas Aussagen. Der Nachteil des Optimisten – und Mandela ist ein Optimist – ist, dass er häufig zu viel vertraut. Was Mandela jedoch erkannte war, dass er Gegner mit seinem Charme neutralisieren konnte.

Die Erscheinung macht etwas aus

Und denken Sie daran zu lächeln. Bei seiner Präsidentschaftskandidatur 1994 wusste Mandela, dass Symbole genauso wichtig sind wie Materie. Er war nie ein großer Redner, aber er hatte stets dieses wunderbare, vereinnahmende und omnipräsente Lächeln. Für die weißen Südafrikaner symbolisierte es den Mangel an Verbitterung und bekundete Sympathie. Für die schwarzen Wähler beinhaltete es: Ich bin ein glücklicher Krieger und wir werden triumphieren!

Nichts ist schwarz oder weiß

Mandela mag Widersprüche. Als Politiker war er pragmatisch in der Führung und sah die Welt in unendlich verknüpften Nuancen. Jedes Problem hat viele Gründe. Mandela hatte eine bestimmte Vorgehensweise, von der Führung immens profitiert: Was ist mein Ziel und was ist der praktischste Weg dieses zu erreichen?

Aufgeben ist auch führen

Zu wissen wie man eine fehlgeschlagene Idee, eine sinnlose Aufgabe oder eine tote Beziehung loslässt, gehört mit zu den schwierigsten Entscheidungen, die in der Führung getroffen werden muss. Mandela wusste, dass Personen ebenso führen durch das, was sie tun wie durch das, was sie unterlassen.

Priorität eins: Selbstführung

Selbstführung – die positive und effektive Selbstbeeinflussung - können Sie nicht delegieren, Management schon, Leadership teilweise. Der Management-Guru Peter Peter. F. Drucker hat Selbstführung als die zentrale Fähigkeit von Führungskräften manifestiert. „Die wissenschaftliche Forschung und die Praxis gehen davon aus, dass Self-Leadership die Basis für Führung ist. Nach Dee Hock, dem Gründer des Kreditkartenunternehmens VISA, investieren effektive Führungskräfte mindestens 50 Prozent ihrer Zeit in Self-Leadership. Auch die Jesuiten waren davon überzeugt, dass wirksame Führung mit effektiver Selbstführung beginnt."[204] Dabei spielen eigene Ziele, Balance, Selbstwirksamkeit, eigene Stärken ausbauen, Motivation und Fitness eine wichtige Rolle. Damit übernehmen Führungskräfte Verantwortung für sich als

Person und die Führungsrolle. Gute Chefs sind in der Lage selbst Leidenschaft, Begeisterung, Spaß und Freude in der Führungsarbeit zu erleben und das auf die Mitarbeiter zu übertragen

„Selbstführung bedeutet auch, den Umgang mit sich selbst auf der körperlichen, der psychischen und der geistigen Ebene zu reflektieren und gesund zu gestalten. (...) Sich selbst führen meint auf einer simplen Ebene, die eigene Arbeitsorganisation im Griff zu haben, professionell und mit der nötigen Selbstdisziplin verlässlich und berechenbar zu agieren. Dies gibt Mitarbeitern Sicherheit. Letztlich gipfelt diese Fähigkeit der Selbstführung in einer Haltung, d.h. der grundsätzlichen Einstellung, die man Menschen und Organisationen gegenüber an den Tag legt."[205]

Ein weiterer Aspekt der Selbstführung zielt auf die Weitergabe von Self-Leadership-Fähigkeit an Mitarbeiter und Teams. Es ist ein Führungskonzept. Self-Leadership ist die Basis für Empowering-Leadership. „Empowering Leadership zielt darauf ab, die Selbstbestimmung und die Autonomie der Geführten zu erhöhen und ihre Self-Leadership-Fähigkeiten zu entwickeln. Die Führungskraft agiert als positives Rollenmodell. (...) Die Teammitglieder teilen die Führung, das Wissen und die Macht. Eine höhere Effektivität und Leistung sind die Folge. Eine Wissensorganisation zielt darauf ab, eine nachhaltig wirksame Self-Leadership-Kultur zu implementieren."[206]

Priorität zwei: Leadership

Leadership bedeutet andere Menschen zu leiten, zu beeinflussen und zu guten Leistungen zu führen. Jede Führungsfunktion, beinhaltet Komponenten des Leadership: Meta-Leadership konzentriert sich auf die generelle Richtung; Verbindung durch Visionen und Ziele. Makro-Leadership zeichnet den gemeinsamen Weg vor. Mikro-Leadership setzt angemessen Führungsstile um und balanciert Aufgabe und Beziehungsmanagement aus. Echte Leader haben sich genau dafür entschieden zu führen und sie lieben es. Leader sind alles Mögliche, insbesondere sind sie Macher. „Denn wer den ganzen Tag hinter dem Schreibtisch sitzt, nur organisiert und delegiert, ist kein Leader, sondern höchstens ein Manager."[207]

Dabei verliert ein echter Leader nie das eigentliche Ziel aus den Augen. Sein, Denken, Fühlen, Kommunizieren und Handeln dient einer Sache. Konzentration ist angesagt und „es geht nicht darum, ein tolles Team zu bilden, nicht darum, von den Mitarbeitern akzeptiert und gemocht zu werden, und auch nicht darum, die besondere Arbeitsleistungen zu erbringen. (…) Das alles hilft, um das übergeordnete Ziel zu erreichen, um das es eigentlich geht: das Ergebnis!"[208]

Führungspersönlichkeiten entstehen. Niemand ist genetisch bedingt der Super-Leader. Deshalb dauert es meistens einige Jahre, bis sich ein Leader entwickelt hat. Leader im operativen Bereich und in der reinen Personalführung sollten pragmatische Voraussetzungen mitbringen: Sie sollen „die Sache selbst können, sie anderen beibringen können, bereit sein, das Vorbild voranzugehen, die entscheidende Aufgabe erkennen und selbst präsent durchführen können."[209]

Leader, die in erster Linie in der Unternehmensführung unterwegs sind, also vor allem strategisch führen, konzentrieren sich auf die generelle Richtung. Sie erarbeiten Visionen und Ziele, erfassen die großen Bewegungen Ihres Marktes. Sie entwickeln und steuern die Unternehmenskommunikation sowie nach innen Kultur und Management.

- **Kernaufgaben**: Umfeld schaffen, Menschen leiten, Entscheiden, Verantwortung übernehmen, Erfolgreich sein, Wirksam sein, Wirtschaft

- **Persönlichkeit**: Haltung, GMV, Coaching, Vorbild, Prinzipen & Charaktereigenschaften

- **Führungskompetenzen**: Vorbereiten, Training, Coaching, Mentor. Persönliche Kompetenzen: Führen – Verhalten – Sein. Fachkompetenzen: Wissen – Handeln - Gestalten

- **Kommunikationskompetenzen:** Ansage, Präsentation, Rede, Gesprächsführung, Überzeugen…

- **Lernen von anderen:** Agenten, Piloten, Persönlichkeiten

- **Balance**: Arbeit und das andere Leben, Gesundheit, Freude & Spaß,

Stärken stärken

Für Persönlichkeitsentwicklung, Leistung und Erfolg ist es prima zu wissen, welche Talente und Stärken man besitzt. Hand auf's Herz: kennen Sie Ihre Talente und besonderen Stärken? Viele kommen bei der Beantwortung dieser Frage ins Schwimmen. Die meisten können recht genau sagen, worin sie nicht besonders gut sind, denn darauf sind wir kulturell gepolt. Ein schönes Beispiel aus der Erziehung: Ihr Kind bringt das Zwischenzeugnis nach Hause – Geschichte 1, Sozialkunde 2, Englisch 2, Chemie 3, Religion 1, Mathe 5. Worüber sprechen Sie am ausführlichsten mit Ihrem Kind?... Sehen Sie. Das ist eines der schönen Beispiele, die uns im Buch „Entdecken Sie Ihre Stärken jetzt – Das Gallup-Prinzip für individuelle Entwicklung und erfolgreiche Führung" die vorherrschende Schwächen-Kultur klar machen. Studien aus dem Buch zeigen, dass die meisten Menschen der Auffassung sind, dass man sich eher mit den Schwächen beschäftigen sollte, wenn man weiterkommen möchte. Demnach gehen wir für uns selbst und in der Führung von falschen Prämissen aus:

- Jede Person kann auf nahezu allen Gebieten Kompetenzen erwerben

- Wenn wir unsere Schwächen mindern, haben wir das größte Potenzial

„Stärken stärken" – ach ja, die Amerikaner

„Stärken jetzt" (ich kürze den Titel in der Folge) ist ein typisch amerikanisches Sachbuch. Manches wirkt für europäische Geister überzogen, übertrieben und ein wenig skurril. Wie etwa die Geschichte von Ralph Gonzales, einer Führungskraft, die aussieht wie Fidel Castro. Gonzales optimiert einen Laden unter dem Motto „Revolution" und lässt die Mitarbeiter teilweise im Kampfanzug antreten. Nun ja. Gonzales Stärke ist, die Leute sehr individuell zu bewerten und nach ihren Stärken einzusetzen. Mit dem Laden geht es steil nach oben. Optimierung durch Stärkekultur. Und genau darum geht es in „Stärken jetzt". Klappentext:

„Stärken der Mitarbeiter stärken, anstatt ihre Schwächen bekämpfen – das ist es, was Unternehmen erfolgreich macht. Denn wer täglich das tun darf, was er am besten kann, arbeitet am effektivsten. Damit individuelle Stärken einfach identifiziert und gefördert werden können, haben die Autoren den Strengths-Finder entwickelt. Dieser Selbsttest ermittelt die fünf größten persönlichen Stärken. In diesem Bestseller erhalten Führungskräfte und Mitarbeiter fundierte Informationen, wie diese „Top Five" im Arbeitsalltag am besten eingesetzt werden können – für mehr Zufriedenheit, Motivation und Erfolg im Job."

Geschrieben ist „Stärken jetzt" von Marcus Buckingham und Donald O. Clifton, zwei Gallup-Chefs, Buckingham ist heute Managementberater, die das Stärkenprinzip über

Jahrzehnte untersucht und entwickelt haben. Das Buch ist zwar schon 2001 erschienen, hat jedoch nach wie vor Gültigkeit, ebenso wie der damit verbundene Strength-Finder-Test, der die stärksten fünf Talente des Test-Teilnehmers aufzeigt. Mit dem Buch haben Sie übrigens auch kostenlosen Zugang zum Test. Er besteht aus knapp 180 Fragen und einem komplexen Auswertungs-Algorithmus. Dahinter liegen die Ergebnisse einiger Zehntausend Befragungen. Nach Aussage der Autoren sind die Ergebnisse mit hoher Wahrscheinlichkeit aussagekräftig und relevant.

Meine Stärken: die persönliche Erfahrung

Wissbegier, Bindungsfähigkeit, Einfühlungsvermögen – so meine bestimmenden Motive nach dem Talenttest von Gallup. Das also treibt mich besonders an. Mein eigenes Talent-Ergebnis hat mich anfangs überrascht und mich einige Tage lang zum Nachdenken angeregt. Je genauer ich es mit meinem Lebenslauf und meiner Arbeit als Trainer, Coach und Autor in Beziehung brachte, desto klarer wurde mir der Zusammenhang. Das Buch hilft das Test-Ergebnis zu verstehen und Schlüsse für die Zukunft ziehen zu können. Zu jedem Talent und einigen Talentkombinationen gibt es eine Beschreibung und Beispiele von Menschen, die dieses Talent besitzen. Das hilft zu verstehen. Wissbegier, Bindungsfähigkeit und Einfühlungsvermögen sind meine drei vorherrschenden Talente von immerhin 34 Talenten, die hinterlegt sind. Ich hatte hier etwas anderes erwartet, beispielsweise Kommunikationsfähigkeit oder Harmoniestreben. Auch aus dem, was nicht ganz vorne auftaucht, lernt man so einiges über sich. Wichtig auch die Erkenntnis, dass Talente teilweise genetisch bedingt sind, früh angelegt werden und später keine neuen hinzugewonnen werden können. Stärken schon.

„Sie werden nicht in der Lage sein, Ihr Gehirn neu zu verdrahten, aber durch den Erwerb neuen Wissens und neuer Fertigkeiten können Sie Ihrem Leben eine neue Richtung geben. Sie können keine neuen Talente lernen, aber Sie können neue Stärken entwickeln."[210]

„Stärken stärken" in Unternehmen und Führung

Viele Unternehmen sind nicht auf die Stärken Ihrer Mitarbeiter gepolt. Das sieht man schon in den Stellenanzeigen. Erfahrung, Können, Fähigkeiten – Talente und Stärken kommen kaum vor. Auch dazu liefert das Buch Beispiele, wie es anders geht. In den umfangreichen Umfragen, die das Gallup-Institut immer wieder durchführt, stimmen durchschnittlich nur 20 Prozent der Befragten der Frage zu „Haben Sie an Ihrem Arbeitsplatz die Gelegenheit, jeden Tag das zu tun, was Sie am besten können?". Das liegt unter anderem daran, dass die meisten Unternehmen prozessgetrieben sind. Alle Unternehmen, mit denen ich als Trainer, Coach oder Speaker zu tun habe, sind so gestrickt – das hat auch etwas typisch Deutsches und muss nicht grundsätzlich schlecht sein. Aber diese Unternehmen vergeben Potenzial, denn „sie machen dem Mitarbeiter zu viele Vorschriften und bauen übermäßig auf das Prozess-Reengineering", so die Autoren. Damit sollen Arbeitsabläufe weltweit harmonisiert und qualitativ bewertbar sein. Damit wollen Unternehmen nicht von den Kompetenzen einzelner Mitarbeiter abhängig sein. Grundsätzlich herrscht hier das Primat des Controllings. Der Einzelne spielt keine große Rolle, so meint man. So fühlt sich das auch an und so verhalten sich die Mitarbeiter – wenig engagiert, teilweise destruktiv (siehe Gallup-Studie 2016). Das auf Stärken bauende Lager ist noch wesentlich kleiner als das prozessgetriebene und soll durch dieses Buch und die Stärken-Initiative von Gallup weiter wachsen.

„Schritt für Schritt-Unternehmen sind so gestaltet, dass sie die Individualität jedes einzelnen Mitarbeiters bekämpfen. Auf Stärken basierende Unternehmen nutzen sie."[211]

Voraussetzung für die Entwicklung einer „Stärken-Kultur" ist eine produktive Unternehmenskultur, so Buckingham und Clifton. Sie basiert nicht in erster Linie auf der Bewertung der Mitarbeiter durch das Management, sondern auf dem Messen der Ergebnisse einer Produktion oder Dienstleistung. Zwölf Fragen an die Mitarbeiter helfen Ihnen, herauszufinden, wo Sie diesbezüglich stehen (5-wertige Skala; 5 für „stimme völlig zu", 1 für „stimme nicht zu"). Fünf Fragen als Beispiele:

- Weiß ich, was von mir an meinem Arbeitsplatz erwartet wird?
- Habe ich bei der Arbeit die Möglichkeit, jeden Tag das zu tun, was ich am besten kann?
- Habe ich in den letzten sieben Tagen Anerkennung oder Lob für gute Arbeit erhalten?
- Gibt es jemanden, der meine berufliche Entwicklung fördert?
- Habe ich einen besten Freund im Unternehmen?

Alle zwölf Fragen führen nach ernsthafter Beantwortung durch die Mitarbeiter, beispielsweise über eine schnell durchführbare Online-Befragung, zu einem recht klaren Ergebnis, wo ein Unternehmen bezüglich Produktivität und Kultur steht. Ob das alle Chefs und Manager eines Unternehmens wirklich wissen wollen, ist eine andere Frage.

Der Effekt der Stärken-Kultur

Laut der Autoren und Gallup sind über Stärken-Orientierung positive Effekte in vielerlei Form zu erwarten. „In unserer jüngsten Meta-Analyse von 198.000 Mitarbeitern in fast 8.000 Unternehmensbereichen hatten die Mitarbeiter, die entschieden zustimmten, dass sie die Chance hatten, jeden Tag das zu tun, worin sie am besten waren, weniger Krankheitstage, beanspruchten weniger Krankheitsgeld und hatten weniger Unfälle bei der Arbeit."[212]

Das ist doch schon einmal etwas. Empfehlenswert ist das Buch darüber hinaus aus vier Gründen:

- Die Talente jedes Menschen sind dauerhaft und einzigartig

- Der größte Spielraum für das Wachstum eines jeden Menschen liegt in seinen größten Stärken

- Sie erfahren mit dem über das Buch kostenlos nutzbaren Test, welches Ihre fünf Talent-Leitmotive sind und über das Buch, was das für Ihr Leben bedeutet und wie sie diese Erkenntnis nutzen können

Sie erhalten über das eigene Talente-Profil und die Erkenntnisse aus dem Buch einen Impuls, wie Sie Ihr Unternehmen und Ihre Leute fördern können. Als Führungskraft sollte Sie das brennend interessieren. (ISBN: 978-3593501543)

Bewährtes nutzen

Führungskräfte optimieren Führung durch verschiedene Maßnahmen wie Erfahrungen, Trainings und Seminare. In den klassischen Ausbildungen kommt Führung kaum oder nur am Rande vor. Die Chefs von heute sind Fach-Kompetenzler in Wirtschaft, IT, Informatik, Vertrieb, Marketing, einem Ingenieurszweig oder in irgendetwas anderem, jedoch nicht in Führung. Und ich habe oft den Eindruck, dass Führung in jedem Unternehmen neu erfunden werden soll. Meistens treten überall die gleichen Schwächen und Fehler auf, wie Intransparenz, schlechte Kommunikation, mangelndes Fachwissen, wenig Teamverständnis über Kernaufgaben und Abläufe, fehlende Softskills und mangelhafte Führungstechniken (nach der Umfrage „Schweiz führt?!", Job Cloud).

Das Negative scheint sich leicht und epidemisch fortzupflanzen. Man könnte auch sagen, die übergreifende Lernfähigkeit in Wirtschaft, Unternehmen und Führung tentiert gegen Null. Hilfreiche Kompetenzen, wie die Krisen-, Kommunikations- und Verhandlungstechniken von Polizei und Geheimdiensten, die Führungsgrundsätze von großen und erfolgreichen Leadern und Wirtschaftsführern oder die Krisen und Entscheidungstechniken von Piloten schaffen den Sprung in die allgemeine Führungswelt schwer oder gar nicht. Nein, wir brauchen das Wissen und Erfahrungen der „Anderen" nicht. Wir sind so gut, dass wir es erfolgreich hinbekommen, unsere Fehler selbst machen zu dürfen – immer und immer wieder. Das ist GMV-frei und echt anstrengend.

Führung von Piloten lernen?

Es geht auch anders, bringt Chefs wirklich nach vorne und macht auch noch Spaß. In unserem Business Coaching Special bieten wir ein Seminar an, das Führung „abheben" lässt. Im Führungstraining im Flugsimulator erleben Chefs, was sie von Piloten lernen können. Die haben schließlich 80 Stunden Führung in ihre Ausbildung integriert. Piloten werden auf ihre Aufgaben vorbereitet. Die Ausbildung dauert 29 bis 33 Monate, beinhaltet in der Theorie circa 1.200 Unterrichtseinheiten, in der Praxis 320 Stunden Flugtraining auf Flight and Navigation Procedures Trainern (FNPTs). Angehende Piloten üben Fliegen. Wo üben Führungskräfte Führen? Außerdem sind Piloten rund acht Monate in unterschiedlichen Fachbereichen, z.B. im Flugbetrieb der Passagier- oder Frachtbereiche, und lernen auch die Abläufe am Boden hautnah kennen. Angehende Piloten wissen was wo wie läuft. Wie ist das bei angehenden Führungskräften in anderen Wirtschaftsbereichen? Dazu kommt das sogenannte Type Rating, die Musterschulung auf den Flugzeugtyp, den sie fliegen werden. In anderen Branchen werden Führungskräfte oft in eine neue Aufgabe „geworfen" und erhalten weder ausreichend Zeit sich einzuarbeiten (à la Type Rating), noch erhalten sie die notwendige Unterstützung. Dabei ist mit GMV klar: „Führungskräfte müssen sich trotz Studium und Berufserfahrung gezielt auf neue Aufgaben vorbereiten und benötigen dazu Einarbeitungszeit."[213] Gleichzeitig geht es in der Unternehmenspraxis gerne gmv-frei zu: „Es ist erschreckend, wenn man liest, dass Finanzvorstände von heute auf morgen den Job des Personalchefs mit übernehmen. Das kann nicht gut gehen, hier fehlt es in der Anfangsphase faktisch an Fachwissen."[214]

Lerneffekt: Entscheidungskompetenz stärken

Im Seminar im Flugsimulator geht es darum, Führungskompetenz unter Stress und in Krisensituationen zu verbessern. Teilnehmer wenden Entscheidungs- und Handlungs- und Entscheidungsmuster der Piloten an, um klare Entscheidungen treffen zu können und setzen das im Flugsimulator gleich praktisch um. Sie erleben das in „10.000 Metern Höhe". Dort herrscht eine ganz eigene Motivationslage, um Probleme zu lösen. (Siehe www.trainer-regional.de). Eine der überraschenden Erfahrungen ist, dass auch in der Luft für gute Entscheidungen meistens recht viel Zeit bleibt.

Interview mit dem Piloten: Führung und Fliegen

Das Nürnberger Trainingsinstitut TRAINERegional®-bietet Führungskräften und Teams in Partnerschaft mit Becker's FlugsimulationsCenter Nürnberg dieses Spezialseminar im Flugsimulator an. Die Frage hinter der Idee: Was können Führungskräfte von Piloten und im Flugsimulator lernen und sofort anwenden? Dazu ein Auszug aus einem Interview mit dem Piloten und Ausbilder Helmuth Lage.

Frage: Ein Pilot ist der Chef in der Maschine. Wie werden Piloten als Führungskraft geschult und auf die Aufgabe Führung vorbereitet?

Helmuth Lage: Jeder Airliner durchläuft eine jährliche CRM-Schulung. Das steht für Crew Resource Management und befasst sich unter anderem mit Themen wie Kommunikation, Entscheidungsfindung und Führung. Das Upgrading vom Copiloten zum Kapitän beinhaltet auch Seminare zur Schulung der sozialen Kompetenz, die unter der Fachbezeichnung „Interpersonal Competencies" angeboten werden.

Frage: Wenn alles glatt läuft, hat der Pilot kaum besondere Herausforderungen bei einem Flug. Entscheidend wird es, wenn es zu Problemen oder gar Krisen kommt. Wie bereiten sich Piloten auf Krisen in der Luft vor? Da geht es ja schnell um Kopf und Kragen, auch den eigenen.

Helmuth Lage: Theoretische Grundlagen werden schon in der Flugschule im Fach „Human Performance" gelegt und später in den CRM-Seminaren vertieft, namentlich in den Bereichen „Human Factor", „Stressmanagement" und dem bereits erwähnten „Decision Making". Das praktische Training zu Führung und Entscheidungskompetenz erfolgt alle sechs Monate im Simulator, in dem man ständig mit neuen Herausforderungen konfrontiert wird. Das können kritische Wetterlagen sein, meistens aber werden Systemausfälle herbeigeführt, die nicht nur technisch gemeistert werden müssen, sondern auch neue Entscheidungssituationen erforderlich machen.

Fehlerkultur und FOR-DEC

Um in Krisensituationen in luftiger Höhe und bei 900 Stundenkilometern die richtigen Entscheidungen treffen zu können, arbeiten Piloten mit einstudierten Mustern und verfügen über Checklisten für alle bekannten Krisenfälle, die schon einmal aufgetreten sind. Das ist lebensrettende Fehlerkultur, von der die meisten Unternehmen träumen können. Oder haben Sie im Unternehmen ein verpflichtendes System, das einfordert, Fehler und Lösungswege zu dokumentieren und allen verfügbar zu machen? In der Luftfahrt ist das so. Außerdem trainieren Piloten regelmäßig das Zusammenspiel der Beteiligten Pilot, Kopilot, Crew und Tower. Und sie verfügen über ein klares Entscheidungsprozedere mit Namen FORDEC. Ihre Entscheidungen basieren auf dem Muster Facts, Options, Risks, Decision, Execution und Check. Anhand von Checklisten werden alle Fakten geprüft und Handlungsmöglichkeiten und damit verbundene Risiken durchgespielt. Auf dieser Basis trifft der Captain die Entscheidung, die dann konsequent und alle Veränderungen permanent prüfend, umgesetzt wird. Am Ende, das heiß nach guten Ausgang, prüfen die Piloten den aktuellen Zustand, später kommen Experten hinzu und die Situation wird protokolliert und allen Piloten dieser Welt verfügbar gemacht. Darin steckt viel gesunder Menschenverstand. Da wünsche ich mir oft, dass Chefs „mit im Cockpit in 10.000 Metern Höhe sitzen", wenn sie Entscheidungen treffen. Ich vermute die meisten Strategien und Vorgehensweisen und Führung sähen anders aus.

Der Autor

Jürgen Zirbik, Jahrgang 1957, ist Franke aus Ebern bei Bamberg. Der studierte Pädagoge ist seit vielen Jahren Berater von Unternehmen und Führungskräften, Business-Trainer und -Coach sowie Autor. Zirbik arbeitete rund 15 Jahre als Journalist und Führungskraft im Hörfunk, später auch im Fernsehen, dann sieben Jahre in Werbe- und PR-Agenturen. Seit 2000 ist er als Marketing- und Kommunikations-Berater, Business-Trainer und Business-Coach im Einsatz. Zu seinen Schwerpunkten gehören Führung und Kommunikation. Vor einigen Jahren hat er das GMV-Prinzip® für sich entdeckt und bringt seitdem gesunden Menschenverstand (GMV) überall dort an, wo es nicht schnell genug verhindert werden kann. Aus diesem Prinzip sind die Bücher „So ticken wir", „Verkaufen mit GMV", „Sie können das – Kommunikation mit GMV", „Ziele erreichen mit GMV" und „Führen mit GMV" hervorgegangen. Auch in seinen Trainings und Coachings ist das GMV-Prinzip® tragende Säule. Er ist Autor verschiedener Blogs und Speaker zu Führen und Kommunikation mit GMV.

Seine Bücher finden Sie unter:

http://bit.ly/AutorenseiteAmazon

Hier finden Sie mehr von ihm und über ihn:

http://www.trainer-regional.de
http://www.zirbik-business-coaching.de
http://www.das-gmv-prinzip.de
http://www.zirbik-speaker.de

Kontakt

juergen.zirbik@zirbik-business-coaching.de

Bücher des Autors

Zirbik / Anic / Witzleben:

Verkaufen mit GMV

Wie Sie mit gesundem Menschenverstand gelassener und erfolgreicher verkaufen

250 Seiten, Friendship Verlag, 2013

ISBN: 978-3-944240-09-1

Gesunder Menschenverstand (GMV) ist allerorten gefragter den je. Besonders trifft das auf den Verkauf zu. Die Autoren, selbst seit Jahren in Verkauf und Marketing erfolgreich, fassen zusammen, was Verkäufer gelassener und erfolgreicher macht. Das neue Verkaufen und GMV stehen dabei im Mittelpunkt. Universelle Verkaufs- und Erfolgsprinzipien werden ebenso unter die Lupe genommen wie die Verkäuferpersönlichkeit, Verkauferziele und Verkaufs- und andere Psychologie sowie Trends.

Jürgen Zirbik

So ticken wir

Psychologische Phänomene und Verhaltensgesetze für Führung, Verkauf und den ganzen Rest

167 Seiten, Friendship Verlag, 2012

ISBN: 978-3-944240-06-0

„So ticken wir" ist ein Buch für Menschen, die Ihre Beziehungen verbessern möchten – auch die Beziehung zu sich selbst. Dazu ist es hilfreich, Verhalten zu ändern und anders mit den Menschen und sich selbst zu kommunizieren – also, Sprechen und Zuhören (vor allem). Bei all den Psycho-Phänomenen geht es Jürgen Zirbik besonders um den gesunden Menschenverstand – kurz GMV. Einer der wichtigsten GMV-Grundsätze ist, dass Sie mit den Informationen im wahren Leben etwas anfangen können.

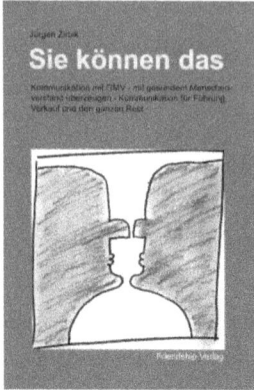

Jürgen Zirbik

Sie können das

Kommunikation mit GMV – mit gesundem Menschenverstand überzeugen – Kommunikation für
Führung, Verkauf und den ganzen Rest
270 Seiten, Friendship Verlag, 2013
ISBN: 978-3-944240-12-1

Sie erfahren, wie Kommunikation mit GMV intuitiv
funktioniert, welche einfachen psychologischen
Kenntnisse für gute Kommunikation hilfreich sind
und wie sie nach einfachen Regeln als Führungskraft,
als Verkäufer und im Privaten souveräner und gelas-
sener präsentieren und Gespräche führen können. Die frohe Botschaft des Buches ist,
dass alle gesunden Menschen prinzipiell gut kommunizieren könn(t)en. In „Sie können das" - hat Jürgen Zirbik Teile aus seinen Büchern „So ticken wir" und „Verkaufen
mit GMV" (Zirbik, Anic, Witzleben) eingearbeitet. Es ist das Dritte Buch in der Reihe
„Das GMV-Prinzip®"

Jürgen Zirbik

Ziele erreichen mit GMV – Workbook

Eigene Ziele mit gesundem Menschenverstand finden und erreichen – Ziele-Wissen, Zielpsychologie
und Selbst-Coaching-Anleitung
1.Auflage, Juli 2014
A 4, 121 Seiten
Printversion: http://bit.ly/ZieleWorkbook

Eigene Ziele finden und erreichen geht elegant, wenn
Sie es methodisch und mit bewährten und neuen
Werkzeugen angehen. Nutzen Sie das Workbook in
der angegebenen Reihenfolge zum Erarbeiten Ihrer eigenen Ziele. Umfangreiche
Checklisten und hilfreiche Arbeitsvorlagen führen Sie zu Ihren eigenen, authenti-
schen Zielen und zeigen Ihnen geeignete Wege auf.

Glossar

3-Phasen Modell, Veränderungen 137

7-38-55-Regel 163, 217

8–Stufenmodell, Veränderungen 137

Abschotten, Lüge 172

Absicht, ...148, 159
Konfliktgespräch 48

Ackermann, Josef 17

Action-Management 26

AFP-Muster, Kommunikation 48

Agenten, Lernen für Führung 174

Ähnlichkeit 101, 102
Sympathie............................. 167

Aktives Zuhören 203

Albert Einstein. Zitat 121

Anerkennung 180

Animationen, Tipps 186

Anker, setzen 119

Anker setzen 119

Anker-Effekt 100

Ankern, ... 118
Ablauf 120

Ansage................................ 178
Beispiele 179
Kritik 181

Apperzeptionstest 77

Arbeitstage, unproduktiv,
Führung 23

Arbeitstempo 27

Ariely. Dan...................... 162

Atemfrequenz. Lüge 169

Auge-Hand-Koordination..... 161

Augenbewegungen, Lüge 172

Augenbewegungsmuster, Lüge
.... 169

Augenkontakt, Lüge 169

Ausbeuter 24

Ausgleichsverhalten, Lüge ... 171

Autoritären Führungsstil
Vorteile, Nachteile................. 225

Autoritärer Führungsstil 224

Autorität 105, 107

Bahnung 96

Belohnung, Leistungstreiber... 50

Berne, Eric, Transaktionsanalyse
.... 201

Berufe, Ansehen, Macht 104

Beruhigungshandlungen, Lüge
.... 170

Beziehungsebene 101, 162
Gespräch............................. 197
Gespräche............................ 197

Big Five 175
Persönlichkeit 174

Bindung, Kennzahlen 76

Blatter, Josef...................... 16

Blick, Lüge 169

Brand, Willi 190

Burn Out.............................. 28

Burn-Out.............................. 27

Burnout-Syndrome 27

Change Management Prozess 144

Charaktereigenschaften, Führung
.... 57

Chef, Phänomen 16

Chef-Falle............................ 24

Churchill, Winston 190

Cialdini, Robert 113

Schutz vor Experten 106

Cicero 187

CI-Sandwich-Technik,
Präsentation 185

Claqueure 108

Coachend, Führungsstil 52

Coaching, Gute Führung 131

Coaching-Praxis, Netzwerken 36

Corporate Design 185

Corporate-Identity-Design
Präsentation 185

Covey, Steven R. 148

Delegativer Führungsstil 227

Delikate Angelegenheit 216

Demotivation, Führung 45

Deutschland,
Paradigmenwechsel 132

Digitale Welt, Führung 19

Direktiver Stil 52

Dissonanz 46, 87, 90

Dissonanzreduktion 88

Diversität, Gute Führung 129

Dramapositionen 202

Dranbleiben, Ziele 211

Drucker, Peter F. 233

Effektivität 157, 160

Egozentrismus 90, 94, 203

Einflussfaktoren,
Kommunikation 162

Einfühlendes Zuhören, Phasen
.... 203

Einfühlungsvermögen 91

Einsicht, Veränderung 139

Einstellung 202

Eisbergmodell 162

Ekman, Paul 171

Emotionale Bindung 35, 226

Emotionale Selbstführung 60

Emotionen, Rede 190

Empathie, ... 19, 91
Geschichte 154

Empfehlungsnetzwerk 228

Empfehlungswürdigkeit 228

Entschuldigen, Führung 70

Entschuldigen, Vertrauen 70

Erhaltensziele 209

Erkenntnisse, Kommunikation
.... 158

Ethos 205

Exformationen 203

Experte 106

Expertenstatus 104

Extraversion 176

Fachkarriere 45

Fachkompetenz 24

Fachkompetenz, Führung . 22, 61

Fachkompetenzen, Führung.. 136

Fachkräfte, Mangel 127

Fairness 54

Fakten, Süchte 29

Farben, Power Point 184
Wirkung 184

Faselindikator 161

Feedback, ... 159
Kritikgespräch 221

Fehlbesetzung, Personal 56

Fehlbesetzung, Führung 24

Fehlerkultur 35

Festinger, Leon 89

Firmenzusammenschlüsse 141

Flexibilität, Gute Führung 129
Leistungstreiber 50

Flipchart, Präsentation 182

Flirten 160
Foliengestaltung, Power Point
.... 184
Forum Gute Führung 43, 129
Fragen, Gesprächsvorbereitung
.... 199
Frauen, Motive 74
Freiberufler 135
Führen, Motivorientiertes 76
Führen geht einfach 151
Führung
  Bewertung 7
  Chancen 127
  Dimensionen 57
  Fußball 6
  Gallup Studie 12
  GMV 151
  Kaufen 151
  Persönliche Kompetenzen 145
  Prinzipien 20
  werteorientiert 63
Führungsdilemma 7, 100
Führungsdilemma, Personal ... 56
Führungskommunikation 150,
155, 156
Führungskompetenz
  Angeboren 10
  Studium 9
Führungskompetenzen 135
Führungskräfte Auswahl 41
  Erwartungen 20
  Qualität 42
  Verkäufer 150
Führungskultur, ... 131
  Fehlentwicklung 43
Führungspersönlichkeit 134
Führungsqualität 43, 54
  Beziehung 103
Führungsschwäche 34
Führungsschwächen 25
Führungsstil 223

deutscher 43
Deutscher 132
Führungsstile, Übersicht 223
Führungsverhalten 23
Führungswerkzeug,
Zielvereinbarung 209
Führungswille 46
Gandhi, Mahatma 152
Gehirn, Flexibilität 177
  Plastizität 177
  Schubladen 96
Gehirngerecht, Präsentation .. 182
Gehirnhälften 203
Geschichten, Rede 191
Gesellschaftliche Themen, Gute
Führung 132
Gesetz auf Gegenseitigkeit ... 110
Gesetz der Macht 103, 105
Gesetz der Masse 108
Gesetz der Sympathie ... 101, 167
Gespräch 177, 194
  Gesetz der Masse 110
Gespräche, Negativ-Gründe . 196
  Tipps 196
Gesprächsvorbereitung 198
Gestalten, Führung 136
Gesten, Rede 190
Gesunder Menschenverstand . 21,
28, 41
Glaubenssätze 96
Gläubige, Motive 74
GMV-Hilfen, Kommunikation
.... 165
GMV-Prinzip®, ... 156
  Beispiele 156
Goldstein, Noah 108
Great Place to Work® 126
Gruppe 109

Gute Form 184
Gute Führung 42, 49
   Einfache Kriterien 54
Halo-Effekt........................... 92
Haltung................................ 158
Handeln, Führung............... 136
Handwerksbetriebe.............. 135
Harmonie.............................. 26
Harris, Thomas A.,
Transaktionsanalyse 201
Helfersyndrom, Führung...... 115
Hellsehen............................. 203
Herz und Verstand, Führung .. 20
Hierarchien, Gute Führung... 130
Hirnforschung 164
Hochstand............................ 201
Hohe Leistung, durch Führung49
Holschuld............................ 21
homo oeconomicus.............. 163
Horizontales Netzwerk......... 228
Ich-Botschaft....................... 180
Ich-Botschaften 179
Identität, Besitz 124
   Führung............................. 123
   Körper.............................. 123
   Leistung........................... 124
   Werte................................ 124
Identitäts-Modell, Unternehmen
.... 125
Ignoranz, Praxisbeispiel 32
Inhalte, Präsentation, Tipps .. 182
Initiative Zukunftsfähige
Führung 47
Innovationsziele 209
Integrität.............................. 66
Internes Netzwerken, Praxis. 228
   Regeln 37

Introvertiert, Vorteile Führung
.... 175
Intuition.............................. 107
Jobs, Steve.......................... 15
Kant, Immanuel.................... 21
Kardinalfehler, Kritik 217
   Kritikgespräch 217
Kaufvertrag, Ziele 213
Kernbotschaft, Rede 189
Kinderstube, Führung........... 24
King, Martin Luther............. 152
King, Larry......................... 106
Klarheit, Leistungsfaktor........ 49
Kognition............................. 88
Kognitive Dissonanz 87, 90
Kognitive Selbstführung........ 59
Kommunikation................... 149
   Führung............................. 153
   Führungswerkzeug 153
   Praxis............................... 47
Kommunikationsmuster, AFP
.... 116
Kommunikations-Prinzipien. 159
Konfliktfähigkeit 24
Konsequenz, Kritikgespräch. 220
Kontrastprinzip.................... 114
Kooperationsfähigkeit, Gute
Führung 130
Kooperativen Führungsstil,
Vorteile, Nachteile........... 226
Kooperativer Führungsstil 225
   Nachteile 226
Kopfbewegungen, Lüge 173
Körperliche Reaktionen, Lüge
.... 172
Kriminell, Führung............... 71
Kriterien, Gute Arbeitgeber.. 128
Kritik, Ansage 181

Kritikbereitschaft.................. 107

Kritikgespräch 214
  7 Schritte 218
  No Gos 214
  Praxistipp Kurzanleitung........ 220

Kunden, Führung.................. 150

Kundenmanagement............. 228

Kündigen............................. 146

Kündigung............................. 30

Kurzanleitung, Kritikgespräch
.... 220

Lachen................................ 157

Lachkonserven 108

Leadership, Führungsdimension
.... 58

Leistung, und Führung 31

Linienhierarchie 130

Linker, Wolfgang J.............. 160

Lob..................................... 180

Logos.................................. 205

Lüge 168

Lügendetektor 172

Lügner, erkennen.................. 168
  Mimik.................................... 170

Luis Buñuel, Zitat................. 94

Machiavelli, Niccolo 18

Machiavellismus 18

Macht 104

Machtzirkel 18

Makro-Leadership..........58, 234

MAN 18

Management, Bewertung........ 12
  Führungsdimension 57

Management by 209
  Techniken................................ 151

Mandela, Nelson 152
  Führungsgrundsätze............... 231

Männer, Motive 74

Mannesmann 18

Markieren 161

Martin, Leo......................... 102

Meeting 192
  Gesetz der Masse.................. 109
  Tipps..................................... 193
  Untersuchung 192

Mehrabian, Albert 163

Meilensteine, Zielvereinbarung
.... 211

Mentorensystem 226

Mere-Exposure-Effect........... 69

Merger........................... 138, 140

Meta-Leadership............. 58, 234

Middelhoff........................... 16

Mikro-Leadership.......... 58, 234

Mikromanagement................. 23

Mikromuster, Kommunikation
.... 157

Mikromustern 161

Milgram-Experiment........... 105

Militär, Führung 8, 224

Mimik................................ 164

Mind Map........................... 194

Mitarbeiter, Äußerungen 153
  Empfehlung............................ 35

Mobbing............................. 215

Moderationskonzept, Meeting
.... 193

Motive................................. 72
  Führen.................................... 74
  Gut für Führung?..................... 74
  Unbewusste 77

Motiv-Kurztest, nach Reiss 76

Mut..................................... 66

Nachbereitung, Kritikgespräch
.... 219

Nachhaltigkeit 66

Narzissten, Chefs................... 15
Navarro, Joe, FBI................ 171
Netzwerke, Gute Führung 130
Netzwerken 20, 36
internes................................. 37
Praxisbeispiel 38
Netzwerkgruppe 228
Netzwerkgruppen 227
Netzwerkstil 227
Vorteile, Nachteile................. 230
Neurotizismus 175
Neuverhandeln-nach-
Zurückweisung 113
New Work 18
Offenheit 176
Offenheit, Vertrauensaufbau .. 68
Olfaktorisch........................ 119
Paradigmenwechsel 155
Führung............................... 19
Gute Führung 132
Paraphrasieren 204
Spiegeln................................ 167
Partizipativ, Führungsstil........ 52
Passivität 26
Pathos................................. 205
Paul Watzlawick.................. 162
Pause, Konfliktgespräch........ 48
Perfektionistischer Stil 53
Personalentwicklung 33
Persönlichen Fähigkeiten,
Führung 136
Persönlichkeit, Dimensionen 175
Führung................................ 53
Wann fixiert?........................ 177
Persönlichkeitstest................. 74
Picasso, Pablo, Motive 73
Picture Story Exercise 77
Placebo-Gespräche............... 32

Plastizität, Gehirn 177
Pleite, Ursache Chef.............. 27
Politik, Führung.................... 61
Power Point 182, 183, 184
Präsentation 181
Gesetz der Masse................... 110
Negativfaktoren..................... 183
Positivfaktoren...................... 183
Praxis, Prozesse.................. 137
Priming................................ 96
Experiment 96
Unbewusst............................. 97
Prinzip, Gewinn, Gewinn 200
Prinzip des Selbstlösens 116
Prinzipen, Universelle 154
Prinzipien 147, 158
Prokrastination.................... 201
Prozesskompetenz, Gute
Führung 129
psychologische Ebenen, Führung
.... 120
Psychologische Ebenen 116
Unternehmen 122
Psychopathen, Chefs.............. 15
Publikumskommunikation.... 177
Purps-Pordigol, Sebastian....... 43
Ranking, gute Arbeitgeber.... 128
Rapport.............................. 166
Rationalist.......................... 162
Rauchen, Fakten 29
Rechtfertigung des Aufwandes90
Rede................................... 186
Tipps 189, 191
Reden, Bosse, schlechte 188
Redner, Tipps 191
Reframing........................... 115
Führung............................... 151
Reiss, Steven 71

Reiss-Modell, Werte ermitteln 71

Repräsentations-Systeme...... 119

Resonanz............................. 165

Respekt...........................19, 66

Ressourcen 117
  Ankern............................. 118
  NLP, Anker 119

Reziprozitätsprinzip 110
  Affen 115

Reziprozitätsregel, Schutz.... 115

Rhetorische Fallen............... 207

Rigidität............................. 176

Rückmeldung, Feedback 221

Sachebene........................... 162

Sandwichposition 28

Sandwich-Position............... 153

Schockphase, Veränderung .. 138

Schönreden......................... 89

Schönreden, Führen............. 103

Schopenhauer 22

Schopenhauer, Artur.............. 22

Schrempp, Jürgen................. 16

Sein, Persönliche Kompetenzen
  145

Selbstbestimmung, Gute
  Führung........................... 131

Selbstführung 44, 59, 234
  Coaching Praxis..................... 62
  Dimensionen 59
  Führungsdimension 58
  Kognitive........................... 59
  Kommunikative..................... 60
  Physische........................... 60
  Verhaltensbezogene............... 60

Selbstgespräche 61

Selbstüberschätzer................. 24

SIBI-Studie, Führung 30

Siemens............................... 18

Silberrücken, Coaching-Praxis
  146
  Führungstyp................... 146, 201

Singer, Wolf 164

Situatives Führen........... 51, 223

Skandale, Wirtschaft.............. 64

Small Talk 198

Soziale Bewährtheit...... 108, 110
  Gesetz............................. 108

Soziale Beziehungen, Identität
  124

Sozialisierungsprozess......... 115

Spiegeln...................... 167, 221

Spotlight-Effekt 93, 149, 159

Sprechdurchfall 206

Sprenger, Reinhard K. 67

Standards, Leistungstreiber 50

Status................................ 107

Steve Jobs........................... 53
  Präsentation 182

Stimme, Lügen 173

Stimmuster, glaubhaftes 163
  zugänglich 163

Story Telling....................... 157

Strategie, Gesprächsvorbereitung
  199

Studie, Mitarbeiterzufriedenheit
  34

Studien, Ergebnisse 98
  Guter Chef......................... 15

Studium, Führung................. 8

Superfrage 208
  AFP-Muster......................... 48

Systemangebot..................... 36

Team Commitment,
  Leistungstreiber 50

Telefonkonferenz.................. 21

Thema wechseln, Lüge 170

Theodore Roosevelt, Zitat
  Autorität 107
Tiefstatus 147
Tonlage, Lüge 169
Top-Arbeitgeber, Wettbewerb
  127
Top-Down-Prinzip 32
Trainermarkt 34
Transformation, digitale 19
Transparenz 19
Triade der Macht, Führung 19
Tür ins Gesicht Taktik 113
Überlegenheitsillusion.29, 45, 86
Unterhaltung, Rede 190
Unternehmen, Bewertung 128
  Identität 125
  Organisation 125
  Paradigmenwechsel 130
Unternehmensidentität 125
Unternehmensinsolvenzen,
  Ursache Chef 27
Unternehmenskultur 34, 39
  Kostensenkung 41
  Praxis-Tipps 40
Unwohlsein, Lüge 171
Unzufriedenheit, Kosten 12
Veränderungen 137
Veränderungs-Phasen 137
Veränderungsprozesse, Phasen
  141
Veränderungs-Prozesse, 7-
  Phasen-Modell 137
Veränderungsziele 209
Verantwortung 66
  Leistungstreiber 50
Verhalten, Lüge 170
  Persönliche Kompetenzen 145
Verhaltensgesetzen 148, 159

Verhandlung, Top Tipp 200
Verhandlungsrahmen,
  Gesprächsvorbereitung 200
Verhörfragen 208
Verkaufsförderung 111
Verlierermentalität, Führung .. 30
Vermeider 26
Verneinung, Veränderung 138
Versagen, Teufelskreis 55
Versager 31
Verständlichkeit, Rede 188
Vertikales Netzwerk 228
Verträglichkeit 176
Vertrauen 66
Vertrauen, Aufbau 68
Vertrauen, harter Faktor 67
Vertrauensaufbau, Studie 68
Videoanalysen 95
Videobotschaften, Führung 33
Visionär, Führungsstil 52
Volkswagen 18
Volksweisheit 157
Vorbereitung , Gespräch 199
Vorbild 152
  Führung 151
Vorbildfunktion,
  Gesundheitsprogramme 39
Vorgesetzte, Umfragen 14
Vortrag, Struktur, Logik 205
Vorurteil 173
Wahrheit 167
Wahrnehmungsveränderung . 174
Watzlawick, Paul 162
Werte, Führung 152
  Kommunikation 173
  Management 63
  Persönliche 71

Unternehmen 126
Wertekanon 63
Wertekommission 65
Werteprofil 74
Wertetrend 65
Wertschätzung 103
Gute Führung 131
Wiedeking, Wendelin 15
Wiederholungen, Lüge 170
Winterkorn, Martin 15
Wirkung 148, 159
Kommunikation 161
Wirkungsgrad, Training 33
Wissen, Führung 136

Worte, spezielle, Lüge 168
Worte, Töne, Körper, Wirkung
.... 205
Ziele, Typen 209
Widersprüchlich 211
Ziel-Kollision 211
Zielvereinbarung 209
Zielvereinbarungsgespräch,
Checkliste 210
Zielvereinbarungsgespräche,
Tipps 213
Zuhören, Einfühlendes 203
Zumwinkel 16
Zusammenhalt fördernder Stil 52

Quellenangaben & Literatur

1 Maximilian Herzog: Souverän in Führung gehen, Das Geheimnis erfolgreicher Führungs-kräfte, 2015, Kindle-Version, Position 182

2 Fredmund Malik: Aufgaben wirksamer Führung, Frankfurt 2015, Kindle-Version, Position 142

3 Florian Becker: Psychologie der Mitarbeiterführung, Wiesbaden 2015, Kindle-Version, Pos. 156 f.

4 http://www.brandeins.de/archiv/2015/fuehrung/fuehrung-in-zahlen, 25.01.2016

5 http://www.brandeins.de/archiv/2015/fuehrung/fuehrung-in-zahlen, 25.01.2016

6 Jörg Knoblauch: Die Chef-Falle: Wovor Führungskräfte sich in Acht nehmen müssen, Campus, 2013, Kindle-version, Position 137

7 Ralf Gasche: So geht Führung! Sieben Gesetze, diese im Führungsalltag wirklich weiterbrin-gen, Springer Gabler, 2016

8 Jörg Felfe, Franziska Franke: Führungskräftetrainings (Praxis der Personalpsychologie, Band 30), Hogrefe 2014, Kindle-Version, Position 153

9 Ralf Gasche: So geht Führung! Sieben Gesetze, diese im Führungsalltag wirklich weiterbrin-gen, Springer Gabler, 2016

10 Fredmund Malik: Führen Leisten Leben: Wirksames Management für eine neue Welt, Campus, 2014, Kindle Version, Position 608

11 http://www.haufe.de/personal/hr-management/gallup-studie-innerliche-kuendigungen-auf-niedrigem-stand_80_296180.html, 19.12.2015

12 http://www.download.ff-akademie.com/Gallup-Studie.pdf

13 http://www.haufe.de/personal/hr-management/gallup-studie-innerliche-kuendigungen-auf-niedrigem-stand_80_296180.html, 19.12.2015

14 http://www.brandeins.de/archiv/2015/fuehrung/fuehrung-in-zahlen, 25.01.2016

15 https://www.diw.de/documents/publikationen/73/diw_01.c.510264.de/diwkompakt_2015-100.pdf

16 Pauls Saulus: Führen ohne Leiden, Springer Gabler, 2015, Kindle-Version, Position 435

17 http://www.haufe.de/personal/hr-management/gallup-studie-innerliche-kuendigungen-auf-niedrigem-stand_80_296180.html, 19.12.2015

18 http://www.haufe.de/personal/hr-management/studie-top-manager-gute-aussendarstellung-schlechte-intern_80_293756.html, 19.12.2015

19 http://www.haufe.de/personal/hr-management/studie-top-manager-gute-aussendarstellung-schlechte-intern_80_293756.html, 19.12.2015

20 http://www.haufe.de/personal/hr-management/studie-top-manager-gute-aussendarstellung-schlechte-intern_80_293756.html

21 http://www.zeit.de/karriere/2015-08/fuehrung-narzissmus-studie, 19.12.2015

22 Quelle: http://www.wiwo.de/erfolg/management/verrueckte-manager-warum-chefs-gro-essenwahnsinnig-sein-muessen/12020912.html

23 Quelle: http://www.wiwo.de/erfolg/management/verrueckte-manager-warum-chefs-gro-essenwahnsinnig-sein-muessen/12020912.html

24 http://www.manager-magazin.de/unternehmen/artikel/volkswagen-boni-streit-der-realitaets-verlust-bei-vw-ist-komplett-a-1087756.html, 15.05.2016

25 http://www.manager-magazin.de/unternehmen/artikel/volkswagen-boni-streit-der-realitaets-verlust-bei-vw-ist-komplett-a-1087756.html, 15.05.2016

26 http://boerse.ard.de/boersenwissen/boersengeschichte-n/ackermanns-victory-zeichen-schreibt-geschichte100.html

27 https://www.linkedin.com/pulse/das-narzisstische-dilemma-im-unternehmen-prof-frank-widmayer, 28.12.2015

28 https://www.linkedin.com/pulse/das-narzisstische-dilemma-im-unternehmen-prof-frank-widmayer, 28.12.2015

29 Marco Furtner, Urs Baldegger: Self Leadership und Führung, Springer Gabler, 2013, Kindle-Version, Position 95

30 https://www.linkedin.com/pulse/das-narzisstische-dilemma-im-unternehmen-prof-frank-widmayer, 28.12.2015

31 https://www.linkedin.com/pulse/das-narzisstische-dilemma-im-unternehmen-prof-frank-widmayer, 28.12.2015

32 http://www.brandeins.de/archiv/2015/fuehrung/fuehrung-in-zahlen, 25.01.2016

33 http://www.haufe.de/personal/hr-management/gallup-studie-innerliche-kuendigungen-auf-niedrigem-stand_80_296180.html,

34 http://blog.wiwo.de/management/2013/10/07/gallup-zwolf-kriterien-guter-fuhrung-der-mit-arbeiter-das-unbekannte-wesen, 22.12.2015

35 https://organisationsberatung.net/gute-fuehrung-gute-fuehrungskraft/, 22.12.2015

36 https://organisationsberatung.net/gute-fuehrung-gute-fuehrungskraft, 22.12.2015

37 Herbert Gölzner: Erfolg trotz Führung, Das Systemisch-integrative Führungsmodell, Wiesbaden 2016. Kindle-Version, Position 49

38 Jörg Knoblauch. Die Chef-Falle, Wovor Führungskräfte sich in Acht nehmen müssen, Campus, 2013, Kindle-Version, Position 158 ff.

39 Dominic Multerer: Klartext, sagen, was Sache ist. Machen, was weiter bringt. Gabal, Offenbach 2015, Kindle-Version, Position 61

40 http://www.hrweb.at/2014/05/fuehrungskraefte-entscheider-oder-vermeider

41 http://www.hrweb.at/2014/05/fuehrungskraefte-entscheider-oder-vermeider

42 http://www.hrweb.at/2014/05/fuehrungskraefte-entscheider-oder-vermeider

43 Fredmund Malik: Grundsätze wirksamer Führung, Campus Verlag, 2013, Kindle-Version, Position 179

44 Klaus Schuster: Wenn Managermist bauen, die fünf schlimmsten Fehler – und wie Sie diese verhindern, Redline Verlag, München, 2014, Kindle Version, Position 209

45 http://www.creditreform.de/nc/aktuelles/news-list/details/news-detail/insolvenzen-in-deutschland-1-halbjahr-2015.html, 01.02.2016

46 Jörg Knoblauch. Die Chef-Falle, Wovor Führungskräfte sich in Acht nehmen müssen, Campus, 2013, Kindle-Version, Position 186

47 http://de.statista.com/themen/161/burnout-syndrom, 18.12.2015

48 http://www.faz.net/aktuell/beruf-chance/arbeitswelt/burnout-bei-fuehrungskraeften-die-doppelte-belastung-11368270.html, 18.12.2015

49 http://www.tagesspiegel.de/wirtschaft/burnout-bei-fuehrungskraeften-wenn-manager-durchbrennen/12341048.html, 18.12.2015

50 Quelle: Welt der Wirtschaft.de

51 http://www.tz-online.de/service/beruf-karriere/aktuell/kuendigung-wegen-chef-jeder-zweite-angestellte-damit-erfahrung-zr-3187013.html

52 Jörg Felfe, Franziska Franke: Führungskräftetrainings (Praxis der Personalpsychologie, Band 30), Hogrefe 2014, Kindle-Version, Position 159

53 http://www.tz-online.de/service/beruf-karriere/aktuell/kuendigung-wegen-chef-jeder-zweite-angestellte-damit-erfahrung-zr-3187013.html

54 Quelle: WeltderWirtschaft.de

55 Quelle Zitate: http://www.download.ff-akademie.com/Gallup-Studie.pdf

56 Quelle: http://www.sueddeutsche.de/karriere/studie-zur-unternehmenskultur-wettbewerbs-faktor-mitarbeiter-1.277626, Stand: 22.08.2014

57 Quelle: http://www.sueddeutsche.de/karriere/studie-zur-unternehmenskultur-wettbewerbs-faktor-mitarbeiter-1.277626, Stand: 22.08.2014

58 Quelle: file:///C:/Users/J%C3%BCrgen/Downloads/Pressemitteilung%20zum%20Engagement%20Index%202013.pdf

59 http://www.foerderland.de/itoffice/personal/news-personal/artikel/das-dilemma-der-suche-nach-kompetenten-mitarbeitern, 24.12.2015

60 http://www.forum-gute-fuehrung.de/ergebnisse, 19.12.2015

61 Sebastian Purps-Pardigol: Führen mit Hirn, Mitarbeiter begeistern und Unternehmenserfolg steigern, Campus, Frankfurt, 2015, Seite 93

62 http://www.welt.de/wirtschaft/karriere/article2030059/So-machen-Mitarbeiter-Karriere-ohne-Fuehrung.html, 22.12.2015

63 Bianca Helfer: Fit für Leadership, Empfehlungen von Führungskräften für den Einstieg in eine Führungsposition, Grin Verlag, 2013, Kindle-Version, Position 30

64 http://www.wiwo.de/erfolg/management/selbstueberschaetzung-nur-die-chefs-selbst-glauben-an-ihre-fuehrungsqualitaeten/13516488.html, 15.05.2016

65 Michael Pellny, jill schmelcher, Anna Beinlich Doppelpunkt Führungskompetenz, was wirklich wichtig ist Komma erlangen 2014, Position 176, Kindle Version

66 Marianne Grobner: Lust auf Führung, Führungskraft entwickeln, Hamburg 2016, Kindle-Version, Position 183

67 https://www.haygroup.com/Downloads/de/misc/Fuehrung_macht_den_Unterschied.pdf

68 https://www.haygroup.com/Downloads/de/misc/Fuehung_macht_den_Unterschied.pdf

69 http://wirtschaftslexikon.gabler.de/Definition/theorie-des-reifegrades.html?referenceKeywordName=situatives+F%C3%BChren, 06.01.2016

70 Quelle: http://www.business-wissen.de

71 Quelle: http://www.business-wissen.de

72 http://www.spektrum.de/lexikon/psychologie/fairness/4663

73 http://www.business-wissen.de

74 Sebastian Purps-Pardigol: Führen mit Hirn, Mitarbeiter begeistern und Unternehmenserfolg steigern, Campus, Frankfurt, 2015, Seite 114

75 http://www.foerderland.de/itoffice/personal/news-personal/artikel/das-dilemma-der-suche-nach-kompetenten-mitarbeitern, 24.12.2015

76 Sandra Eisenmann, Selbstkompetenz für Führungskräfte, managerSeminare, 2009

77 Marco Furtner, Urs Baldegger: Self Leadership und Führung, Springer Gabler, 2013, Kindle-Version, Position 101

78 http://www.persolog-blog.de/allgemein/die-4-dimensionen-der-selbstfuehrung/

79 Jörg Felfe, Franziska Franke: Führungskräftetrainings (Praxis der Personalpsychologie, Band 30), Hogrefe 2014, Kindle-Version, Position 153

80 http://www.wertekommission.de/wp-content/uploads/2015/08/Wertekommission_Studie_2015.pdf, S.27

81 Reinhard K. Sprenger: Vertrauen führt, worauf es im Unternehmen wirklich ankommt, Campus 2007, Position 46

82 http://www.wertekommission.de/wp-content/uploads/2015/08/Wertekommission_Studie_2015.pdf, S.19

83 http://www.wertekommission.de/wp-content/uploads/2015/08/Wertekommission_Studie_2015.pdf, S.9

84 Rainer Niermeyer: Mythos Authentizität, die Kunst, die richtigen Führungsrollen zu spielen, Campus 2008, Kindle-Version, Position 151

85 http://karrierebibel.de/vertrauen, 08.02.2016

86 Sebastian Purps-Pardigol: Führen mit Hirn, Mitarbeiter begeistern und Unternehmenserfolg steigern, Campus Frankfurt, 2015, Seite 142

87 Frauke Ion (Autor), Markus Brand (Autor), Steven Reiss (Vorwort): Motivorientiertes Führen: Führen auf Basis der 16 Lebensmotive nach Steven Reiss, Gabal, 2009

88 Psychologie Heute 03/2001, Seite 20

89 Psychologie Heute 03/2001, Seite 20 ff.

90 Psychologie Heute 03/2001, Seite 20 ff.

91 Psychologie Heute 03/2001, Seite 20 ff.

92 Uta Rohschneider: Macht, Neugier, Team…: Mitarbeiter individuell führen und motivieren mit dem Reiss Motivationsprofil, Gabler, 2011

93 http://karriereblog.svenja-hofert.de/2014/05/manager-treibstoff-wie-motive-fuehrungsverhalten-und-fuehrungsstile-beeinflussen, 29.12.2015

94 http://www.business-wissen.de/buch/macht-neugier-team, 29.12.2015

95 http://www.personalmanagement.info/hr-know-how/fachartikel/detail/motivorientiertes-fuehren, 29.12.2015

96 http://www.personalmanagement.info/hr-know-how/fachartikel/detail/motivorientiertes-fuehren, 29.12.2015

97 Bas Kast: Wie der Bauch dem Kopf beim Denken hilft, S.98

98 http://www.portal-der-psyche.de/gesunde-psyche/reiss-profile/motive-ursprung-motivation/motive-ursprung-motivation-implizit.html

99 http://www.portal-der-psyche.de/gesunde-psyche/reiss-profile/motive-ursprung-motivation/motive-ursprung-motivation-implizit.html

100 Bas Kast: Wie der Bauch dem Kopf beim Denken hilft, S.99

101 Bas Kast: Wie der Bauch dem Kopf beim Denken, S.104

102 http://www.wiwo.de/erfolg/management/verrueckte-manager-warum-chefs-groessenwahnsinnig-sein-muessen/12020912.html

103 http://www.manager-magazin.de/unternehmen/artikel/top-manager-verdienen-54-mal-soviel-wie-angestellte-a-1044820.html

104 http://wirtschaftslexikon.gabler.de/Definition/kognitive-dissonanz.html, 06.04.2012

105 http://wirtschaftslexikon.gabler.de/Definition/kognitive-dissonanz.html, 06.04.2012

106 Volker Kitz, Manuel Tausch: Psycho? Logisch!, Heyne, 2011, Kindle-Version

107 http://www.psychology48.com/deu/d/halo-effekt/halo-effekt.htm

108 Volker Kitz, Manuel Tausch: Psycho? Logisch!, Heyne, 2011, Kindle-Version.

109 Volker Kitz, Manuel Tausch: Psycho? Logisch!, Heyne, 2011, Kindle-Version.

110 Volker Kitz, Manuel Tausch: Psycho? Logisch!, Heyne, 2011, Kindle-Version

111 http://www.psychology48.com/deu/d/spiegel/spiegel.htm, 06.06.2012

112 http://www.wdr.de/tv/quarks/sendungsbeitraege/2005/0612/09_geheime_verfuehrung.jsp

113 http://www.wdr.de/tv/quarks/sendungsbeitraege/2005/0612/09_geheime_verfuehrung.jsp

114 Volker Kitz, Manuel Tausch: Psycho? Logisch!, Heyne, 2011, Kindle-Version

115 Sauerland, M. / Müller,G.F.: Selbstmotivierung und kompetente Mitarbeiterführung. Hamburg 2012

116 Leo Martin: Ich krieg dich, Arsiton, 2011, Kindle-Version

117 Leo Martin: Ich krieg dich, Arsiton, 2011, Kindle-Version

118 Bernhard Moestl: Die 13 Siegel der macht, Vor den Kunst der guten Führung, Knaur, 2012, Kindle, Pos. 219

119 Quelle: http://www.zeit.de/wissen/gesundheit/2012-02/behandlungsfehler-todefaelle

120 http://de.wikipedia.org/wiki/Milgram-Experiment, 29.02.2012

121 http://www.welt.de/vermischtes/article2487625/Wie-normale-Menschen-zu-Folterknechten-werden.html, 29.02.2012

122 Robert Cialdini: Die Psychologie des Überzeugens, 2007, S.270

123 Robert Cialdini: Die Psychologie des Überzeugens, 2007, S.283

124 Frank Baumann – Habersack: Mit neuer Autorität in Führung, warum wir heute präsenter, beharrlicher und vernetzter führen müssen, Wiesbaden 2015, Kindle-Version, Position 381

125 Kevin Dutton: Gehirnflüsterer, dtv, 2010, S.171

126 Kevin Dutton: Gehirnflüsterer, dtv, 2010, S.172

127 Robert Cialdini: Psychologie des Überzeugens, 2007, S.50

128 Robert Cialdini: Psychologie des Überzeugens, 2007, S.68

129 Robert Cialdini: Psychologie des Überzeugens, 2007, S.34

130 Kenneth Blanchard, William Oncken Jr., Hal Burrows: Der Minuten Manager und der Klammer-Affe: Wie man lernt, sich nicht zu viel aufzuhalsen, rororo, 2002

131 https://www.inntal-institut.de/wissenswertes/adm/2011-05-logischen-ebenen-nach-robert-dilts

132 https://www.inntal-institut.de/wissenswertes/adm/2011-05-logischen-ebenen-nach-robert-dilts

133 Quelle: http://www.nlp.at/lexikon

134 Nach Hilarion Gottfried Petzold, in: Sandra Eisenmann, Selbstkompetenz für Führungskräfte, managerSeminare, 2009

135 http://www.sueddeutsche.de/wissen/soziale-netze-gute-freunde-halten-gesund-1.980681, 28.12.2015

136 Nach: Wolfgang Berger: Anleitung zur Artgerechten Menschenhaltung im Unternehmen, Bielefeld 2012, Kindle Version, Position 461

137 Mehr dazu unter: http://www.greatplacetowork.de/beste-arbeitgeber/beste-arbeitgeber-sie-gerlisten-2015

138 http://www.focus.de/finanzen/news/unternehmen/tid-30114/grosse-focus-studie-deutsch-lands-beliebteste-arbeitgeber-diese-firmen-sind-die-besten_aid_940347.html, 14.01.2016

139 http://www.focus.de/finanzen/news/unternehmen/tid-30114/grosse-focus-studie-deutsch-lands-beliebteste-arbeitgeber-diese-firmen-sind-die-besten_aid_940347.html, 14.01.2016

140 http://www.forum-gute-fuehrung.de/ergebnisse, 20.12.2015

141 Thomas Sattelberger, ehem. Vorstand Telekom AG, Continental AG und Lufthansa Pas-sage, Themenbotschafter der Initiative Neue Qualität der Arbeit, in: http://www.forum-gute-fuehrung.de/ergebnisse

142 Prof. Dr. Peter Kruse, Geschäftsführer der nextpractice GmbH, in: http://www.forum-gute-fuehrung.de/ergebnisse, 20.12.2015

143 Ralf Gasche: So geht Führung! Sieben Gesetze, die Sie im Führungsalltag wirklich weiter-bringen, Springer Gabler, 2016, Kindle Version, Position 199

144 Dalai Lama, Laura van den Muyzenberg: Führen, gestalten, bewegen. Campus 2008, Kindle Version, Position 138

145 Dalai Lama, Laura van den Muyzenberg: Führen, gestalten, bewegen. Campus 2008, Kindle Version, Position 147

146 Fredmund Malik: Führen Leisten Leben: Wirksames Management für eine neue Welt, Campus, 2014, Kindle Version, Position 482

147 Fredmund Malik: Führen Leisten Leben: Wirksames Management für eine neue Welt, Campus, 2014, Kindle Version, Position 492

148 http://www.welt.de/wirtschaft/karriere/leadership/article13845654/Wer-selbstbestimmt-lebt-und-arbeitet-bleibt-gesund.html, 28.12.2015

149 http://www.wiwo.de/unternehmen/zusammenschluesse-die-haeufigsten-fehler-bei-der-wahl-von-fusionskandidaten/5448034.html, 28.12.2015

150 http://www.sueddeutsche.de/wirtschaft/gescheiterte-fusion-von-daimler-und-chrysler-pleite-nach-lehrbuch-1.1666592-2, 28.12.2015

151 http://www.wimmer-partner.at/pdf.dateien/change-pro.pdf

152 https://organisationsberatung.net/change-management-modelle-im-vergleich, 15.01.2016

153 https://organisationsberatung.net/change-management-modelle-im-vergleich, 18.12.2015

154 Fredmund Malik:Führen Leisten Leben: Wirksames Management für eine neue Welt, Campus, 2014, Kindle Version, Position 576

155 Michael Patak, Ruth Simsa: Kunststück Führung, worauf des erfolgreichen Führungskräf-ten ankommt, Linde international, 2014, Kindle Version, Position 243

156 Quelle: Pressemeldung, Gallup Index, März 2012

157 Sebastian Purps Partigol: Führen mit Hirn,Mitarbeiter begeistern und Unternehmenserfolg steigern, Campus, Frankfurt 2015, S.93

158 Dr. Dr. Cay von Fournier: Prinzipien für wirkungsvolle. Unternehmensführung

159 Wilfried Schröter: Führe mich Chef, fünf ungewöhnliche Methoden für höhere Führungsstärke und bessere Menschenkenntnis, Goldegg, 2014, Kindle Version, Position 264

160 Steven Covey: 7 Wege zur Effektivität, 2009, S.31

161 Steven Covey: Die 7 Wege der Effektivität, 2009, , S.39

162 Fredmund Malik:Führen Leisten Leben: Wirksames Management für eine neue Welt, Campus, 2014, Kindle Version, Position 593

163 Quelle: http://de.wikipedia.org/wiki/Volksweisheit

164 Wolfgang J. Linker: Kommunikative Kompetenz: weniger ist mehr!, Gabal, 2010, S. 21

165 Dan Ariely:„Denken hilft zwar, nützt aber nichts, Knaur, 2008, S. 12

166 Quelle: http://de.wikipedia.org/wiki/Albert_Mehrabian, 10.02.2012

167 René Borbonus: Was Steve Jobs und Cicero gemeinsam haben, in: Enkelmann (Hrsg.): Die besten Ideen für erfolgreiche Rhetorik, Gabal, 2011, S. 17

168 Torsten Havener, Michael Spitzbart: Denken Sie nicht an einen blauen Elefanten, 2010, S. 97

169 Übereinstimmung zwischen Denken, Aussagen und Handeln. In der Ethik Übereinstimmung zwischen Werten und Verhalten.

170 Quelle: http://www.br-online.de/wissen/forschung, 11.01.2009

171 Quelle: http://www.br-online.de/wissen/forschung, 11.01.2009

172 Quelle: http://www.br-online.de/wissen/forschung, 11.01.2009

173 Quelle: http://www.gehirn-und-geist.de/artikel/1066869&_z=798884

174 Leo Martin: Ich krieg dich, Ariston, 2011, Kindle-Version

175 Marco Furtner, Urs Baldegger: Self Leadership und Führung, Springer Gabler, 2013, Kindle-Version, Position 106

176 Quelle: http://de.wikipedia.org/wiki/Big_Five, 10.02.212

177 Nach Winfried Berner: www.umsetzungsberatung.de

178 Quelle: http://www.bk-wv-ar.de/downloads/01_it_praesentationsregeln_Power Point_01.pdf

179 http://www.ipsi.fraunhofer.de/~crueger/farbe/farb-wirk.html

180 Nach Ingrid Krüger, http://www.ipsi.fraunhofer.de/~crueger/farbe/farb-wirk1.html

181 Valentin Gillich: Elektronisch – Praktisch – Gut, in: Gehirn und Geist, 12/2009, S. 66 ff.

182 Quelle: http://www.welt.de/wirtschaft/article128568660/Deutschlands-Topmanager-reden-oft-Kauderwelsch.html, 18.01.2016

183 Quelle: http://www.welt.de/wirtschaft/article128568660/Deutschlands-Topmanager-reden-oft-Kauderwelsch.html, 30.05.2014

184 Nach Stephen R. Covey: Der 8. Weg, Gabal, 2011, S. 206

185 Quelle: http://www.xing.com/net/realitaet/nlp-transaktionsanalyse-graves-maslow-co-93087/ta-lebensskript-6809825/, 2012

186 Quelle: http://www.zeitzuleben.de/2548-10-praxistipps-fur-erfolgreiche-gesprache/

187 Quelle: http://www.birkenbihl.de/PDF/Metaphern_Altana_VFB.pdf

188 Stephen R. Covey: Die 7 Wege zur Effektivität, Gabal, 2009, S. 279 ff.

189 Stephen R. Covey: Die 7 Wege zur Effektivität, Gabal, 2009, S. 287

190 Quelle: http://de.wikipedia.org/wiki/Management_by_Objectives

191 http://www.vorgesetzter.de/kommunikation/mitarbeitergespraeche/zielvereinbarungsge-spraech/

192 Nach: Jürgen Zirbik: Ziele erreichen mit GMV – Workbook, Eigene Ziele mit gesundem Menschenverstand finden und erreichen – Ziele-Wissen, Zielpsychologie und Selbst-Coaching-Anleitung, Nürnberg, 2014

193 http://www.vorgesetzter.de/kommunikation/mitarbeitergespraeche/zielvereinbarungsgespraech/

194 http://www.wiwo.de/erfolg/beruf/mitarbeitergespraeche-wie-sie-eine-gute-zielvereinba-rung-treffen/9506020.html

195 Nach Quelle: http://www.nonprofit.de/artikel-lesen/artikel/kritikgespraech-mitarbeiter/

196 http://www.nonprofit.de/artikel-lesen/artikel/kritikgespraech-mitarbeiter/

197 http://www.focus.de/finanzen/karriere/management/techniken/tid-13102/kritikgespraech-was-macht-ein-gutes-feedback-aus_aid_362212.html

198 Nach: http://arbeitsblaetter.stangl-taller.at/KOMMUNIKATION/Feedback.shtml

199 Daniel F. Pinnow: Führen, worauf es wirklich ankommt Gabler 2008, Kindle Version, Position 71

200 Matthias T. Meifert (Hrsg.): Psychologie für Führungskräfte, Haufe 2015, Kindle Version, Position 17

201 Daniel F. Pinnow: führen, worauf es wirklich ankommt Gabler 2008, Kindle Version, Position 71

202 http://www.mitarbeiter-fuehren.de/personalfuehrung/1243-fuehrungsstil-delegativ-begriff-aus-der-personalfuehrung.html

203 http://coachingeffect.de/blog/67/fuehrungsprinzipien-von-nelson-mandela

204 http://www.handelszeitung.ch/iomanagement/fuehren-kann-nur-wer-sich-selbst-fuehrt

205 Michael Patak, Ruth Simsa: Kunststück Führung, worauf des erfolgreichen Führungskräf-ten ankommt, Linde international, 2014, Kindle, Position 243

206 http://www.handelszeitung.ch/iomanagement/fuehren-kann-nur-wer-sich-selbst-fuehrt

207 Harald Psdaridis: Der Leader-Macher, Zürich, 2013, Kindle, Position 176

208 Harald Psdaridis: Der Leader-Macher, Zürich, 2013, Kindle, Position 178

209 Harald Psdaridis: Der Leader-Macher, Zürich, 2013, Kindle, Position 213

210 Marcus Buckingham, Donald O. Clifton: Entdecken Sie Ihre Stärken jetzt! (Sonderausgabe), Das Gallup-Prinzip für individuelle Entwicklung und erfolgreiche Führung, Campus Verlag, 2014, S.163

211 Ebenda, S.240

212 Ebenda, S.255

213 http://www.business-wissen.de/artikel/ready-for-take-off-was-fuehrungskraefte-von-piloten-lernen-koennen, 2009

214 Ebenda

Bildnachweise

Titelbild: Graphic Stock fyygDXP

Infografik 1 bis 7: Graphic Stock fyygDXP

Infografik 7: Graphic Stock WM2A0930-1626

Infografik 8: Graphic Stock IMG_8572-1291

Abbildung 1 bis 3: Jürgen Zirbik

Cover „Bücher des Autors": Jürgen Zirbik

www.ingramcontent.com/pod-product-compliance
Lightning Source LLC
Chambersburg PA
CBHW060336200326
41519CB00011BA/1956

9783944240152